波 浪 战 法
判断股票高抛低吸买卖信号

股海扬帆◎著

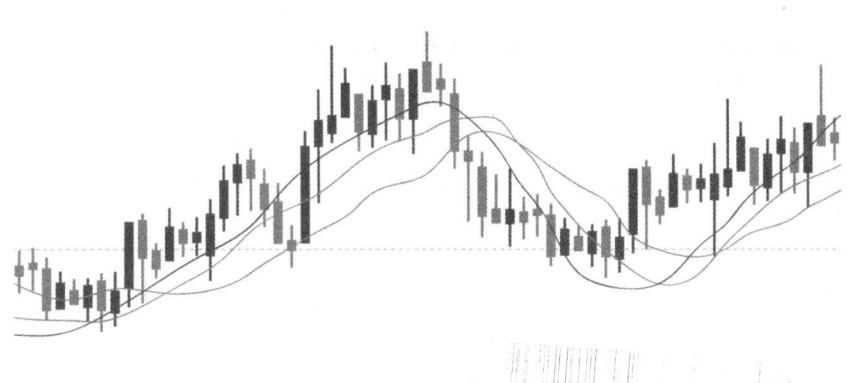

中国铁道出版社有限公司
CHINA RAILWAY PUBLISHING HOUSE CO., LTD.

图书在版编目（CIP）数据

波浪战法：判断股票高抛低吸买卖信号 / 股海扬帆
著. -- 北京：中国铁道出版社有限公司，2025.1.
ISBN 978-7-113-31917-5

I. F830.91

中国国家版本馆CIP数据核字第2024UG9039号

书　　名	：波浪战法——判断股票高抛低吸买卖信号
	BOLANG ZHANFA: PANDUAN GUPIAO GAOPAO DIXI MAI MAI XINHAO
作　　者	：股海扬帆

责任编辑	：张　明	编辑部电话：（010）51873004	电子邮箱：513716082@qq.com
封面设计	：宿　萌		
责任校对	：苗　丹		
责任印制	：赵星辰		

出版发行：中国铁道出版社有限公司（100054，北京市西城区右安门西街 8 号）
网　　址：https://www.tdpress.com
印　　刷：北京盛通印刷股份有限公司
版　　次：2025 年 1 月第 1 版　2025 年 1 月第 1 次印刷
开　　本：710 mm×1 000 mm　1/16　印张：13.75　字数：199 千
书　　号：ISBN 978-7-113-31917-5
定　　价：69.00 元

版权所有　侵权必究

凡购买铁道版图书，如有印制质量问题，请与本社读者服务部联系调换。电话：（010）51873174
打击盗版举报电话：（010）63549461

前言

波浪战法，源自笔者多年来一直从事的一种资金中长线的配置方法，中长线资金的配置一直以来都是许多投资者关心的内容，因中长线投资，主要看重投资原则，不是追求收益的大小，而是资金的安全与可靠。

静下心来去观察就会发现，事实上，在投资界，那些常年投资获利的资金机构或个人，基本上都是这种中长线投资者。这是因为，中长线投资者更为注重资金的安全，以及资金的持续获利性，这就要求投资者投资的标的是银行股、能源股、资源股，也就是常说的蓝筹股，或是那些具有潜力的行业，如国家大力发展的七大战略性新兴产业。因此，从某种意义上讲，股市中的中长线投资，都是以价值投资为导向的，目标是那些未来具有较高发展潜力的行业佼佼者的股票。由此可见，价值投资的标的，都是那些未来发展方向确定、公司增长较为稳定、具有较高回报的公司的股票。如果我们再从市场的角度分析，这类公司又具体是哪些上市公司呢？

毫无疑问，就是那些持续高增长、赚钱能力强的各大行业的龙头企业或细分行业的龙头企业，甚至是那些多数投资者都知道的大白马股。既然这些公司有持续高增长的能力，其股价自然会持续走强或持续受到市场追捧，但是，并不尽然，因为市场的过度关注，股价被热炒，同样导致了许多公司的股价在业绩被严重透支的情况下，开始随着热度的逐渐冷却，出现下跌，这是市场运行规律使然，因为市场上没有一只只涨不跌的股票，涨涨跌跌才符合股价运行的规律。

同时，市场上也没有只跌不涨的股票，因为如果一只股票跌多了，就会被责令强行退市。这就又涉及另一个问题——股票投资的安全性。安全性要求不仅要确保企业的持续获利，还要确保企业不出现退市——这是价值投资的根本所在。

波浪战法，正是在这样一种理念下出现的——以价值为导向，坚持长期投资，追求持续稳定的收益的投资方法。

然而，作为一种投资方法，也要看到市场上价格的波动所带来的价差收益，于是，笔者又结合短线操盘技术和价值投资类股票的特点，归纳总结出了波浪战法的日线小波段操作技术。波浪战法的日线小波段操盘技术是根据中长线价值投资类股票的特点所制定的，这就决定了这种日线小波段操盘的安全性和短线获利的可靠性，而价值投资又有着中长线投资的明显特点，日线小波段操作又明显是以短线操盘为主的，因此，波浪战法是中长线持股、短线获利的操盘技术。

这也就要求那些想学习波浪战法的投资者，必须要建立一种正确的价值投资理念，并始终在这一理念下去进行投资操作，这样才能真正学到波浪战法的精髓。

炒股，不经历慢慢地一步步循规蹈矩地学习和实战练习，是很难使自己的投资操作稳定获利的。因此，在笔者看来，当下的慢，就是为日后的稳和快做准备的。

股海扬帆

2024 年 9 月

目 录

第 1 章 波浪战法：中短线均同时获利的操盘技术 / 1

1.1 波浪战法概述 / 2
- 1.1.1 波浪战法的内容 / 2
- 1.1.2 波浪战法的特点 / 3

1.2 波浪战法的获利方式 / 6
- 1.2.1 利用股价震荡波动博取差价利润 / 6
- 1.2.2 低吸获取盈利的基础 / 8
- 1.2.3 高抛实现利润的锁定 / 9

1.3 波浪战法应用法则 / 10
- 1.3.1 不以右侧交易为买卖股票的依据 / 10
- 1.3.2 抄底是波浪战法的买入原则 / 12
- 1.3.3 高卖是波浪战法的卖股原则 / 13

第 2 章 操盘攻略：波浪战法成功获利的基础 / 15

2.1 操盘策略 / 16
- 2.1.1 波段操盘策略 / 16
- 2.1.2 即时抄底策略 / 17

2.2 交易原则 / 19
- 2.2.1 弱势买入原则 / 19
- 2.2.2 强势卖出原则 / 20
- 2.2.3 现价交易原则 / 22

2.3　操盘期间必须遵守的纪律　/　23
　　2.3.1　低位时不恐慌　/　23
　　2.3.2　高位时不贪婪　/　25
　　2.3.3　不全仓操作　/　26
　　2.3.4　不低价委买、不高价委卖　/　28
2.4　仓位管理　/　30
　　2.4.1　空仓期　/　30
　　2.4.2　建立底仓期的仓位要求　/　33
　　2.4.3　操盘期间的仓位要求　/　35

第 3 章　均线：波浪战法操盘的重要指标　/　37

3.1　均线的显示与修改　/　38
　　3.1.1　均线的显示方式及数量　/　38
　　3.1.2　均线的增减修改方法　/　39
3.2　均线分类　/　43
　　3.2.1　短期均线　/　43
　　3.2.2　中期均线　/　44
　　3.2.3　长期均线　/　46
3.3　均线排列方式与趋势的关系　/　47
　　3.3.1　多头排列与上涨趋势　/　47
　　3.3.2　空头排列与下跌趋势　/　48
　　3.3.3　均线缠绕与震荡趋势　/　49
3.4　均线在波浪战法中的应用　/　51
　　3.4.1　选股时的主要技术指标　/　51
　　3.4.2　股票交易时的重要参考　/　53

第 4 章　趋势：波浪战法实战的关键　/　55

4.1　趋势概述　/　56
　　4.1.1　趋势的表现形式　/　56

4.1.2　主要趋势与次要趋势 / 58

4.2　判断趋势的技术指标 / 61

4.2.1　均线判断法 / 61

4.2.2　MACD 判断法 / 63

4.3　趋势在波浪战法中的应用 / 65

4.3.1　选股时期的趋势要求 / 65

4.3.2　买股时的趋势要求 / 67

4.3.3　卖股时的趋势要求 / 68

第 5 章　量价：波浪战法交易时的重要依据 / 71

5.1　量价的具体表现 / 72

5.1.1　成交量柱：量的表现形式 / 72

5.1.2　K 线：价的表现形式 / 73

5.2　量的表现形态及意义 / 76

5.2.1　阳量与阴量 / 76

5.2.2　放量与缩量 / 77

5.2.3　天量、地量与常态量 / 79

5.3　价的表现形态及意义 / 82

5.3.1　阳线与阴线 / 82

5.3.2　中长阳线与中长阴线 / 83

5.3.3　小阴线与小阳线 / 85

5.3.4　孕线与影线 / 87

5.4　四种量价关系 / 89

5.4.1　量价齐升 / 89

5.4.2　量价齐跌 / 90

5.4.3　放量滞涨 / 92

5.4.4　缩量滞涨 / 93

第 6 章 选股：波浪战法交易前的准备 / 95

6.1 选股原则 / 96
6.1.1 弱势选股原则 / 96
6.1.2 技术面 + 基本面选股原则 / 99

6.2 基本面选股方法 / 101
6.2.1 判断业绩的三大财务指标 / 101
6.2.2 绩优股、蓝筹股、龙头股的判断方法 / 102

6.3 技术面选股方法 / 105
6.3.1 中期底部的确认方法 / 105
6.3.2 长线价值中枢的判断方法 / 107

6.4 建立股票池的步骤 / 110
6.4.1 技术面符合底部弱势特征 / 110
6.4.2 基本面符合强势要求 / 111
6.4.3 将符合要求的股票放入股票池 / 113

6.5 实战要点 / 115
6.5.1 选股时以技术面长期弱势为主 / 115
6.5.2 拒绝 ST 类股票、绩差股、超低面值股 / 117
6.5.3 回避经常出现瑕疵的上市公司 / 120

第 7 章 买股：股票交易的第一步 / 123

7.1 买股原则 / 124
7.1.1 买弱不买强 / 124
7.1.2 不跌不买 / 125

7.2 买股步骤 / 126
7.2.1 建立底仓 / 126
7.2.2 寻找低位买点 / 128

7.3 底仓建立方法 / 129
7.3.1 一次性买入方法 / 129

7.3.2 分批次买入方法 / 131

7.3.3 底仓至少为三成 / 133

7.4 波浪战法中的买股时机判断 / 135

7.4.1 大盘的判断 / 135

7.4.2 日线低点的确认 / 137

7.4.3 分时低点的判断方法 / 139

7.5 实战要点 / 140

7.5.1 买股时一定要牢记买跌不买涨 / 140

7.5.2 抄底不是在下跌中买入股票 / 142

7.5.3 抄底失败后不可止损卖出 / 144

第 8 章 持股：会捂股才会获利 / 147

8.1 持股原则 / 148

8.1.1 股票存在继续上涨的动能 / 148

8.1.2 股票在持续获利 / 150

8.2 捂股形态 / 152

8.2.1 温和放量式上涨 / 152

8.2.2 量价齐升式上涨 / 155

8.2.3 震荡上涨 / 158

8.3 实战要点 / 162

8.3.1 持股与否的判断关键在于价格是否能再上涨 / 162

8.3.2 忽视量能变化 / 163

8.3.3 持股期间留意 K 线的异常变化 / 166

第 9 章 卖股：锁定收益的关键一环 / 169

9.1 卖股原则 / 170

9.1.1 持股无法继续获利 / 170

9.1.2 持股出现顶部迹象 / 172

v

9.2 日线顶部形态 / 174

9.2.1 高位阴量上吊线 / 174
9.2.2 小阴线与小阳线量平滞涨 / 176
9.2.3 缩量孕线 / 178
9.2.4 阴量十字星 / 180
9.2.5 缩量下跌 / 183
9.2.6 放量下跌 / 186
9.2.7 高位滞涨 / 188

9.3 分时顶部形态 / 190

9.3.1 股价线无量快速上冲 / 190
9.3.2 高开大角度放量下行 / 191
9.3.3 平开大角度放量下行 / 193
9.3.4 震荡式下行 / 194
9.3.5 横盘无量小幅震荡 / 195

9.4 卖股步骤 / 198

9.4.1 日线顶部出现 / 198
9.4.2 分时顶明显 / 199
9.4.3 主力资金出逃迹象 / 201

9.5 实战要点 / 203

9.5.1 顶部形态初成时即应果断卖出股票 / 203
9.5.2 卖股时一定要果断 / 204
9.5.3 股票卖出后不可立刻买回来 / 206
9.5.4 卖股时应做到轻量重价 / 207

第1章

波浪战法：
中短线均同时获利的操盘技术

波浪战法，是一种以中长线投资技术为基础，兼顾小波段交易的短线获利技术，也就是在长线"护航"下的中短线抄底交易技术，具有短长结合的特点。该特点决定了波浪战法是一种相对更安全的短线操盘技术，因为长线的"护航"直接降低了短线股票交易的风险。同时，所谓的长线"护航"并不是简单地为短线交易"护航"，而是基于中长线下的一种投资行为。因此，波浪战法实际上是一种可在中长线投资与中短线交易中同时获利的操盘技术。

1.1　波浪战法概述

1.1.1　波浪战法的内容

波浪战法并非市场上经常讲的所谓三浪或五浪的波浪理论，而是笔者根据多年的实战经验总结出来的一套操盘技法，主要包括两大内容：

一是技术理论，主要包括均线技术、量价技术、趋势技术，以及选股、买股、持股判断与卖股技术等几个方面；

二是操盘体系的理论与实操要点，主要包括操盘攻略中的操盘策略、交易原则、操盘纪律、仓位管理等内容，以及分散在各章节中的各种操盘原则、策略、实战要点等相关内容，此外，还有一些能够确保投资者更为客观和理智地进行操盘的相关内容。

实战案例：

如图1-1中科曙光（603019）日线图所示，投资者若是在A区域内的B区域和C区域的低点探底回升当日买入这只股票，以及G区域和H区域的高位上行无力时卖出股票，其后跌破震荡平台的D点止跌回升买入了股票，以及其后O区域的上涨乏力卖出股票，甚至是其后E区域的金针探底时买入股票和F区域的高位放量滞涨时卖出股票，这些具体的交易方法，就属于波浪战法中技术理论部分的内容。而隐藏在这些技术背后的，如B区域和C区域、D区域和E区域买入交易的判断，G区域、H区域、O区域、F区域的卖出交易的判断，以及期间持股的判断等行为，均是在操盘策略、交易原则、交易纪律等内容规范下所产生的，属于操盘攻略方面的内容。这两大内容，就是波浪战法的主要内容。

注意事项：

（1）波浪战法的主要内容，不仅仅是指一些表现强的股票的买卖点的判断技术，还包括很多隐性的内容，即操盘攻略方面的内容，这些内容才是指导投资者在交易时做出准确判断的主要内容,初学者一定不要忽略。

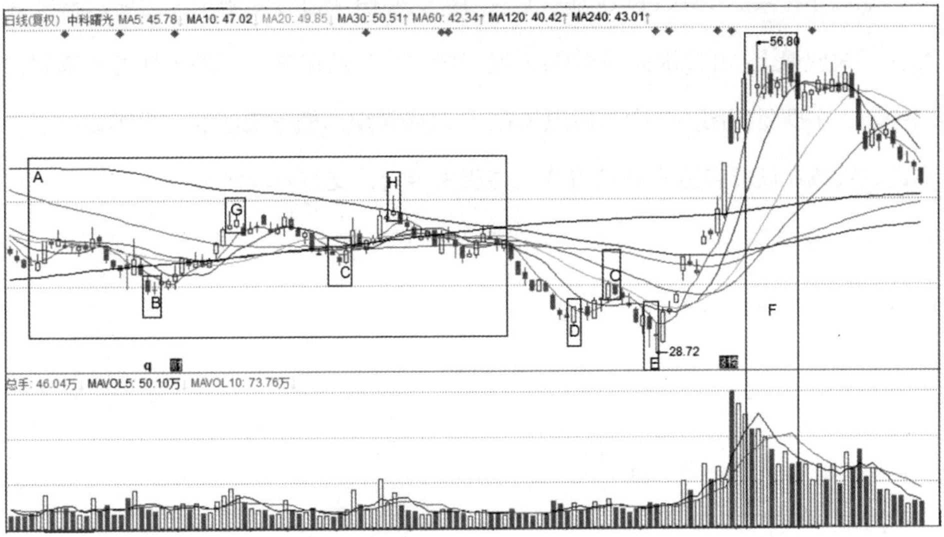

图1-1 中科曙光日线图

(2)很多投资者在学习一项技术时,总是喜欢关注股票买卖形态的判断方法,往往忽略掉那些隐藏在其后的,也就是支持投资者做出这些交易行为的动力,以及制约交易行为的内容。因此,投资者往往学不到真正的技术,因为只是看起来你学会了某项技术,也会用其来分析与判断,可一实战起来就总是出现这样或那样的失误,其原因就是不注重操盘攻略对技术的约束力。

1.1.2 波浪战法的特点

波浪战法最大的特点,就是根据股价的趋势变化,分波段地进行低买高卖,所以,它是一种操作灵活、便捷的短线交易技术,这是波浪战法最为明显的一个特点。波浪战法还有一个不太明显却是至关重要的特点,就是所有的短线交易,必须是在中长线选股的基础上进行的,这就决定了波浪战法的另一个重要特点,即其是在中长线选股基础上的中短线交易技术。之所以波浪战法在中短线交易中加入了中长线选股的内容,主要是基于操作的安全性,更有利于投资者短线交易的成功获利。

实战案例：

如图1-2东风汽车（600006）（现为东风股份）日线图所示，之所以选择在A区域未放量上涨的探底回升中买入这只股票，以及在B区域股价快速回落时卖出股票，主要基于图1-3中东风汽车在A区域表现为横盘震荡时，是明显位于之前这只股票在低位启涨后形成的B区域震荡平台，支撑力较强。

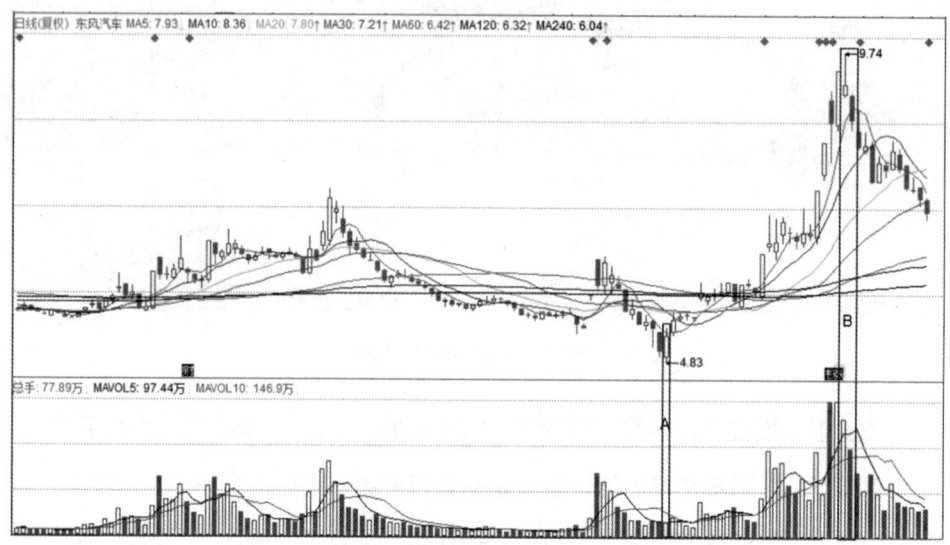

图1-2　东风汽车日线图

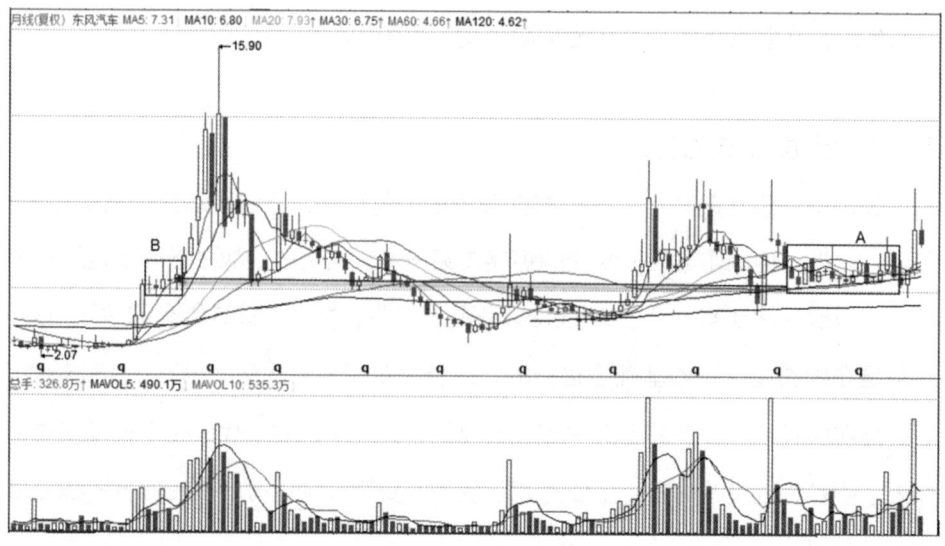

图1-3　东风汽车月线图

第 1 章 波浪战法：中短线均同时获利的操盘技术

当然，以上仅仅是技术面上的中长线与短线结合的情况，事实上还包括图1-4中对于东风汽车这只股票在基本面上的分析与判断，这家公司不仅盈利，最近三年表现较为稳定，同时还是一家大型企业，公司是中国最大的轻型商用车生产基地。而这些图1-3与图1-4中关于东风汽车长期技术面与基本面的分析与判断，就属于选股时期的中长线选股要求，是确保图1-2日线波浪交易的基础，同时，这种中长线选股基础下的中短线交易，也成为波浪战法最主要和最明显的特点。

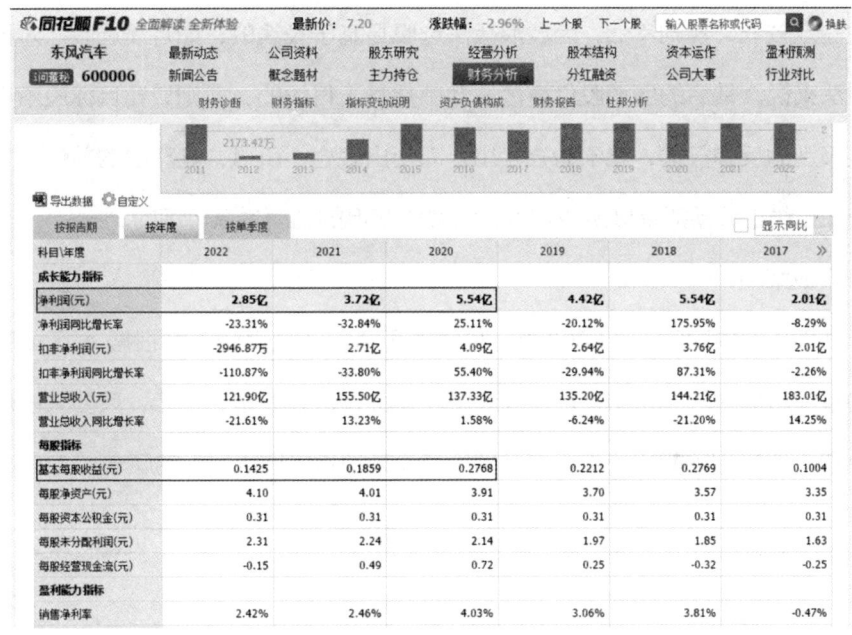

图1-4 东风汽车财务分析

注意事项：

（1）中短线交易是波浪战法最直观的一大特点，因为在交易环节，多数的波浪战法在买卖交易时，均是出于短线交易的考虑，但这并不意味着波浪战法就不注重长线了，这一点也是初学者最容易忽略的。

（2）在学习波浪战法前，投资者一定要明白，波浪战法的最大特点是其为中长线选股基础上的中短线交易技术，中长线选股既是基础，也确保了中短线交易的安全性。

1.2 波浪战法的获利方式

1.2.1 利用股价震荡波动博取差价利润

投资者在股票投资生涯中面临最多的就是股价的震荡，这种情况最熬人，但却是股市的常态，而波浪战法恰恰是看到了股市的这一特点，才制定出利用股价震荡波动的小波段进行差价获利的方法。这种方式刚听起来，投资者可能会觉得收益一定较低，实则不然，因波浪战法选股是基于长线的，如月线选股。对于波浪战法来说，其后的所谓股价震荡波动都是基于日线的，实则只要目标股不出现月线级别的反弹行情，就不清仓卖出，即卖出底仓，所以，其获取的差价也是由股价在日线上波动的幅度所决定的，而最终获得的利润也是可观的。

实战案例：

如图1-5 中国国贸（600007）月线图所示，若是投资者在根据 A 区域所显示的月线震荡时的 2022 年 1~9 月选择底仓买入这只股票，那么，只要未出现其后 B 段月线级别的明显上涨行情，则投资者无须卖出埋伏买入的底仓。

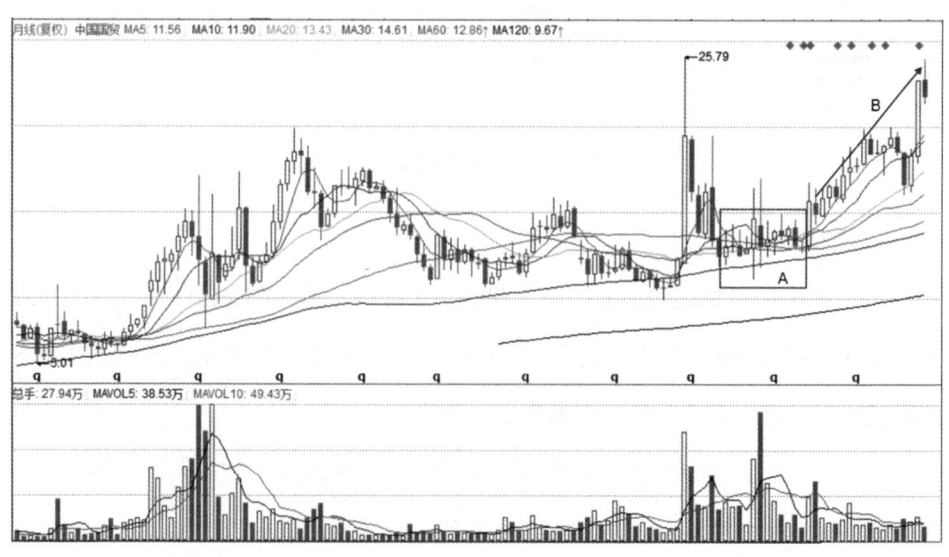

图1-5 中国国贸月线图

第 1 章 波浪战法：中短线均同时获利的操盘技术

投资者可在埋伏买入底仓后，根据日线图的股价短线波动进行差价获利操作，如图1-6中国国贸日线图上的A区域和C区域低点回升时的买入，以及其后的B区域和D区域的高点回落时的卖出交易，直到图1-5中B段月线级别的上涨结束时，方可考虑卖出最早买入的底仓仓位。这种股价短时震荡波段的获利加上中长线持股波段的差价获利，同样是十分可观的。

图1-6 中国国贸日线图

注意事项：

（1）投资者在学习波浪战法前，一定要明白波浪战法的获利方式，这样才能更好地理解波浪战法，更有助于对波浪战法的学习。

（2）波浪战法之所以未将做空交易列入其买入交易体系，是因为不是所有的投资者都可以融券做空，只有具有一定的资质后方可申请开通账户及交易。另外，即便能够进行做空交易，我们同样不提倡，因目前的融券做空，依然是我国资本市场改革的一项内容，制度尚不完善，很多机构利用这一机制的漏洞违规操作，受到证监会的处罚，这使得做空机制偏离了价值投资的理念。

1.2.2 低吸获取盈利的基础

在波浪战法的买股技术中，所有的技术都是服务于低吸的，因为在选定好目标股后，如果投资者无法做到低吸，就会失去未来获利的根基。因此，在波浪战法中，低吸是未来盈利的基础，投资者在学习波浪战法的低吸技术前，一定要明白这一道理，这样就会更有助于日后对波浪技术的学习。

实战案例：

如图1-7皖通高速（600012）日线图所示，如果投资者在选股时选出这只股票，那么，若是不明白A区域的低吸买入时机，自然就无法在B区域卖出股票获得收益。或是在C区域未能低吸买入，则在D区域更是无法卖出股票获利。由此可见，低吸是波浪战法中实现盈利的基础。

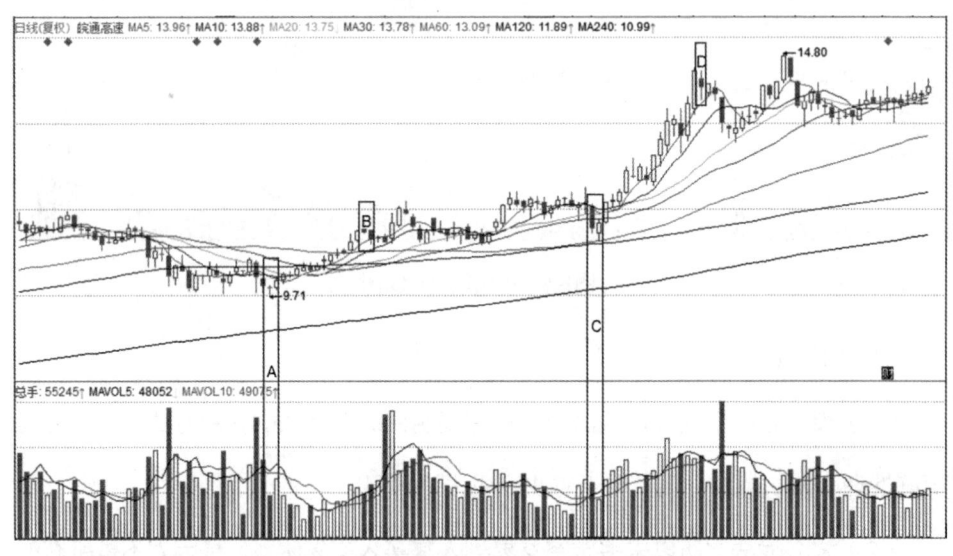

图1-7 皖通高速日线图

注意事项：

（1）低吸是一门看似简单实则相对复杂的买入股票的技术。说其简单，是因为只要股价下跌就会出现低吸机会；说其复杂，是因为不懂得操作的方法，是无法买到真正的低位的，因为既然是股价下跌了，后市就难免会继续下跌，低点是不固定的，不懂技术是难以确认低点的。

（2）投资者在学习低吸技术前，要明白，低吸有日线上的短线低吸技术，同时，还包括月线或周线上的中长线低吸技术，其要求是不一样的。而在真正进行低吸前，最好结合月线或周线，进行日线上的操作。

1.2.3 高抛实现利润的锁定

高抛就是股价在上涨到相对的高位后，进行卖出股票的行为。在波浪战法中，不懂得高抛是难以获得收益的，因为即便是你买在了低位，但当股价震荡的幅度相对较小时，你不会及时高抛卖出股票，那些看似盈利的情况，一转眼可能就没有了，甚至还有可能出现一定的亏损。因此，高抛是波浪战法实现利润锁定的最好方法，投资者在学习波浪战法前，一定要明白这个道理。

实战案例：

如图1-8华夏银行（600015）日线图所示，若是投资者选定了这只目标股，不管前期是否埋伏买入了股票，在震荡波动中，在A区域，即便与当日对话框中显示的一样，以当日最低价5.66元买入了这只股票（事实上是无法做到这一点的，最多只能以高于最低价1分的5.67元成交），若是投资者不明白在B区域及时卖出锁定利润，一旦犹豫到了其后的C区域，则股价瞬间又接近了A区域的低点价位，此时投资者是难以获利的，甚至是持有到次日，还会出现短时的亏损。因此，投资者在学习波浪战法前，一定要明白高抛才是实现利润锁定的方式。

注意事项：

（1）高抛是一门卖出股票的技术，投资者不学会卖出，基本上就等同于不会炒股，所以，股市中有"会买的是徒弟，会卖的才是师父"的说法。

（2）波浪战法的高抛技术与其他技术的卖点判断方法是不一样的，所以，投资者一定要在学习前先了解高抛在波浪战法中的重要性，然后认真学习波浪战法中对各种高抛时机的判断方法，以便及时锁定利润。

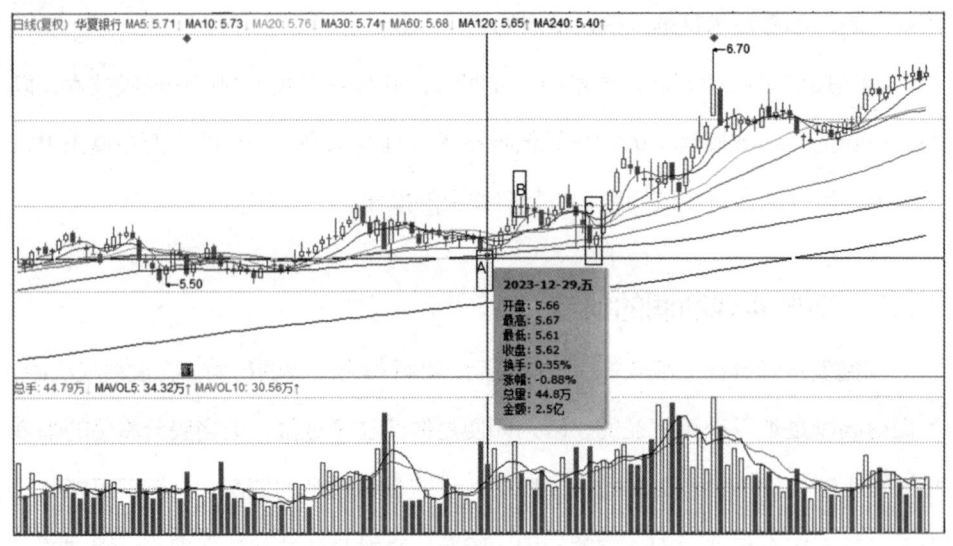

图1-8 华夏银行日线图

1.3 波浪战法应用法则

1.3.1 不以右侧交易为买卖股票的依据

右侧交易，是短线交易者经常使用的一种趋势交易方法，是指在股价表现为强势时买入股票，右侧弱势时卖出股票同样以右侧股价的下降为依据。在波浪战法中，投资者在买入股票时，一定不要总是先入为主地以这种右侧交易为依据，因为短线交易中的右侧交易，强调的是短线股价的强势必须十分明显，尤其是在日线上。但是，当这种强势明显时，往往会错过相对低位，在波浪战法中必然会降低预期的收益。所以，在利用波浪战法买股时，一般是选择日线上股价探底回升的初期。因回升初期已表明股价难以再跌下去，是强势的开端，也是低位结束的回升过程中的次低位。同样的道理，在卖出股票时，也不要明确看到右侧股价出现下跌时再卖出，只要是在涨势中显示出了上涨乏力或震荡，即应果断卖出股票。

第 1 章 波浪战法：中短线均同时获利的操盘技术

实战案例：

如图 1-9 深圳能源（000027）日线图所示，投资者若是选择了这只目标股，在观察中发现，A 区域、B 区域、C 区域、D 区域、F 区域的股价在持续下跌中出现了较长下影线的快速下探后的回升，即应在股价快速回升时及时买入股票，而不要等到日线量价确认了强势时再买入，尤其若是在 E 区域的快速回升时买入了股票，其后持续下跌也不要卖出，因此位置依然是震荡平台的低位区。同样，在卖出股票时，也不要每次必须如在 H 区域一样，当看到了右侧的明显下跌时再卖出股票，而是要在 J 区域、K 区域发现了股价有明显的上影线的快速冲高快速回落时，即应果断卖出股票。这就是波浪战法在实战应用期间，不要以右侧交易为买卖股票依据的应用法则下的交易行为。

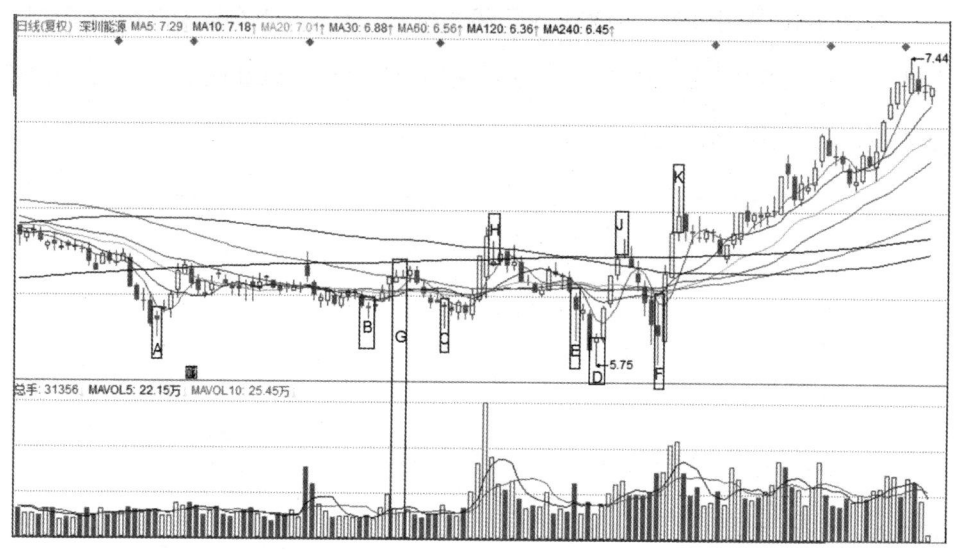

图1-9 深圳能源日线图

注意事项：

（1）右侧交易是许多炒股技术中进行短线交易时必须遵守的法则，但在波浪战法中，这一法则却不是唯一的参考依据，投资者在使用波浪战法交易时，一定要明白其中的道理，否则可能会降低收益。

（2）在波浪战法买入交易中，只有右侧股价回升不明显时，方可根据右侧的

K线变化去交易。否则，就应在股价跌不动的回升中买入，或是上涨乏力时果断卖出。

1.3.2 抄底是波浪战法的买入原则

在波浪战法中，由于有着明确的选股方法与原则，并且所有的买股都必须是在选股的基础上进行的，所以，在买入股票时，必须遵守抄底买入的买股原则。因为选股阶段已经将买入股票的风险降到了最低，当股票价格出现低价时，凸显出来的就不再是风险了，反而是股票自身的低位价值。因此，投资者应在目标股出现波段低价时，大胆抄底买入。

实战案例：

如图1-10苏州科达（603660）日线图所示，若投资者在选股时选中了这只股票，且该股符合选股要求，那么在A区域股价快速下跌跌破了B区域的小幅震荡低点时，投资者应果断买入。

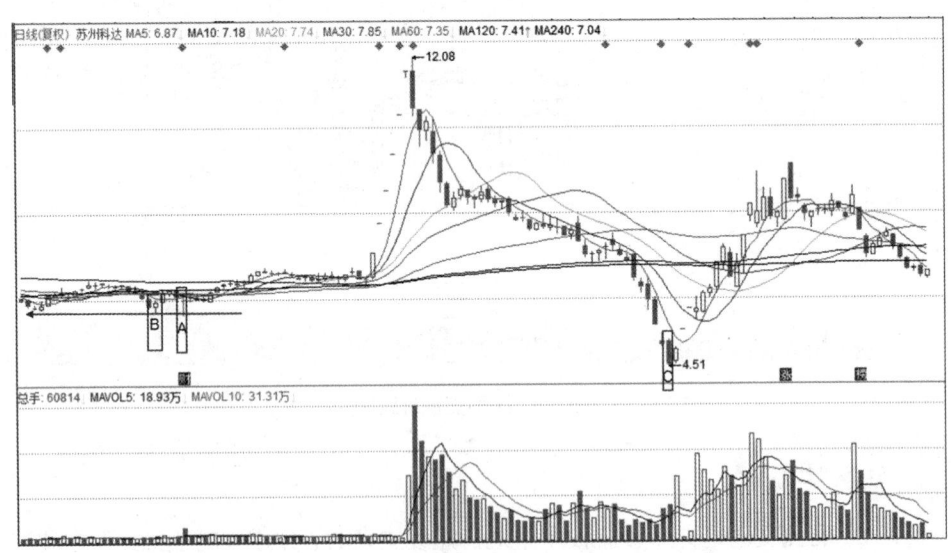

图1-10　苏州科达日线图

若是投资者在其后股价持续涨停的大幅上涨后卖出了这只股票，但是在其后的持续下跌中，股价于C区域出现了4.51元的低点回升，这时就应果断再抄底买回,因为只要看一下图1-11就会明白,A区域的4.51元恰好跌破了B区域K线最低点,也就是这只股票在上市首日的开盘价,所以,A区域4.51元是月线级别的探大底行为,是弱势类股票探明大底的情况,应及时抄底买入。

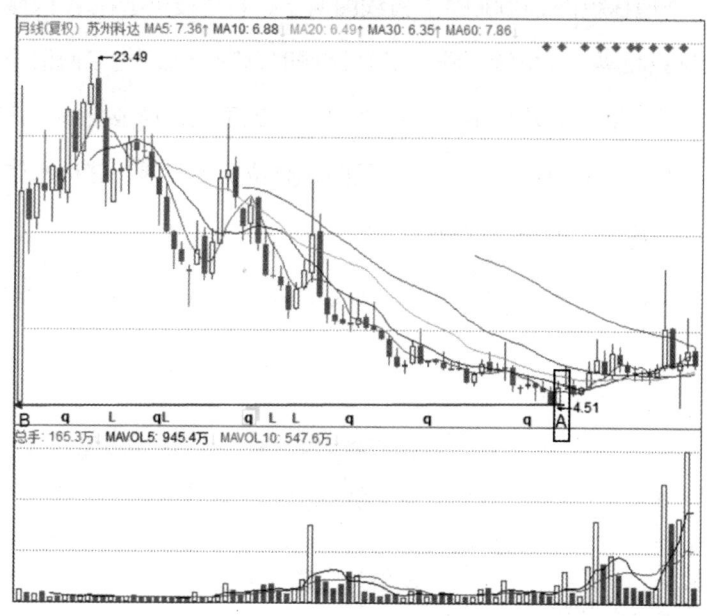

图1-11　苏州科达月线图

注意事项:

(1)投资者在学习波浪战法前,一定要明白波浪战法在买入股票时不同于其他炒股技术的一条独特的买入原则,即抄底买入。

(2)波浪战法之所以敢于在股价寻低中抄底买入股票,主要源于其严格的选股方法,因其在选股时只有在确保了一只股票在中长线趋势上具有投资价值时,才会将其列为目标股,所以,在短线波段操作中,波浪战法是敢于去进行抄底操作的。

1.3.3　高卖是波浪战法的卖股原则

投资者在实战应用波浪战法期间,一定要遵守一条重要的卖股原则,那就是高卖。这条原则从字眼上很好理解,就是在不考虑长线趋势的情况下,只要前期买入时是在低位,那么一旦这只股票上涨到了一定的高位,不管幅度有多大,只要在高位表现为上涨乏力，就要在第一时间卖出股票，这就是在波浪战法中进行日线短线交易时卖出股票的最优原则。

实战案例：

如图1-12恒林股份（603661）日线图所示，若是投资者在A区域，不管什么位置买入这只股票，在持续上涨到了B区域时，股价表现出了两根十字星和一根实体极短的小阳线，且均在前一根K线高低点范围内，形成抱线，这表明股价上涨乏力，所以，A区域的买入者，应及时在高位卖出股票，这种操作就是波浪战法的高位卖股原则下的卖出行为。

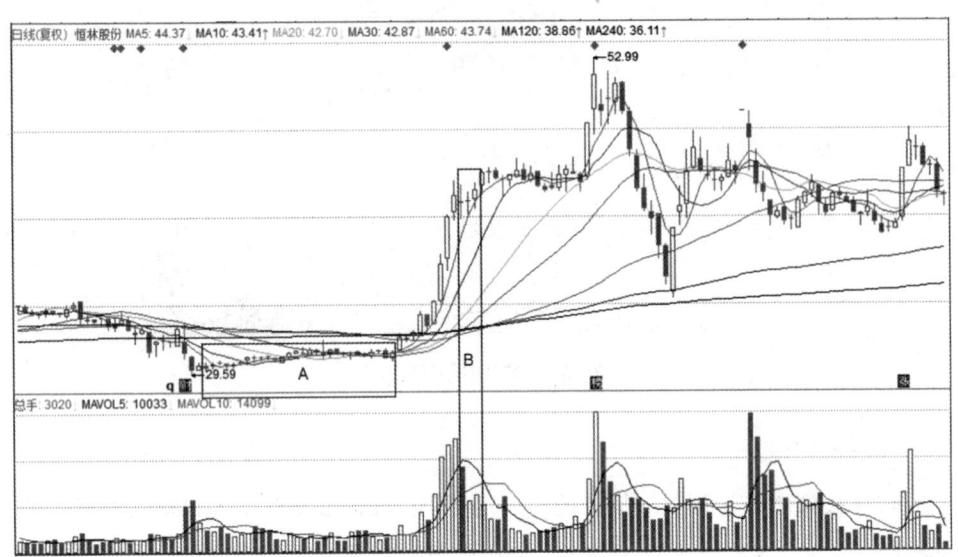

图1-12　恒林股份日线图

注意事项：

（1）高卖是波浪战法中的第一卖股原则，但投资者在理解高位时容易陷入误区，认为只有大幅上涨后才是高位区，但波浪战法中的高位并非仅仅指这一点，只要是股价在高于低位买入价的情况下出现的高位滞涨或上涨乏力区，均为高位卖点。

（2）波浪战法卖股时所讲的高位区，不是只要价格高了就要卖出股票，而是当股票在高于买入价格的情况下，一旦出现中止上涨或是转跌情况，即应卖出股票。

第 2 章

操盘攻略：
波浪战法成功获利的基础

波浪战法之所以有较大的交易获利概率，主要是源自其完全不同于其他股票技术的抄底买入法，而这一交易方法又是源自其不同的操盘攻略，如操盘策略、交易原则、操盘纪律和仓位管理等，都是与其他炒股技术有很大的不同。正是这种差异化，成为波浪战法实现获利的基础。

2.1 操盘策略

2.1.1 波段操盘策略

波段操盘策略是波浪战法中重要的操盘策略，直接关乎盈利与否，但是，波浪战法的波段操盘策略，又是与其他波段操盘策略有着明显的不同，因为在波浪战法的波段策略中，其波段不是指明显的上涨波段，而是震荡上涨的小波段，这种小波段表现形式，也就决定了波浪战法中的波段操盘的特殊性，甚至是影响到了买卖股票时的买卖点时机的判断。因此，投资者在学习波浪战法前，一定要先了解这种波段操盘策略，才能对以后的交易行为的理解更为深刻。

实战案例：

如图 2-1 康强电子（002119）日线图所示，在经历过一轮明显的上涨行情和下跌行情后，股价在创出 10.10 元新低后开始回升到高点区域 A，然后出现回调，未跌破 10.10 元，仅到 B 区域即停止继续下跌，并且在 C 区域回踩确认调整低点，至此，其后一轮震荡区域基本确定，即高到 A 区域，低到 B 区域，其后每次接近低点 C 区域的 E、G、I、K、O、Q 区域，尤其是跌破低点出现的 C 区域后回升的 L 区域，均为波浪战法中小波段的买点，而震荡走高的 D、J、N、P 区域，甚至是超过 A 区域高点的冲高回落之际，均成为波浪战法中小波段操作的卖点。而这种一买一卖行为，就属于在波浪战法的波段操盘策略下的交易。

注意事项：

（1）波浪战法的波段操盘策略是一种独特的小波段操盘策略，多为日线级别的震荡高低点的捕捉，从而实现低买高卖的获利，与其他波段操盘不同的是，买卖点的判断是有着较大差别的。

（2）在波浪战法的波段操盘策略中，选股依据一种中长线选股的标准，也就是以价值投资为导向的选股策略与方法，这一点，包括波段操盘策略中其他方面的内容，在后面均会进行详细介绍。

第 2 章 操盘攻略：波浪战法成功获利的基础

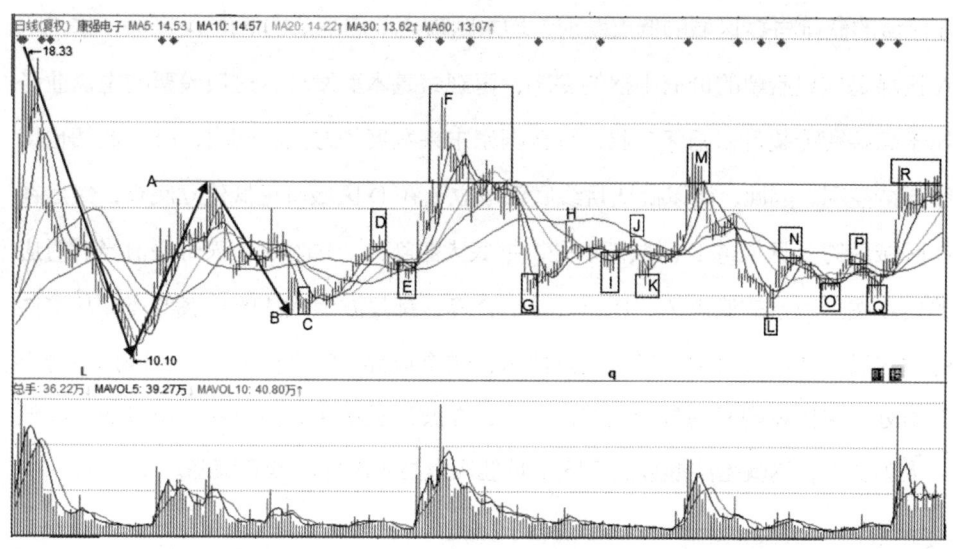

图2-1 康强电子日线图

2.1.2 即时抄底策略

即时抄底是波浪战法中一个独特的操盘策略，这一点同样与其他操盘技术有着极大的差别，甚至是在几乎所有操盘技法中，都会以不要抄底为炒股时必须遵守的纪律，但波浪战法却要求投资者要敢于在低位抄底。这是由波浪战法的特殊性决定的，因为波浪战法在选股方面，是以中长线价值投资为导向的，在交易前必须严格执行选股这一环节，对目标股进行观察后，进行中长线的埋伏买入，接下来再进行波浪战法的短线买卖交易。这就保证了操作的目标股具有了一定长线投资的安全底线。因为长线的底部往往就是这只股票的一个价值中枢，即便是资本市场经历了一场系统性风险的大探底，这一价值中枢的底部也会十分夯实。因此，在建立底仓股后的短线交易中，是完全可以进行即时抄底的。所以，投资者在学习波浪战法前，一定要明白即时抄底的操盘策略。

实战案例：

如图 2-2 的天奇股份（002009）月线图所示，如果在 D 区域所在的 2020 年 5 月底选股时，发现这只股票是处于月线级别大幅上涨后大幅下跌的区域，连接

17

B 区域的低点与 C 区域的低点发现，均未跌破之前启涨前的低位 A 区域，这说明 A 区域是这只股票的价值中枢的底部，再观察基本面发现，这只股票的主营业务属于高端智能装备和循环产业，符合国家未来发展的方向，同时，公司业绩也持续保持盈利。因此，可以确认月线底部成立，在 D 区域可逢低建立底仓，然后在 D 区域后的 E 区域或 F 区域低点处，抄底大胆买入。即图 2-3 天奇股份当时对应的日线图上所示的低点 A、B、C、D、F 等，都是波浪战法的抄底低点。从这些低位来看，如果是日常的日线操盘技术，哪个点都不符合买入条件，因为在哪个低点处都未出现明显的放量上涨，但是，在波浪战法中，投资者却可以放心在低点大胆买入，这就是波浪战法不同于其他操盘技术的即时抄底策略。

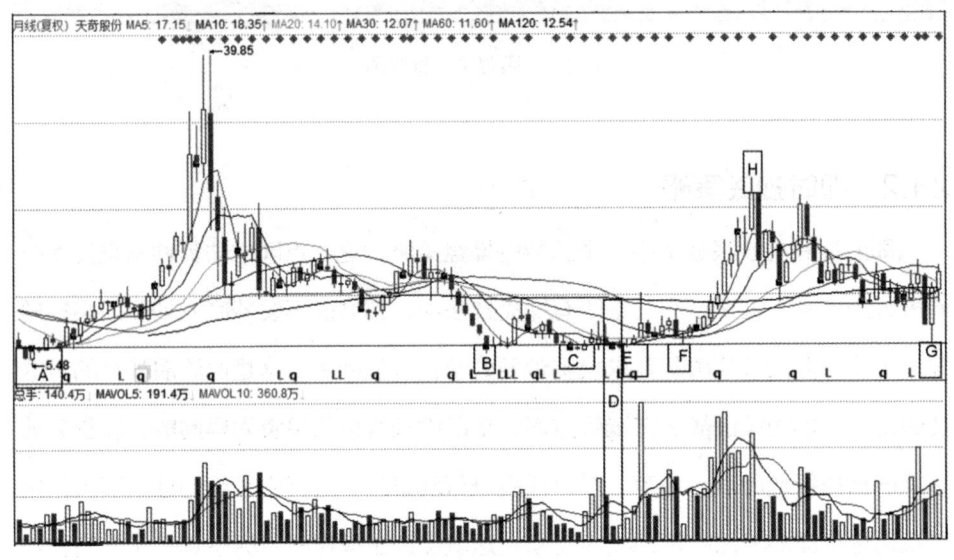

图2-2　天奇股份月线图

但是，如果投资者处于图 2-2 中 H 位置的高点回落处，因是一波明显的月线级别的上涨，所以，在冲高回落卖出时，应选择清仓式卖出。然而，如果投资者依然看好这只股票，就应在其后的震荡回落过程中，股价于 G 位置的低点附近触碰到 A 区域低位平台时，再次建立底仓，然后再进行波浪式交易。

注意事项：

（1）即时抄底是波浪战法所独有的一种买股方法，但投资者只有在运用波浪战法操盘时方可使用,若利用其他技术操盘时,则不应用这一策略进行买入交易。

(2)即时抄底策略是波浪战法建立底仓或是其后波段交易时买入的一种策略,因此,只有经过严格的选股后,对于那些符合要求的目标股,才能采取这一策略操盘,否则不可随意使用。

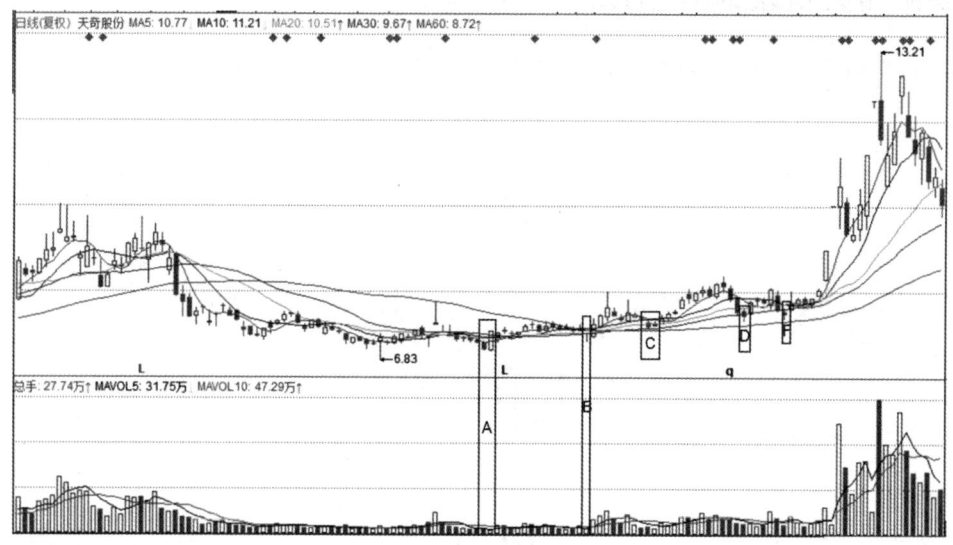

图2-3　天奇股份日线图

2.2　交易原则

2.2.1　弱势买入原则

投资者在根据波浪战法实战时,一定要坚持弱势买入原则,因为波浪战法是以长线投资为主、短线根据股价震荡波段获利的技术,所以,在买入股票时,应在股价震荡到低位弱势区域时买入,当股价再震荡到波段高点时卖出获利,因此,它的买股方式不同于普通的短线操盘技术,不是非要买在强势启动或启涨的位置。所以,投资者在学习波浪战法前,一定要先明白这种弱势买入股票的原则,并且要将这一理念贯穿于整个操盘过程。

实战案例：

如图2-4中远海能（600026）日线图所示，若是投资者通过选股确认这一目标股，不管是否进行了埋伏买入，当股价震荡到A区域、B区域、C区域、D区域等低点回升区域时，均可逢低买入股票。这种买入操作，就是在坚持弱势买入原则下的波浪战法的买股方式。

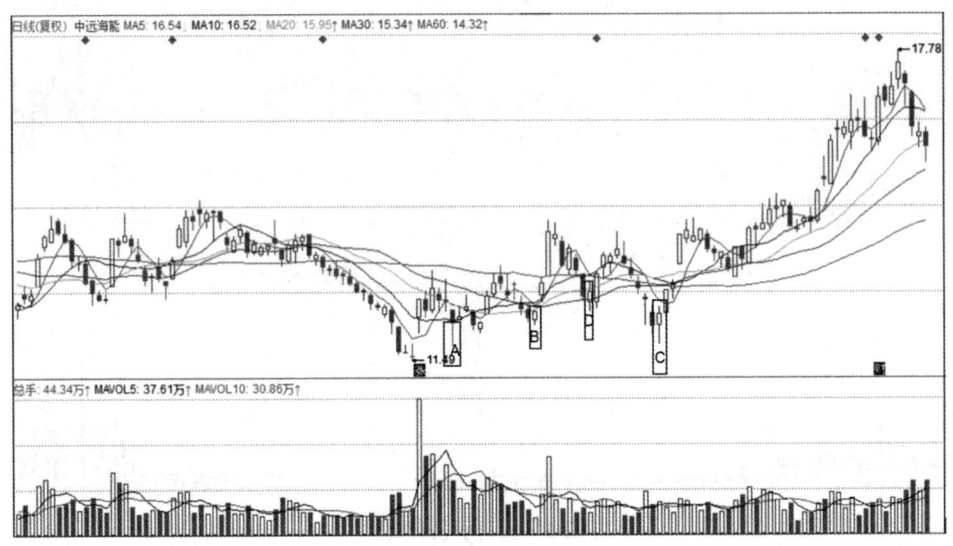

图2-4　中远海能日线图

注意事项：

（1）投资者在根据波浪战法实战期间，一定要坚守弱势买股原则，而不要按照惯常的短线操盘方法，选择股票强势启动时的征兆去操作，否则就无法通过波浪战法实现短线获利。

（2）在坚守波浪战法的弱势买入原则的同时，投资者必须认真学习波浪战法中的几种弱势买入股票的形态和情况，这样才能真正买到低点。

2.2.2　强势卖出原则

投资者在根据波浪战法实战期间，在坚守弱势买入原则的同时，还必须遵守对应的卖出原则——强势卖出原则。因为波浪战法大多操作的都是日线级别的震

第 2 章 操盘攻略：波浪战法成功获利的基础

荡行情，所以，在卖出股票时，只要是趋势未表现出明显的日线上涨趋势，就应坚持强势卖出的原则。而所谓的强势卖出原则，也并非在股价持续上涨中卖出，而是在股票上涨过程中，只要趋势表现为上涨乏力或是短期快速回落，就要果断卖出股票。这是因为，波浪战法操作的多为震荡行情的股价差异，若是投资者完全看清了趋势，则价差将会变得极小，甚至是由原本的盈利变为不盈利甚至是小亏。因此，卖股时必须遵守强势卖出原则。

实战案例：

如图2-5 三一重工（600031）日线图所示，若投资者根据波浪战法中的弱势买入原则分别在D区域、E区域、F区域买入了这只股票，那么在其后股价冲高过程中的A区域、B区域、C区域，均出现了看似强势实则是上涨乏力的表现，这时就应果断卖出股票。这种卖出行为，就是在强势卖出原则指导下的操作。

图2-5 三一重工日线图

注意事项：

（1）强势卖出原则是波浪战法卖出股票时的一大原则，只要日线级别的震荡行情不变化，投资者就必须严格遵守这一卖股原则。

（2）投资者如果在买入目标股后，发现日线上股价趋势出现强势反转迹象，则应在短线趋势明显变弱时再卖出股票,只要不是月线级别的反转趋势成立,就不应将其视为大行情到来去对待。

2.2.3 现价交易原则

投资者在根据波浪战法实战期间,一定要坚持现价交易原则,这是因为,许多投资者在买入股票时,都希望能买在更低的价位,以期持股成本的最低化;而在卖出股票时,都是喜欢卖在更高的价位,让收益更大一些。这一点本无可厚非,但在股票市场,就很容易养成一种在买股时,喜欢挂价钱比市价低出一分的单,在卖股时,喜欢挂高于现价一分的单。从理论上讲,只要在盘中略微震荡,股价上下就会出现这一分的差距,但殊不知,若是股价未按照投资者心里想的方向去浮动,成交将失败,从而错失最好的交易时机。因此,投资者在操盘期间,一定要始终坚持现价交易的原则。但在坚守现价交易时,一定要明白什么才是现价,现价并非仅仅是当前显示出的股票价格,因股价上行时是以卖方市场为主,下行时则是以买方市场为主,所以,买时的现价为委卖1的价格,卖时的现价为委买1的价格,投资者在交易时只要按照这一情况去对应挂单,就会即刻成交。这就是现价交易的具体方法。

实战案例:

如图2-6中信证券(600030)日线图所示,若是投资者在根据中信证券这只股票进行交易期间,买入股票时,应以委卖1的价格为现价,如图2-6上显示的2024年4月11日时的委卖1价格为18.35元(现价),就应以此价挂委买单;若是在卖出股票时,则应以委买1的价格为现价,如图2-6上显示的2024年4月11日时的委买1价格为18.34元(现价),就应以此价挂委卖单。这样,才能在挂单提交后,实现即刻成交。这种交易行为,就属于在现价交易原则下的买卖股票交易行为。

注意事项:

(1)投资者在遵守现价交易原则期间,一定要明白其中的现价,并不是指当

第 2 章 操盘攻略：波浪战法成功获利的基础

前显示的股价，投资者主买或主卖时的现价是不一样的，主买时应以委卖1的价格为现价，主卖时则应以委买1的价格为现价。

（2）波浪战法之所以要求投资者遵守现价交易原则，是因为市场上的股价在超短时往往表现得涨跌难测，买卖股票时若不以现价挂单，则很容易因股价的波动导致无法成交，从而错失一段行情，或错过一次高点卖出的时机。

图2-6　中信证券日线图

2.3　操盘期间必须遵守的纪律

2.3.1　低位时不恐慌

投资者在根据波浪战法实战期间，一定要克服当股价处于低位时的恐惧心理，因为，即将交易的目标股是经过了严格的筛选后选出的，是有业绩保证和技术低位支撑的，所以，在买股时，虽然在日线上观察到股价处于极弱的状态，但均是来自短线上的波动，而你的选股是从长线出发的，所以根本无须恐慌。并且不仅不应该恐慌，反而更应该感到欣喜，因为若是股价不跌出低点，怎么能够出现低位买入良机呢？其后又如何赚取波段差价呢？因此，投资者在实战期间，一定要始终坚守低位时不恐惧的纪律。

实战案例：

如图2-7楚天高速（600035）日线图所示，若投资者选择这只股票为符合要求的标的目标股，在观察中发现，当进入A区域时，股价出现快速跌破前期低点的情况，这时千万不要恐惧，因一恐惧犹豫就可能错失买入良机，应果断在快速跌破前低时大胆买入，这样到其后的C区域高点出现快速冲高回落时卖出，才能收获10%左右的短期收益。同样，在其后的B区域，股价同样出现了震荡走低中跌破A区域低点的情况，而在这一区域内，虽然股价持续在A区域低点下波动，但同样不要恐惧，即便是买得略贵了，也应持续在低位大胆加仓，这样才能在其后股价震荡上行到D区域出现回落时卖出，收获20%左右的收益。这两次的操作，正是在严格遵守低时不恐惧纪律下的短期交易获利情况。

图2-7　楚天高速日线图

注意事项：

（1）恐慌是投资者最容易犯的一个错误，因为许多投资者均是基于短线操作的，但波浪战法却是从长线出发去选股的，所以，它从根本上已经规避掉了投资者的担忧，根本无须在低位时恐慌。

（2）投资者在运用波浪战法操盘时，一定要遵守低位时不恐慌的纪律，不要让一时的恐慌影响到自己的投资行为，否则很难通过波浪战法赚到钱。

2.3.2 高位时不贪婪

投资者在根据波浪战法实战期间，当股价上涨到高位区时，一定要牢记一条特殊的纪律——高位时不贪婪。这一点与其他的炒股技术略有不同，因为波浪战法的波段操作，多数都基于日线上股价的上下波动，波动幅度一般不会过大，所以，当股价向上波动到一定的高位时，尤其是接近重要均线，或是处于日线上前期的震荡高点附近时，只要是在量能不明显的情况下，所有的股价上涨都只是一种向上的试盘，或冲动的上冲，所以就不能心存贪婪，以为或是期待其是日线的反转，因贪婪心理而犹豫迟疑，一定要敢于在这个时候卖出股票，否则就会因为此时的一迟疑，造成原本的获利机会丢失。因此，投资者一定要在实战卖股时坚持高位时不贪婪的纪律。

实战案例：

如图2-8四川路桥（600039）日线图所示，若投资者通过选股发现这只股票符合了要求后，在其后的观察中，当A区域出现低点时大胆买入这只股票，其后股价上涨到了B区域，投资者贪婪之心忽起，以为趋势可能出现反转，未在快速冲高回落时卖出股票，那么，其后的震荡走低必然使其心情变坏。而当C区域股价再次冲高时，投资者依然以为这是股价趋势上的反转，未在高位冲高回落时卖出股票，则其后的股价持续震荡走低，不仅让其错过了这一波短期涨幅较好的波段收益，而且错失了一次再于低点买进的时机。因此，投资者一定要遵守高位不贪婪的纪律，在A区域买入后，到B区域冲高回落时果断卖出股票。

注意事项：

（1）高位时不贪婪的纪律，主要是针对低位时不恐惧的纪律而设定的，但投资者在理解这一纪律时，首先要明白波浪战法中讲的高位，是震荡高点，而非通常意义上所讲的股价在上涨趋势中的高位。

（2）投资者在遵守高位不贪婪的纪律时，一定要牢记，不是股价在上涨中就卖出股票，而是要在股价于上涨中出现上涨乏力或快速冲高回落时，就应果断获利了结卖出股票。

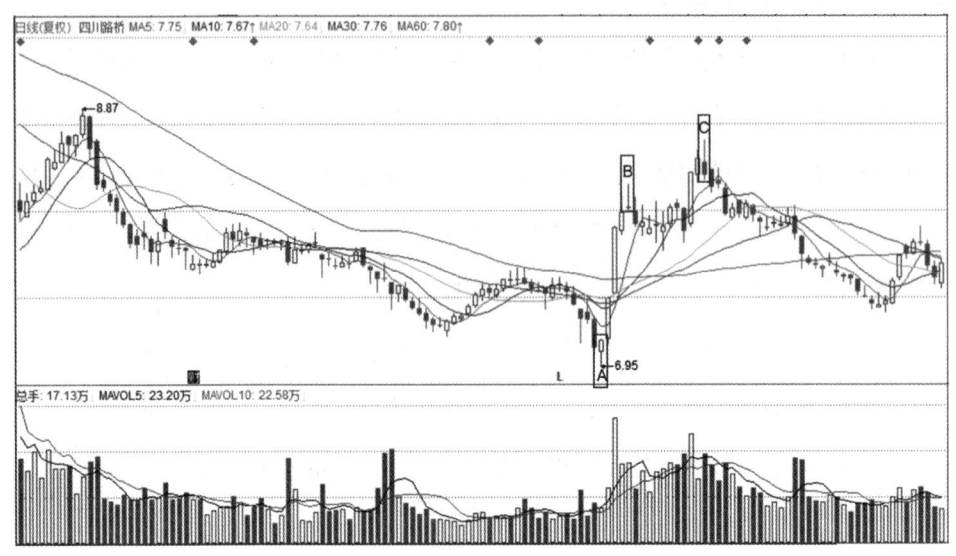

图2-8　四川路桥日线图

2.3.3　不全仓操作

全仓操作，是指投资者在买入股票时，将账户内的所有资金一次性买入某只股票，在卖出时，又一次性全部卖出股票的行为。由于这种行为很容易让投资者在无形中养成一种赌博式的操盘心理，所以，根据波浪战法实战时，投资者一定要遵守不全仓操作的纪律。另外一个重要的原因是，在波浪战法中，有一种埋伏买入的操作，是基于长线投资设定的，所以，这部分底仓投资者轻易不要动，要一直持有到月线级别的上涨趋势出现并结束初期，方可卖出。其余时间的买卖交易，都只是针对日线级别的波段振荡的操作，因此，投资者根据波浪战法操作期间，一定要遵守不全仓操作的纪律。

实战案例：

如图2-9九鼎投资（600053）日线图所示，若投资者根据选股要求选到了这只股票，并于A区域的震荡平台逢低埋伏买入了一定数量的股票后，在其后B区域出现11.74元的低点时再次买入了该股票，此时的仓位不可全仓，到其后的C区域股价出现明显冲高回落卖出股票时，此时，同样不可全仓卖出，而要留下A区域时埋伏建仓时的股票数量。直到其后的E区域逢低买入时仍不可全仓，但在D区域逢高卖出时，则需要连同A区域的底仓股票全部卖出，因在A区域买入这只股票的平台，到D区域的高点时，这只股票已经出现了短期快速的持续大幅上涨，股价已实现了翻倍，尽管这种上涨在图2-10九鼎投资月线图上看仅仅是一种短时的冲高行为，但因冲高幅度过大，所以，应果断卖出股票，若是投资者依然一直看好这只股票，可以在其股价再次回落到12元附近并企稳时，再行埋伏买入。

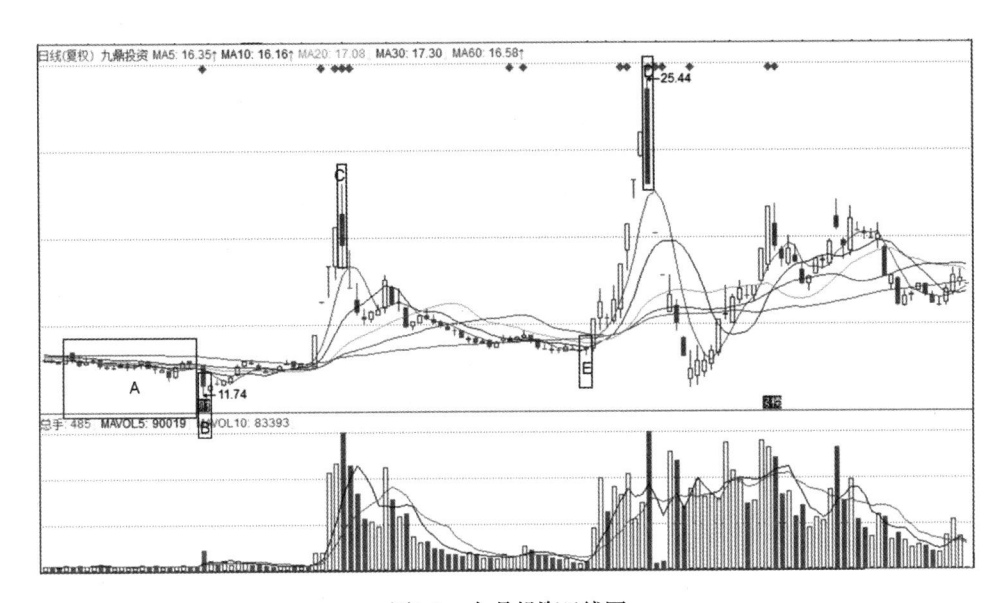

图2-9 九鼎投资日线图

注意事项：

（1）全仓操作是一种不良的操盘习惯，很容易引发投资者的赌博心理，而炒股是一门投资艺术，并非赌博，因此，波浪战法设定了这一条纪律，投资者一定要严格遵守。

（2）投资者遵守不全仓操作的纪律，更有助于树立一种正确的价值投资观，而这一点，也是波浪战法所一直遵循的操盘理念。

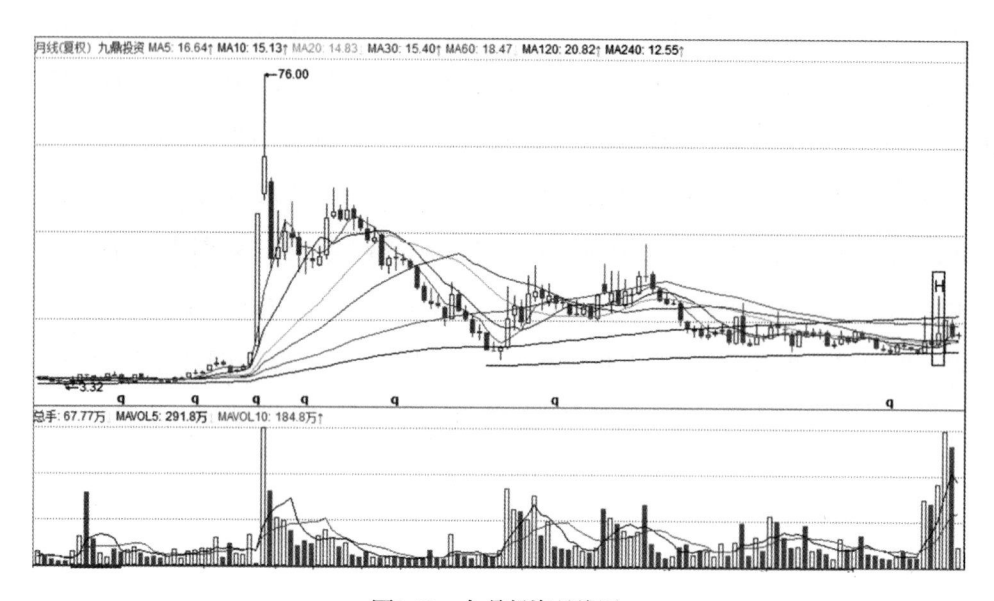

图2-10　九鼎投资月线图

2.3.4　不低价委买、不高价委卖

低价委买和高价委卖，看起来只是一种想买在低价和卖在高价的心理，但是，这种行为折射出了投资者一种不切实际的期望心理，因为在委买时，若是真出现了委托的低价，那么价格可能还会走低，你的委买价也是高的。在委卖时，若是真的出现了委托的高价，那说明股价短期上行的趋势并未结束，你的委卖价也是低的。一旦低价委买和高价委卖成功了，投资者内心反而会产生对所学技术的怀疑，事实上，这往往是投资者自身判断失误了。所以在根据波浪战法实战期间，一定要严格遵守不低价委买、不高价委卖的纪律，这样才能严格要求自己，通过不断实践提升自己的操盘技术。

实战案例：

如图2-11科华数据（002335）2024年4月12日分时图所示，若是投资

第 2 章 操盘攻略：波浪战法成功获利的基础

者在卖出这只股票时，未在 A 区域卖出，而是到了 B 区域一直期望股价能够回到 A 区域时再卖，所以挂出了 A 区域 28.71 元的委卖单。然而，直到当日收盘，28.71 元的价格却再未出现过，反而股价一路震荡下行，这势必会造成投资者无法卖出的结果，若是次日股价再次低开，收益会更为缩水。因此，卖出股票时一定要遵守不高价委卖的原则。

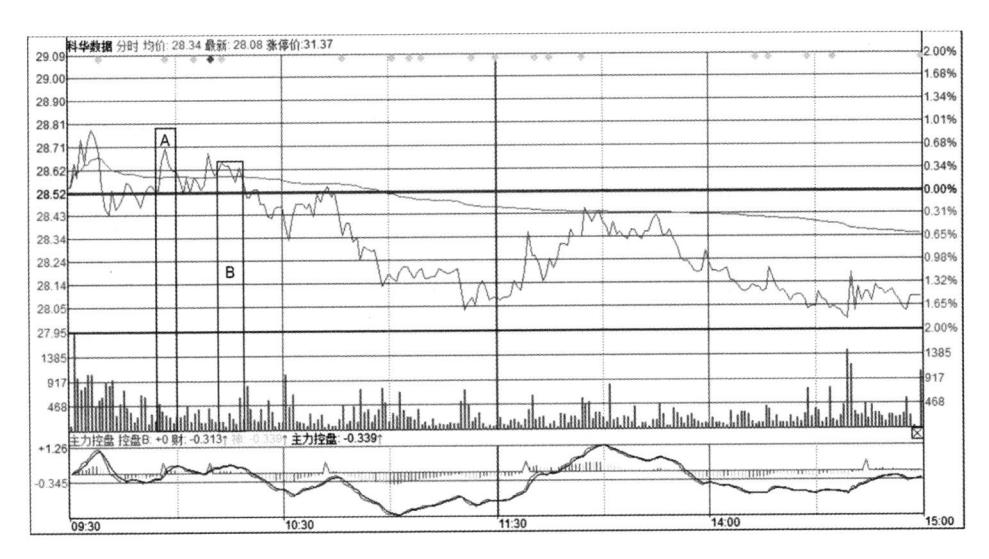

图2-11　科华数据2024年4月12日分时图

如图 2-12 华工科技（000988）2024 年 4 月 12 日分时图所示，若是投资者发现这只股票符合买入要求，在买入时，错过了 A 区域的小幅高开后的横盘震荡，到 B 区域时，发现股价上了一个台阶后继续横盘小幅震荡，若是此时挂出 A 区域的平台价格，希望股价只要略低即买入，结果发现，午后开盘的整个下午，股价不仅没有走低，反而放量走强，继续上了一个更高的台阶，及至收盘也未再出现 A 区域的平台价格，投资者势必错失一次低位买入的时机。若下一个交易日股价高开高走，买入成本会更高，甚至是股价次日直接涨停，投资机遇不再有。因此，在买入股票时，一定要遵守不低价委买的纪律。

注意事项：

（1）低价委买往往是股价在震荡走低又回升后，投资者希望股价再次探底的买股心理，殊不知，若真的出现了再次走低，则前期的低点就不一定是低点了，所以，低价委买体现的是投资者在股价低点出现时不敢买的恐惧心理。

（2）高价委卖往往是股价在冲高回落后，投资者希望股价再次冲高好借机卖出股票的心理，然而，若是真的股价再次冲高，则短线趋势可能并非变弱了，高价委卖体现的同样是投资者在判断高点时不自信的心理，或是高位贪婪的心理，同样不可取。

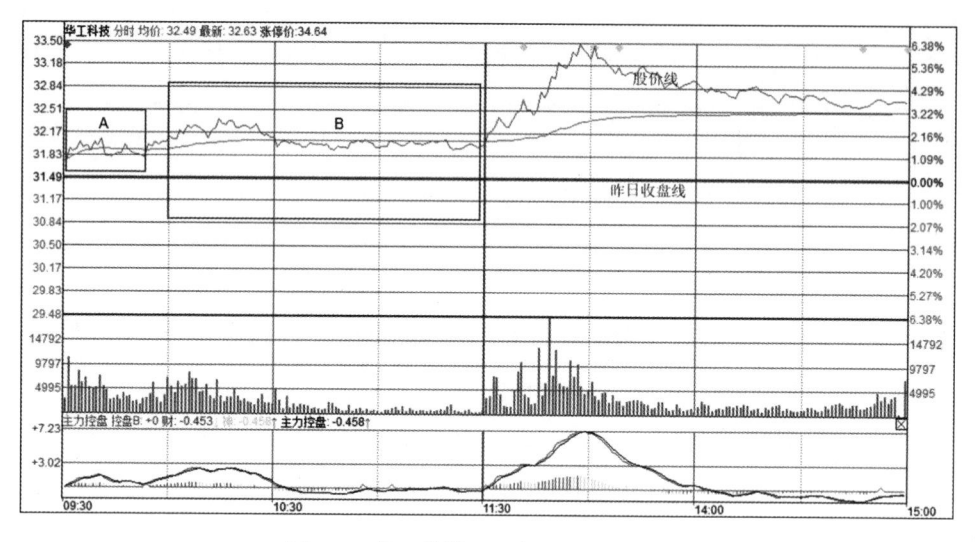

图2-12　华工科技2024年4月12日分时图

2.4　仓位管理

2.4.1　空仓期

在波浪战法中，空仓期是指完成一轮买卖交易后，账户内再无其他股票的这一时期，也就是投资者开始重新选股的时期，此时必须保持一直空仓的状态。但是，对于那些以中长线投资为主并进行短线波段交易的投资者来说，还有一个时期，虽说不能叫空仓期，但在该时期，同样要保持多看少动状态。进一步说，这一时期就是埋伏买入了一只股票后，在寻找股价震荡的波段低点时，要一直保持不轻易买入的状态的时期，类似于埋伏买入前的空仓期，若是投资者无法忍到震荡低点出现就急急买入，则后市其很难在波段震荡中获利，所以，在这一时期，投资者同样要保持不动状态。

实战案例：

（1）埋伏买入前的空仓期。如图2-13招商银行（600036）周线图所示，投资者在2023年1月完成了一轮交易后，在找到图2-13中2023年3月中旬到7月中旬，即A区域逢低埋伏买入招商银行前，均要保持空仓状态，这就是中长线埋伏买入前的空仓期。

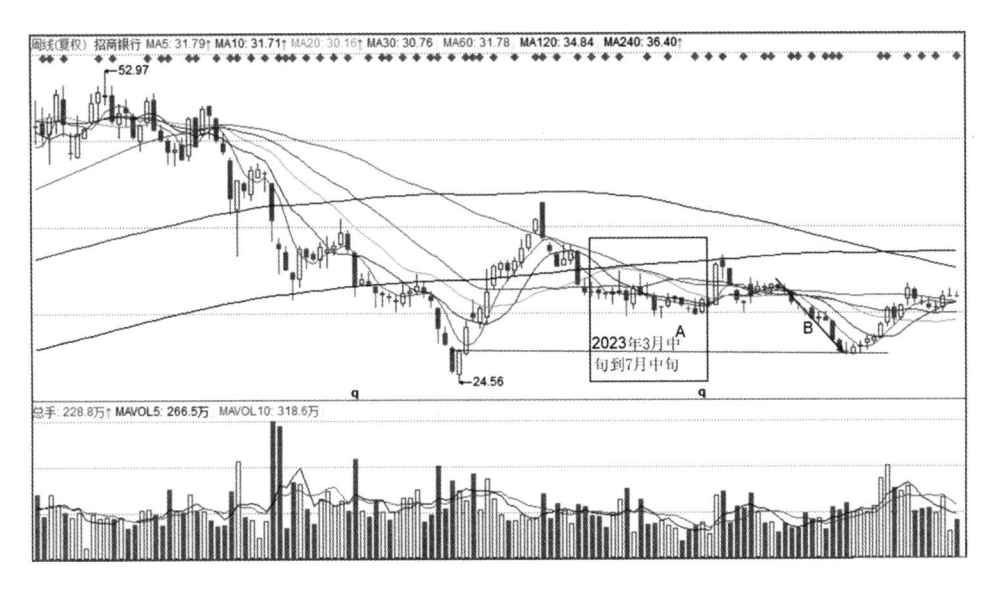

图2-13 招商银行周线图

（2）短线波段交易前的类空仓期。若投资者在图2-13中A区域逢低埋伏买入了这只股票，其后在寻找波段震荡低点的短线交易时机时，应观察日线，如图2-14招商银行日线图所示，发现股价从H区域开始，出现一波明显的破位下跌行情，因此，当在图2-14日线图上A区域、B区域出现股价短期快速探底回升时，不要轻易买入，因这一下跌走势非平台震荡低点，而是跌破平台的下行，属于破位下跌，只有在出现明显的止跌迹象时方可买入，即股价在 B 段（图 2-13）走势末端出现接近前低的 24.56 元甚至是跌破这一低点后出现明显止跌迹象时，才是最安全的波段低点买入。也就是图 2-14 中的 C 区域、D 区域和 E 区域均为低位止跌买点。因此，在 H 区域到低位上跌点出现的 C 区域或 D 区域或 E 区域，均要保持仓位不动，不仅不要买入招商银行这只股票，也不要轻易去买入其他股票，这就是短线波段交易前的类空仓期。

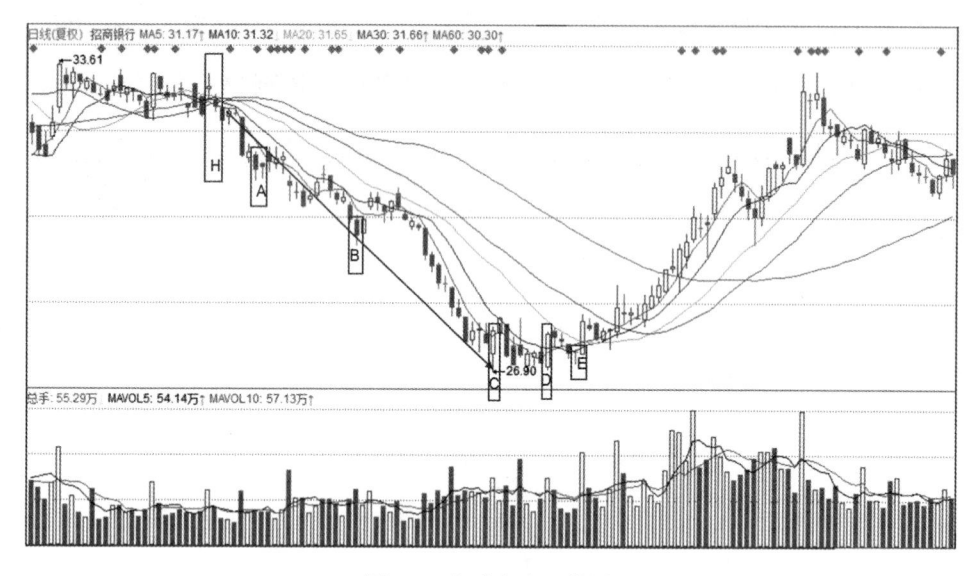

图2-14　招商银行日线图

注意事项：

（1）空仓对于投资者来说是至关重要的，如果管不住自己的手，在应该空仓的时期未空仓，一旦发现了波浪战法中难得一遇的寻大底类的股票，投资者很难有资金去买入，所以，投资者必须学会空仓。

（2）波浪战法中的空仓期有两个：一是完成一轮清仓交易到重新选好目标股期间；二是底仓买入目标股后，到日线短线交易的买点出现前。后者属于短线的买点判断，与之前的底仓是不相干的，但判断时一定要学会如何抓住震荡低点，因此，同样需要学会多看少动，只有机会来时才出手。

2.4.2 建立底仓期的仓位要求

投资者在根据波浪战法买入股票时，一定要明白底仓期的仓位要求，也就是埋伏买入时的仓位数量。作为具有中长线投资特征的战法，波浪战法的底仓数量与其他炒股技术不同，要至少保持在总资金量的三分之一，甚至是半仓。至于买入操作，投资者可一次买入，也可分多次逢低买入。因此，底仓的买入方法，就是股价在低位平台震荡期间逢低埋伏买入，但这种低位必须确保是月线或周线级别的低位震荡平台出现的低位。

实战案例：

如图 2-15 中直股份（600038）周线图所示，A 区域和 B 区域均为低位整理平台，只不过 B 区域属于 A 区域在下一个小平台后的横盘震荡整理，因此，B 区域在 A 区域低点下的位置，均是超跌低点。这是周线上的情况，若是观察月线，则这种股价探底整理的走势更为明显。

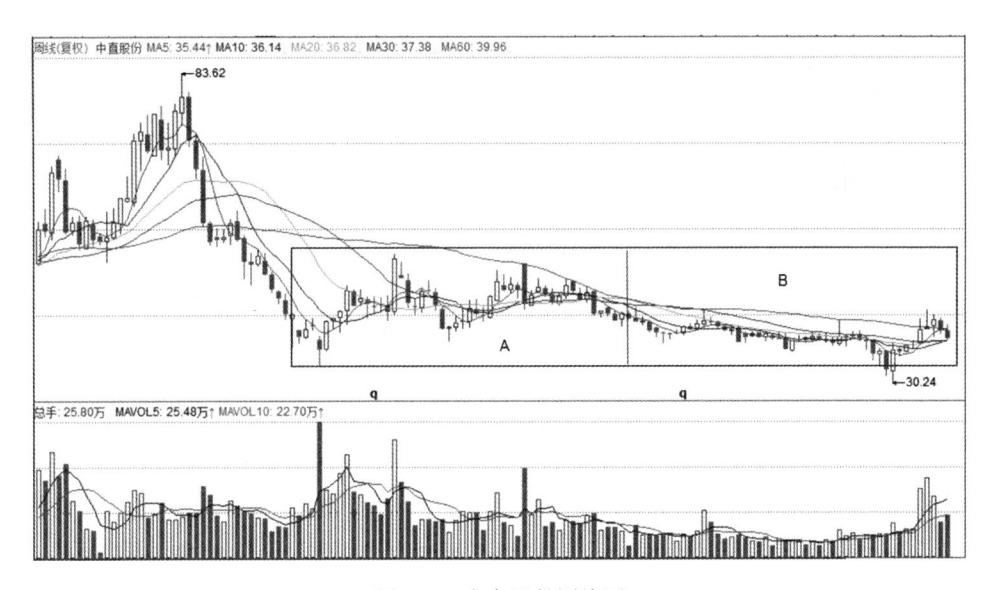

图2-15 中直股份周线图

如图 2-16 中直股份月线图所示，右侧的 B 区域即是股价再回到之前的整理区间 A 区域的再次寻低整理，所以，B 区域这一平台明显具有极强的支撑作用，而在这一区域中，出现的所有低于 A 区域低点的情况，均为超低的埋伏买入最佳时机，而在 A 区域和 B 区域中，所有接近 A 区域低点即止跌回升的情况，同样为低位埋伏买入的良机。

图2-16　中直股份月线图

事实上，图 2-16 中的 B 区域，也就是图 2-15 中的 A 区域和 B 区域，站在周线上看，所有接近图 2-15 中 A 区域低点位置即止跌回升的情况，均是低位埋伏买入的良机，而投资者若是埋伏买入，不管是一次买入，还是分多次买入，资金量必须保持在总资金量的三分之一到半仓的水平，而图 2-16 月线上 B 区域跌破 A 区域低点的情况出现，均是中长线重仓的良机。

注意事项：

（1）投资者在对目标股进行底仓建立时，往往出于中长线投资的角度，所以，此时对目标股的观察与判断，往往都是基于长线安全的角度，应在周线图的基础上，结合月线图去观察，至于对埋伏买入时机的判断，可再结合日线图的情况具体选择，但建立底仓的仓位不可过低，必须符合最低水平的要求。

（2）建立底仓期，事实上就是埋伏买入股票的时机，必须在确保中长线安全的前提下，方可逢低埋伏买入，而一旦出现月线级别的跌破前期整理平台的情况，应大胆在低位止跌时加重仓位再行买入，因为这种情况，往往是难得一遇的大底。

2.4.3 操盘期间的仓位要求

投资者在根据波浪战法实战期间，尤其是在寻找波段震荡的短线买卖点时，也要学会控制好仓位，即根据此时账户内的资金量进行交易，这时的资金量要求，应去掉底仓资金量，只看账户内的现金余额，每次在进行波段操作时，最好以账户内可用资金量的一半量（最多三分之二）去操作，因为在遇到股价波动中的深幅下探时，最好有资金补充买入，以降低波段交易中的短线持股成本。因此，投资者不可满仓，但允许重仓，尤其是当股价表现为快速大幅探底后的快速回升时，完全可以重仓操作。

实战案例：

如图 2-17 古越龙山（600059）日线图所示，若投资者前期看好并埋伏买入了这只股票，一旦股价在日线上的持续震荡下跌中进入了 A 区域，并在快速下跌中出现了快速下探后的快速回升，应果断以至少三分之一的账户内可用的资金量去买入，但到 B 区域股价上行乏力时应果断再卖出 A 区域买入的股票的数量。到其后的 C 区域，股价再次持续快速下跌，并出现了如 C 区域所示的新低，观察一下图 2-18 月线图上的走势会发现，图 2-17 中 C 区域出现的新低，即图 2-18 中 B 区域的情况，这是这只股票在月线上形成年线后的第二次跌破年线的行为，上一次为 5.85 元外跌破，此次年线的价格为 8.07 元。这样讲是什么意思呢？就是在现实行情中，在如图 2-17 日线中 B 区域的持续下跌中，一旦发现股价在跌破了 8.07 元这一价格时，只要出现明显的止跌迹象，无论是基于中长线还是中短线思维，均应重仓买入这只股票，因为这是月线级别的探大底止跌行为。

注意事项：

（1）投资者在根据波浪战法操盘期间，一定要先明白此时的操作多是基于短线思维来进行的日线小波段操作，所以，通常要按照短线操盘的仓位要求去管理好资金。

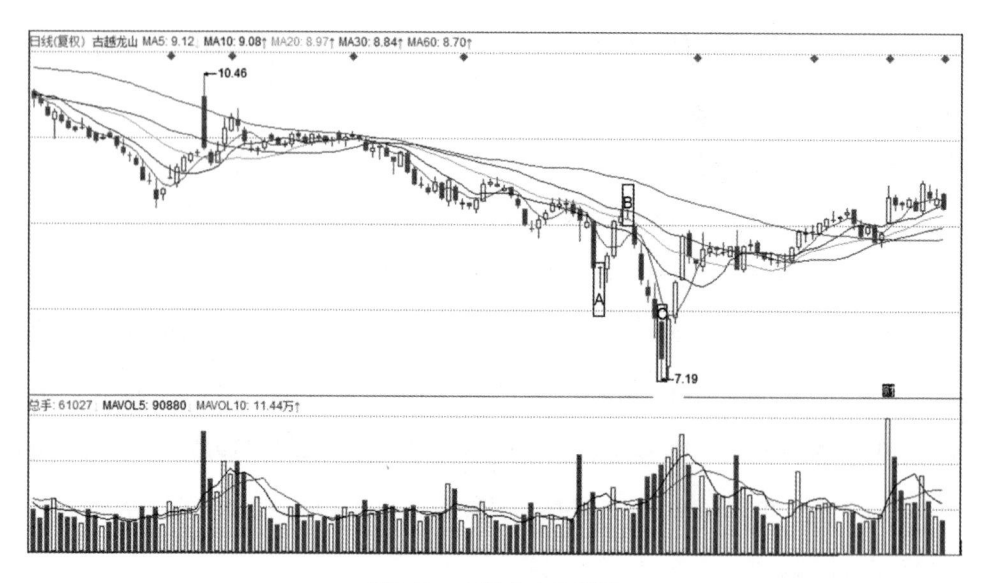

图2-17　古越龙山日线图

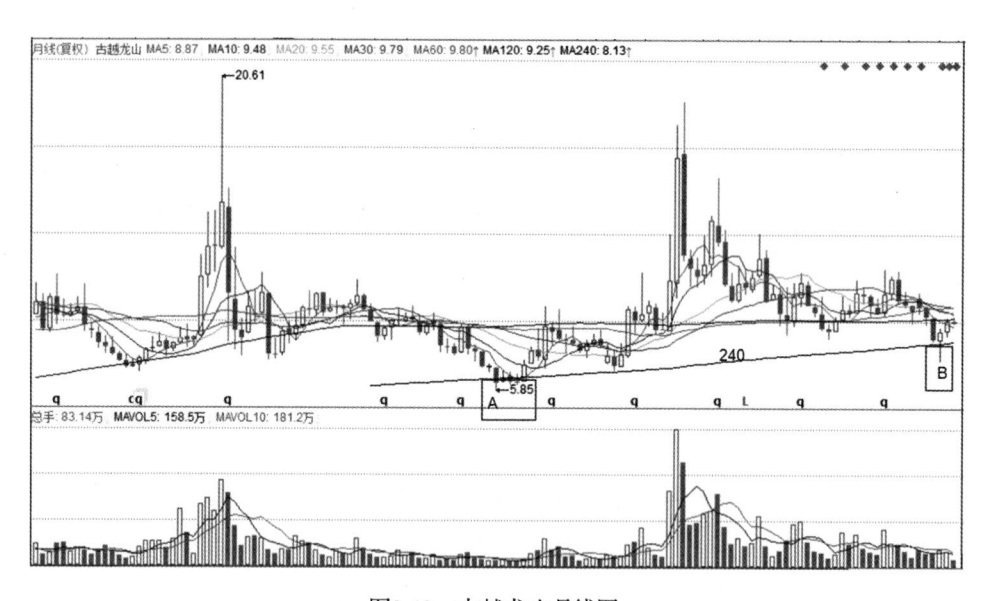

图2-18　古越龙山月线图

（2）在波浪战法的短线操盘期间，投资者在计算仓位时，应去除掉底仓的资金，即只按照账户内可支配使用的资金量来管理一次性交易的资金，但在决定是否重仓时，应观察一下月线上的情况，只有是在月线探大底时出现的低点，方可在回升时重仓买入后，可一直持有到甚至是清仓时卖出，否则均应以短线思路去交易。

第3章

均线：
波浪战法操盘的重要指标

均线是移动平均线的简称，这一看似简单的指标，许多投资者在应用时却觉得其不太准确，实际上并不是用均线判断趋势不准确，而是许多投资者在使用时没有做到全面综合的判断，才造成了不准确的结果。因此，除了学习波浪战法的投资者外，其他喜欢运用均线判断趋势的投资者，只要学会本章中关于均线的正确使用方法，以及波浪战法选股时的要求，必然能够在判断股价趋势上达到一个新的境界。

3.1 均线的显示与修改

3.1.1 均线的显示方式及数量

均线在炒股软件上的显示，无论是大智慧还是同花顺，一般均会在投资者下载软件后，只显示五条均线，也就是 5 日均线、10 日均线、20 日均线、30 日均线和 60 日均线，无论是在日线图还是周线图上，甚至是月线图上，均是如此。这是因为，投资者一般均为短线投资者或进行短线观察，此时，五条均线基本上已经足够了，若是观察周期较长，则可查看周期图或月线图。

实战案例：

如图 3-1 海信视像（600060）日线图所示，上面只显示出了 5 日均线、10 日均线、20 日均线、30 日均线和 60 日均线。

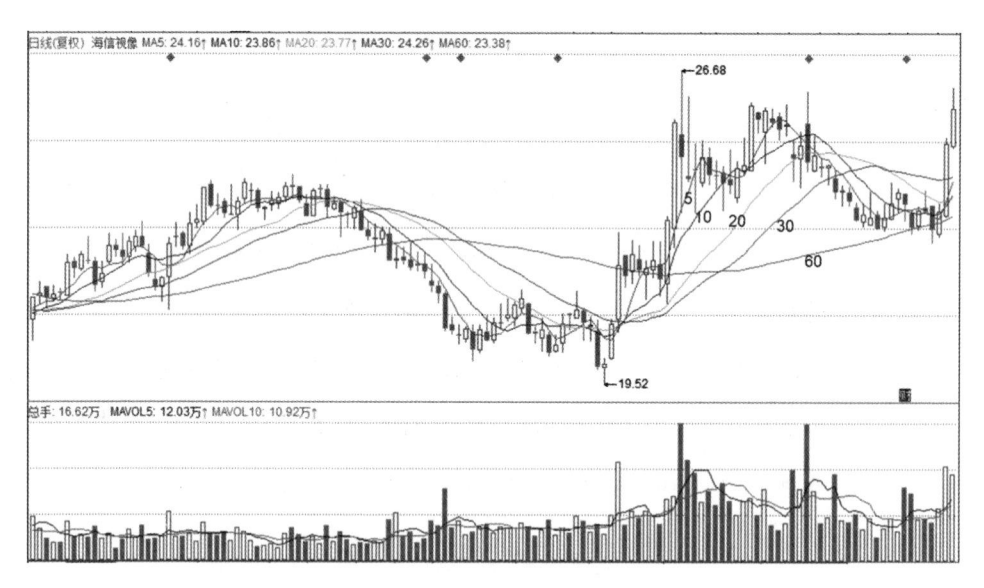

图3-1　海信视像日线图

图 3-2 是海信视像的周线图，上面同样只显示了 5 周均线、10 周均线、20 周均线、30 周均线和 60 周均线，其趋势明显为长期向上，近期表现为震荡上涨。这是周线图上的均线显示方式与均线数量情况。

图3-2 海信视像周线图

注意事项：

（1）均线无论是在日线上还是其他周期图上，均是显示五条，统计周期均为5、10、20、30、60。

（2）投资者使用均线时一定要注意，只有日线上的均线为日均线，如5日均线，周线图上则为周均线，如5周均线，而月线上则为月均线，如5月均线。也就是说，日线上的均线是以交易日的数量算平均值的，周线上的均线是以周的数量计算平均值的，月线上的均线则是以月的数量计算平均值的。

3.1.2 均线的增减修改方法

投资者在使用均线时，一定要学会均线在数量或是统计周期上的修改方法，这不仅可以在波浪战法中用到，同时还可以利用这种基本方法去学习其他特殊的均线战法，如"521"战法或"135"战法等。我们以日线图为例，结合实例，对均线的这一修改方法进行分步骤介绍。

实战案例：

（1）打开日线图，鼠标对准空白处，右击，就会出现一个较长的对话框，然后将鼠标移到对话框内，向下移动到对话框内下方的"修改指标参数（C）"处，"修改指标参数（C）"这一行字就会变颜色，如图3-3所示。

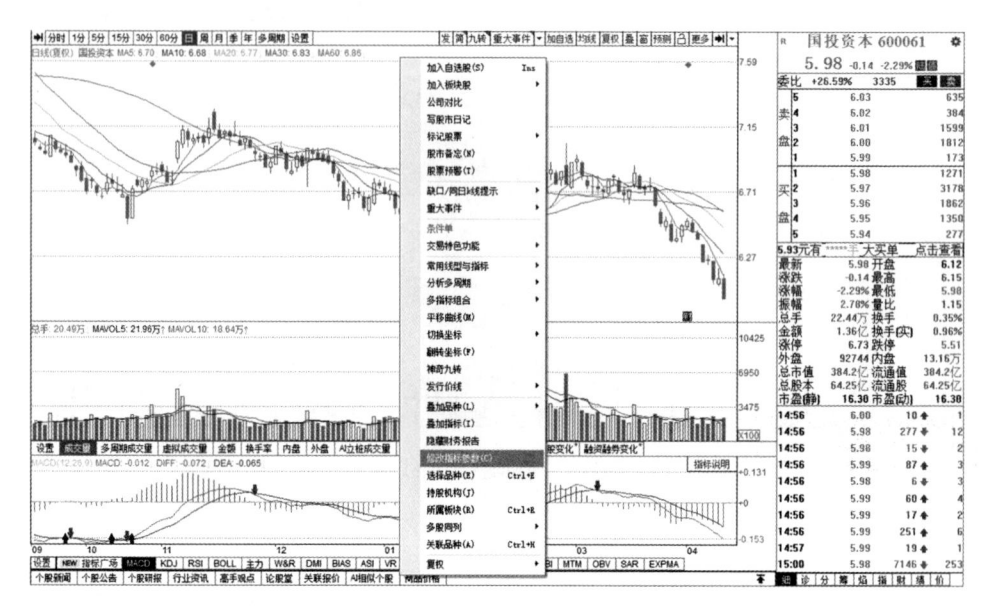

图3-3　国投资本日线图1

（2）右击，就会再次跳出一个小的对话框，如图3-4所示。

（3）这时，就可将鼠标移动到小对话中左上方的位置"均线"处，单击，就会显示出具体的均线情况了，如图3-5所示。

（4）接下来可以对均线的参数进行修改或增减了。若是想修改统计周期，如将60日均线改为89日均线，此时，将鼠标移动到60日均线处，将60改为89即可，如图3-6中显示的一样；或是想增加均线数量，如想增加一条120日均线，则可在60日均线下方的空白处，增加上120日均线即可，如图3-7所示。

（5）如此时是如图3-7所示只是增加的120日均线，那么此时就要将图3-7中对话框内最下方的"显示5条均线"中的"5"改为"6"，然后，用鼠标再单击一下对话框内右侧下方的"确定"字样，这样日线图上就会显示出包括120日均线在内的6条均线了，如图3-8所示。

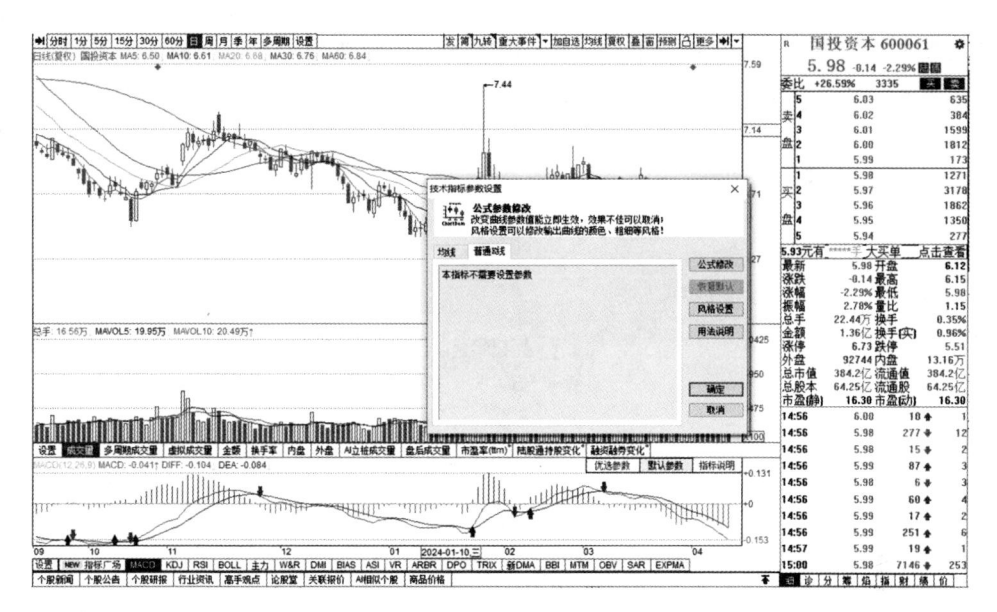

第 3 章 均线：波浪战法操盘的重要指标

图3-4 国投资本日线图2

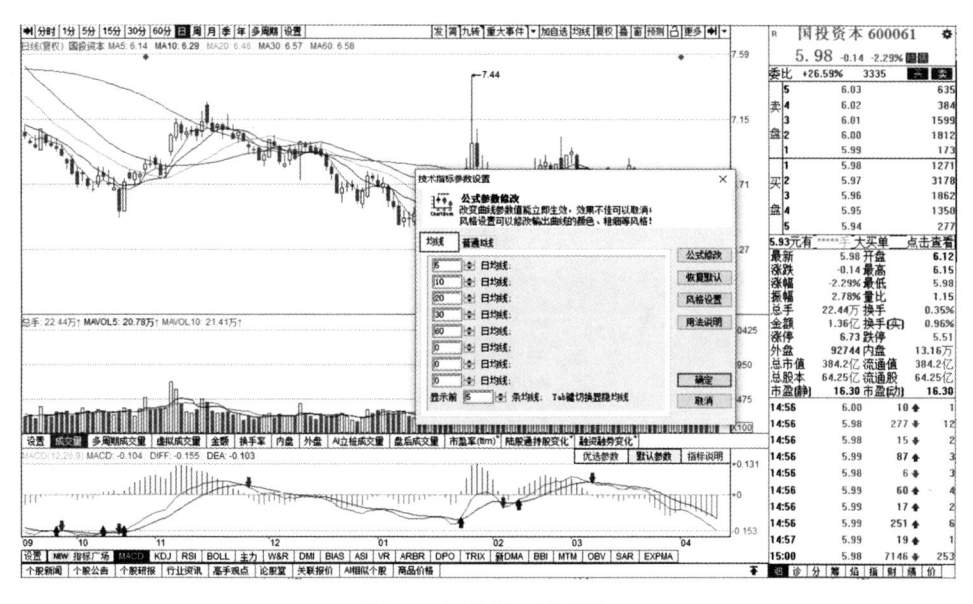

图3-5 国投资本日线图3

注意事项：

（1）投资者在修改均线的数量或统计周期时，只要修改了一个周期图上的数据，所有这一周期图上的均线情况，系统就会统一改为修改的内容，包括指数的

41

周期图，如修改的是日线图时，所有的日线图上均会如此显示，但周线图或月线图要改变时，应再进行更改，方可统一变更。

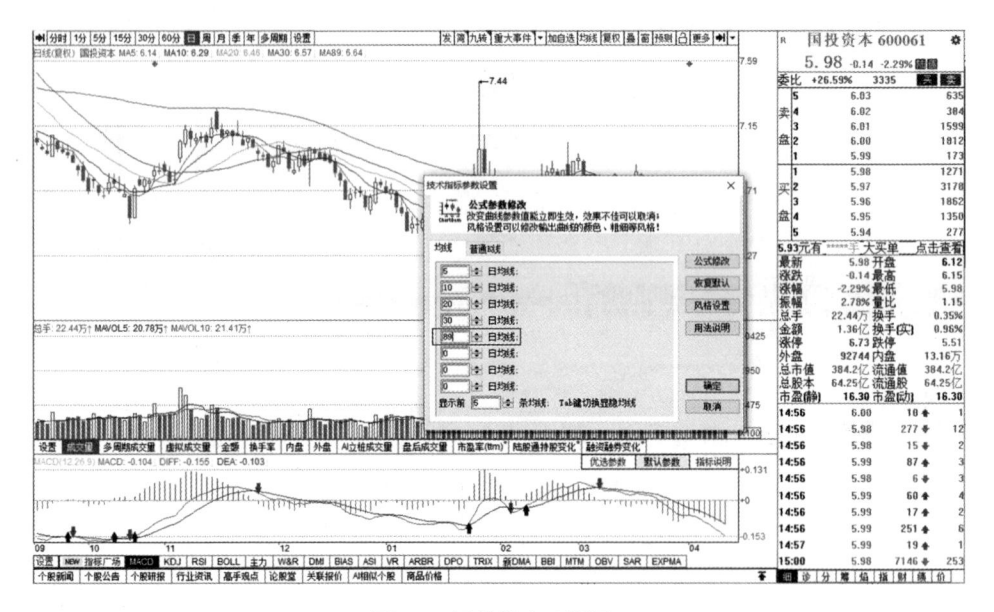

图3-6 国投资本日线图4

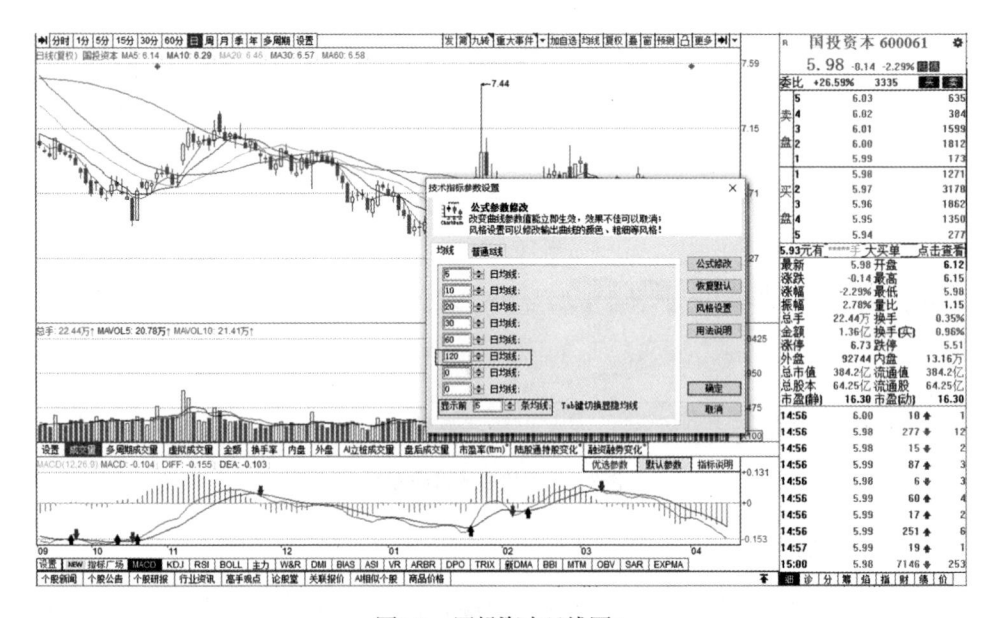

图3-7 国投资本日线图5

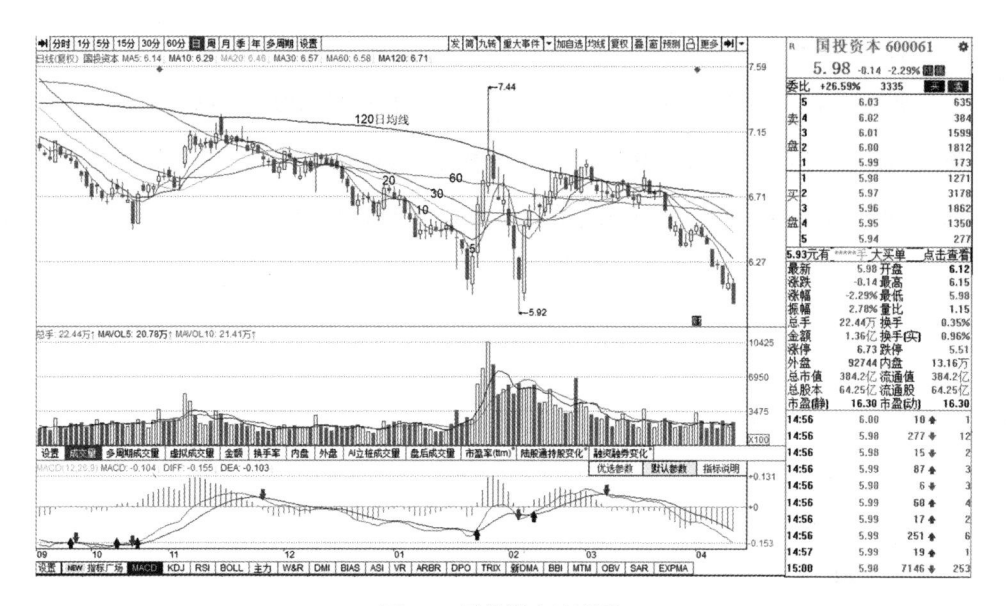

第 3 章 均线：波浪战法操盘的重要指标

图3-8 国投资本日线图6

（2）如果投资者只是一时修改了指标参数，只是想试试修改的方法，或是基于需求进行了改动，如使用"521"或"135"战法等时，一定要记得在使用完后进行恢复性的修改，否则再次使用 K 线图时，就会显示当初修改过的情况，影响到当前的使用效果。

3.2 均线分类

3.2.1 短期均线

短期均线，在日线图上，就是指统计周期相对最短的两根均线——5 日均线和 10 日均线，因这两根均线统计的是 5 个交易日和 10 个交易日股票收盘价的平均值，所以，其数值最接近于当前的股价，其波动的情况，也最能体现股票价格或指数最近的波动走势，因此为短期均线。在识别短期均线时，往往离 K 线最近的一条均线为 5 日均线，另一根距离 K 线较近的线为 10 日均线，但在判断时，只要将鼠标对准一根均线，即可显示其周期的数值。

实战案例：

如图 3-9 华润双鹤（600062）日线图所示，股价在明显的上涨与下跌中，距离 K 线最近的均线为 5 日均线，而另一条相距 K 线较近的均线为 10 日均线，这两条均线就是短期均线，所代表的即时价格最为接近当时的股票价格。

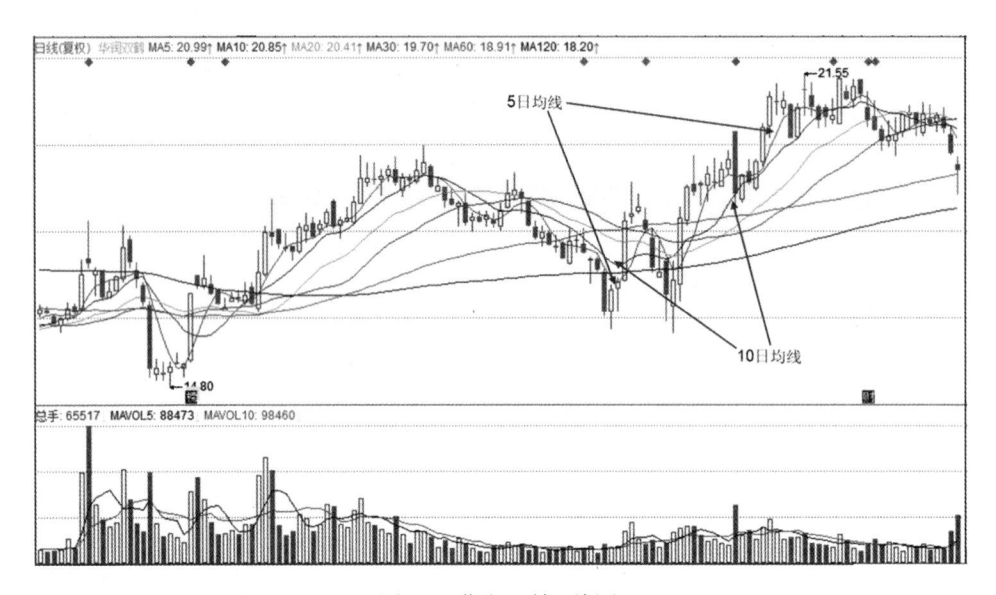

图3-9　华润双鹤日线图

注意事项：

（1）投资者在判断短期均线时，不要只是通过这两条均线的颜色进行判断，因炒股软件不同，其均线的显示颜色往往也有一定的出入，所以，还是应将鼠标对准一条均线，查看其周期。

（2）根据均线位置判断短期均线时，往往在明显的上涨或下跌走势中最容易识别，但在震荡行情中，因均线处于缠绕状态，这时判断短期均线较为困难。

3.2.2　中期均线

中期均线，就是统计周期相对较长又不太长的均线，在日线图上，中期均线常指 20 日均线、30 日均线和 60 日均线。因其统计周期相对于两条短期均线略长，所以其反映出的股价趋势往往会相对迟缓，对于股价短期趋势的变化，无法

第 3 章 均线：波浪战法操盘的重要指标

在第一时间反映出来，这是中期均线最大的特征，对股价的短期变化不敏感，但其运行方向往往能够更为准确地反映出股价的中期运行方向。因此，中期均线通常在研判趋势时，更为准确。在判断中期均线时，往往离 K 线最远的一条为 60 日均线，其余两条相对远的为 30 日均线和 20 日均线，但同样要用鼠标对准均线来判断更为准确。

实战案例：

如图 3-10 南京高科（600064）日线图所示，在明显的上涨或下跌行情中，60 日均线为相距 K 线最远的一条均线，次远的一条为 30 日均线，较近的一条为 20 日均线。这三条均线，均为中期均线。

图3-10　南京高科日线图

注意事项：

（1）中期均线在判断时最容易识别出来，尤其是 60 日均线，多为距离 K 线最远的一条均线，但在识别中期均线时，往往在明显的上涨或下跌行情中，最容易用肉眼判断出来，但在均线缠绕状态中，必须用鼠标对准方可辨别。

（2）中期均线在研判股价的中期趋势走向时，往往起着中流砥柱的作用，尤其是 20 日均线的方向，往往预示着股价短期的强势是否真实，而 60 日均线的方向则往往意味着一轮行情的延续。

3.2.3 长期均线

　　长期均线，就是统计周期比中期均线还要长的均线。在炒股软件上，是不会自动显示长期均线的，必须手动设置方可显示出来。长期均线包括120日均线和240日均线，由于股市交易日基本上是每个月20天左右，除去节假日，所以，120日均线又被称为半年线，即其统计周期基本上是半年，而240日均线称为年线，统计周期是年。因这两条长期均线在波浪战法中占据着重要的地位，所以其在被投资者手动调出来后，应一直保持在炒股软件上的显示状态。

　　实战案例：

　　如图3-11人福医药（600079）日线图所示，在明显的上涨或下跌行情中，距离K线最远和次远的两条均线，即是半年线120日均线和年线240日均线，这两条均线是长期均线。可以看出，在上涨行情中，两条长期均线均是在K线下方较远处向上运行；在下跌行情中，两条长期均线均是在位于K线最上方向下运行。

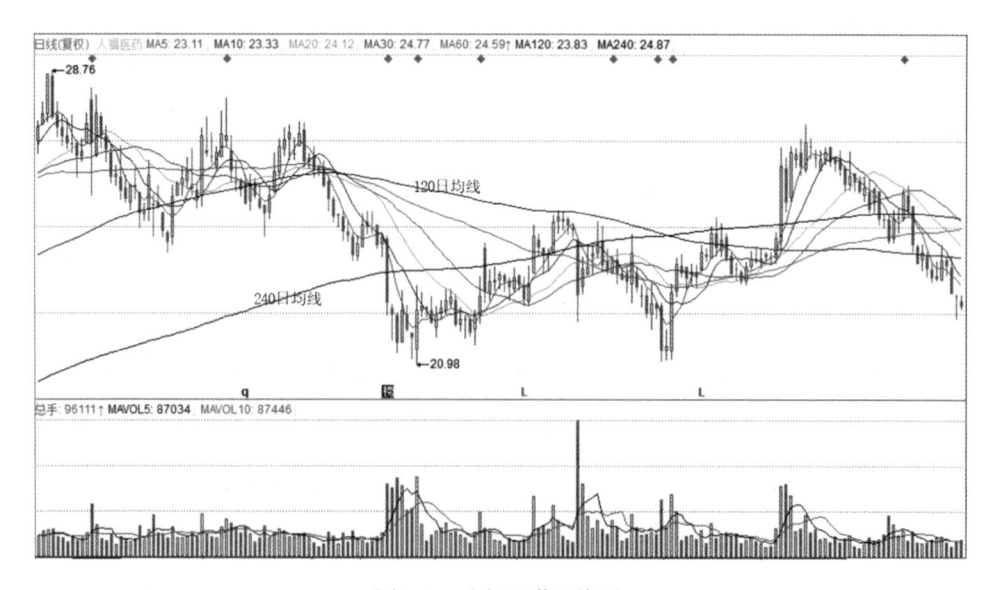

图3-11　人福医药日线图

注意事项：

（1）长期均线在炒股软件中不会自动显示出来，必须手动设置方可显示，因这两条均线是用波浪战法判断趋势时重要的依据，如在进行技术选股和判断支撑时，所以，投资者平时一定要在将长期均线设置好后一直保留显示状态。

（2）由于长期均线统计周期较长，所以在利用其研判趋势时较为准确，但有些股票是难以看到其长期均线的，如上市不久的新股与次新股，这类股票即便设置了长期均线，K线图上依然无法显示出来。

3.3 均线排列方式与趋势的关系

3.3.1 多头排列与上涨趋势

多头排列是均线特有的一种排列状态，它是指5日均线、10日均线、20日均线、30日均线、60日均线，依次由上向下排列的同时，线头均向上呈逐渐发散运行的形态。这种形态一出现，就意味着股价进入了持续上涨的趋势，所以，从股价的趋势上讲，多头排列为上涨趋势。多头排列与上涨趋势虽然是一回事儿，但多头排列指的是均线的一种上涨形态，而上涨趋势则是指K线的一种上涨状态。

实战案例：

如图3-12宇通客车（600066）日线图所示，股价在持续震荡中进入A区域后，发现5日均线、10日均线、20日均线、30日均线、60日均线，呈依次由上向下的排列，同时，线头均向上呈逐渐发散运行的状态，形成均线的多头排列，说明股价进入上涨趋势，投资者应积极参与此类状态的股票。同样，在其后的上涨调整中，当进入C区域后，均线同样表现为五条均线向上发散运行的多头排列，是股价恢复强势上涨的趋势。

注意事项：

（1）投资者在利用均线多头排列判断出股价处于上涨趋势时，往往在多头排列形成初期的量价齐升状态下去参与，其后的收益会更大，且更安全。

（2）如果投资者只是通过均线的多头排列来判断股价趋势，往往周线图或月线图上的多头排列初期形态形成了，日线上的股价上涨趋势会更持久，其涨幅会更大。

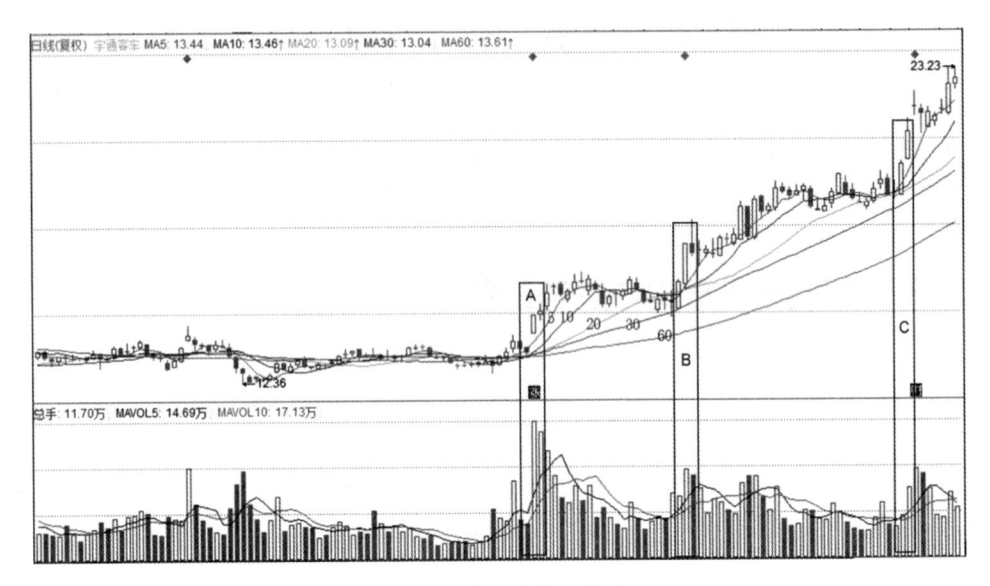

图3-12　宇通客车日线图

3.3.2　空头排列与下跌趋势

空头排列，是均线的一种排列状态，是指5日均线、10日均线、20日均线、30日均线、60日均线，依次由下向上排列的同时，各线头出现了向下发散运行的形态。这种形态一旦出现，就意味着股价趋势出现了明显的向下运行，所以为股价的下跌趋势。因此，均线的空头排列是判断股价下跌趋势的一种均线判断方法，一经出现，投资者就应暂时远离这只股票，不可轻易去参与。

实战案例：

如图3-13冠城大通（600067）日线图所示，股价在B区域和A区域，出现了5日均线、10日均线、20日均线、30日均线、60日均线依次由下向上排列，同时线头均向下发散运行的状态，形成了均线的空头排列形态，表明股价已进入

了下跌趋势，投资者短期应回避，以免造成损失。

图3-13 冠城大通日线图

注意事项：

（1）空头排列是利用均线判断股价下跌趋势的一种方法，但并非唯一的方法，只不过在通常的情况下，市场专业人士更习惯于使用均线来判断，因为均线毕竟代表着股价不同周期的收盘价平均值，属于一种价格的趋向表现。

（2）当股价进入均线空头排列的下跌趋势时，投资者不要轻易买入股票，只有在跌势终止企稳后，方可考虑是否参与。尤其是在使用波浪战法时，一定要根据波浪战法的要求去选股和买股，而不能简单地只根据日线上的趋势来判断。

3.3.3 均线缠绕与震荡趋势

均线缠绕，是均线形成的一种特殊状态，是指在运行中，5日均线、10日均线、20日均线、30日均线、60日均线处于相距较近、几近黏合的状态，并一直保持着这种状态，形成一种反复小幅震荡的局面。这种状态一出现，就意味着股价进入震荡趋势。而震荡趋势的出现，意味着股价出现了调整，通常这种调整，若时间较短，往往是一种中继形态，结束后会恢复之前的趋势运行，但这一结果并非唯一的，所以要在具体判断后方可确认。

实战案例：

如图3-14康欣新材（600076）日线图所示，股价在运行到A区域时，出现5日均线、10日均线、20日均线、30日均线、60日均线处于一种相距较近、几近黏合的反复缠绕与小幅震荡的状态，形成均线缠绕形态，意味着股价进入了整理，为震荡趋势。其后的B区域，均线同样出现了多条均线的缠绕，只不过60日均线未与其他均线形成缠绕而已，但同样为股价的震荡趋势。因为A区域和B区域的震荡趋势表明后续趋势不够明朗，所以，投资者不可轻易参与。

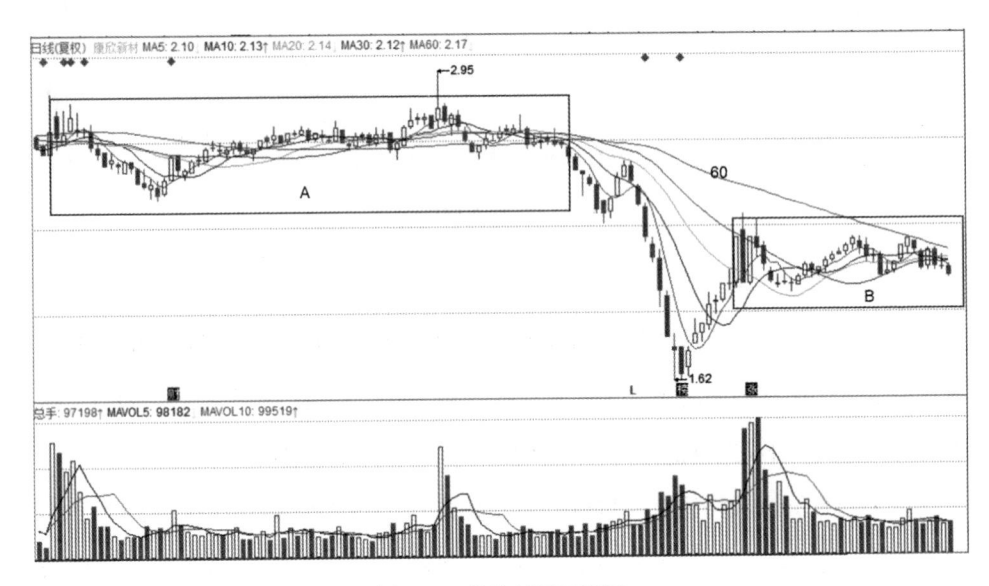

图3-14 康欣新材日线图

注意事项：

（1）均线缠绕是通过均线的缠绕形态来判断股价震荡趋势的一种方法，因为当中短期均线均处于相距较近的状态时，就意味着在较长时间均线所示价格与股价相近，说明股价处于震荡趋势。

（2）当股价形成震荡趋势时，往往是一种整理的状态，而在整理状态下，股价的运行方向是不明朗的，所以，一般的投资者轻易不要在震荡趋势期间参与股票投资，只有在上涨趋势明朗且涨幅不大的情况下出现震荡趋势，方可在其结束后向上运行时去参与股票。

3.4 均线在波浪战法中的应用

3.4.1 选股时的主要技术指标

在学习波浪战法前,之所以详细介绍均线,是因为均线是使用波浪战法时的主要技术指标,比如在选股期间对股价中期底部的确认,以及长期价值中枢的确认,都是需要通过较长时期的均线缠绕出现的位置确认,只不过这种确认方法,与前面讲到的日线级别的要求有所不同,因选股期间所观察的 K 线图均为更长周期的 K 线图,如周线图或月线图,所以,比如对均线缠绕的要求,只要是如月线上的均线缠绕是短期均线即可,然后再根据 K 线的形态来确认,同时,也可以通过 K 线是否跌破重要均线来确认是否出现股票的探大底行为。因此,均线是波浪战法选股时重要的技术指标。

实战案例:

如图 3-15 中信尼雅(600084)月线图所示,若投资者在选股期间,这只股票在符合了基本面要求的情况下,其在月线图上的技术面表现为,A 区域为明显的均线空头排列下的大幅下跌后的月线短期均线缠绕状态,并且是股价跌破了之前 A 区域的弱势平台后形成的低位弱势震荡整理,即可确认 A 区域为中长期底部低位区,这就是均线结合 K 线形态的波浪战法选股期间的技术方面的应用。

如图 3-16 同方股份(600100)月线图所示,若投资者在选股时发现在 A 区域,股价持续大跌后形成一个短期均线缠绕状态的 K 线箱体震荡形态,并感觉形成了一个底,此时是可以埋伏买入的,但必须要考虑到,当前股价只是围绕着 120 月均线展开震荡,要想形成大底,就必须跌破年线 240 月均线,如图 3-15 中的 A 区域一样。因此,这只股票真正的月线大底是图 3-16 中股价跌破年线后形成的 K 线小幅震荡的 B 区域。这就是波浪战法中利用均线技术、K 线综合判断一只股票技术形态上大底的方法和应用。

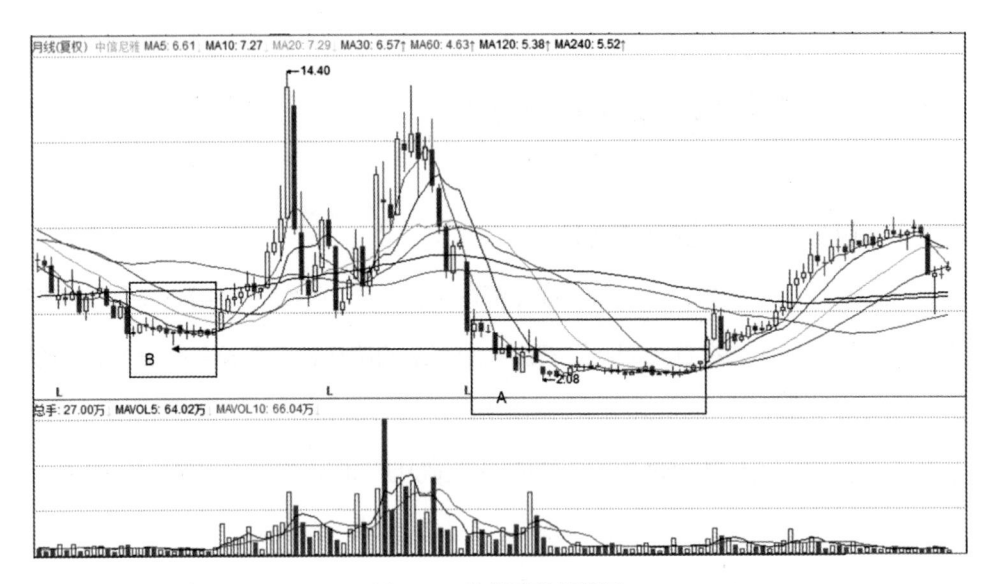

图3-15　中信尼雅月线图

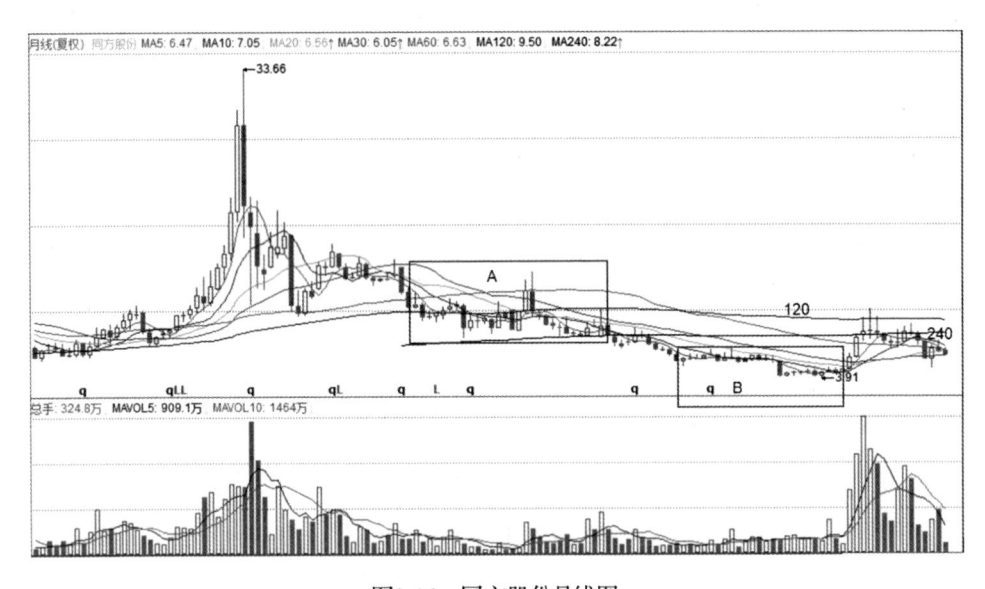

图3-16　同方股份月线图

注意事项：

（1）投资者在根据均线形态选股时，一定要牢记一点，因波浪战法在选股时，均是观察的更长周期的 K 线图，如周线图和月线图，所以，在观察时，尤其是在观察月线图时，一定要将均线缠绕状态与 K 线形态相结合，这样才更为准确。

（2）均线在波浪战法选股时的技术应用，不仅是均线形态的应用，还涉及股价支撑与压力的判断等，所以，投资者一定要事先充分学习这一技术的各个方面。

3.4.2 股票交易时的重要参考

投资者在根据波浪战法进行股票交易时，均线同样起着重要的作用，比如在抄底买入或埋伏买入股票时，同样要借助短期均线的表现来确认，如在抄底买入时，在月线底部状态下，日线上股价出现了明显的持续均线空头形态，一旦止跌企稳，此时往往是抄底的良机；在埋伏买入时，即使在月线上形成了大底的整理，在日线上也不一定会出现一个明显的底，只要是日线上 K 线运行到 5 日均线之下，越是远离 5 日均线，越是埋伏买入的低点。在卖出股票时，主要是参考短期均线中的 5 日均线，但不管 5 日均线是否明显转为下行，只要是出现上行渐缓状态，或是量价明显表现出上涨乏力或转跌时，就应果断卖出股票。因此，在均线应用上，对于波浪战法中的小波段操作，主要应用在买入股票时，而在卖出股票时，则主要是参考量价关系。

实战案例：

如图 3-17 广州发展（600098）日线图所示，若是这只股票符合月线选股要求，那么在寻找逢低埋伏买点时，只要 A 区域、B 区域、C 区域中任何一个区域，出现股价跌破 5 日均线的情况，均可逢低一次或多次建立底仓。但若是执行抄底买入操作，则应以 E 区域或 F 区域股价出现持续快速下跌的过程中，K 线向下远离 5 日均线后结束快速下跌的快速回升为最佳的抄底时机。在卖出股票时，如在 F 区域抄底买入股票，股价在持续上涨中进入 H 区域，表现出量能不济的小阴小阳量高位震荡，且 5 日均线出现轻微的上行乏力，即应果断卖出股票。这些买入或卖出股票时的观察与判断，就是波浪战法中均线结合 K 线形态所做出的是否交易的情况。

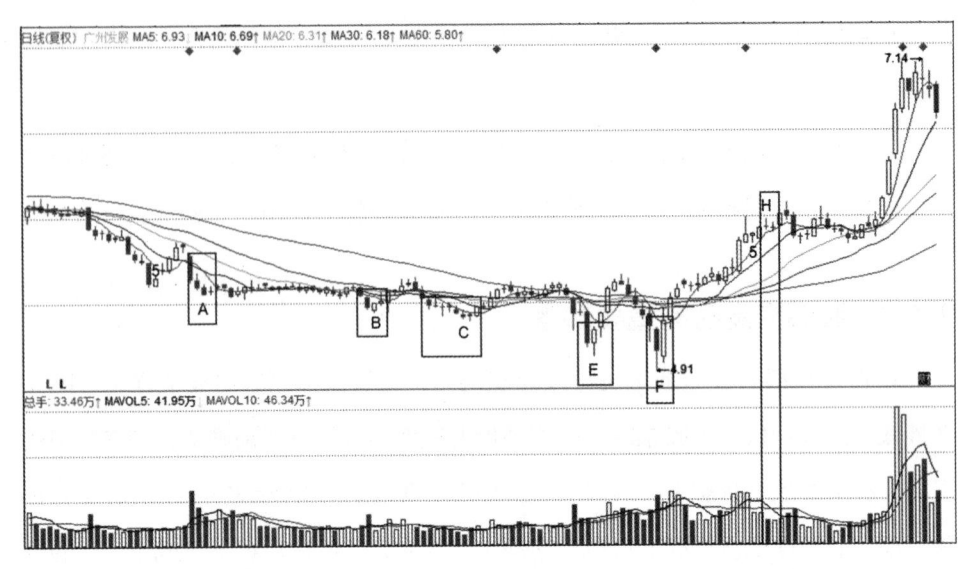

图3-17　广州发展日线图

注意事项：

（1）投资者在根据均线形态进行波浪战法实战期间，一定要明白，均线形态在波浪战法的买入股票交易时，所占的应用比例较大，比如建立底仓时的埋伏买入，或是抄底买入，但前提是这只股票必须在月线图及周线图上形成符合选股要求的技术形态，同时，应满足基本面的要求。

（2）在波浪战法的卖出股票交易中，均线的应用往往不是特别重要，主要是依据量价形态来判断。但在股价大涨后卖出底仓的交易中，一定要确保日线上形成明显的量价齐跌状态，此时方可清仓卖出，这时从埋伏买入的中长线角度观察，起码日线上形成股价大涨后的短期均线转弱的量价齐跌状态。

第 4 章

趋势：
波浪战法实战的关键

在谈到趋势时，就不得不说均线了，趋势和均线几乎是一体的，因为均线本身就是一定周期内股票收盘价的平均值的反映。但是，趋势也不完全是由均线表现的，因为从股价的运行特征和表现方式中，就能够准确地捕捉到趋势的这种变化及波动。因此，趋势在波浪战法中与均线一样，占据着重要地位。

4.1 趋势概述

4.1.1 趋势的表现形式

趋势就是市场运动的方向，在股市中是指大盘指数或股票价格的运行方向，通常分为三种主要的表现形式：上升趋势、横盘趋势和下降趋势。

上升趋势，就是指数或个股在走势上整体呈现出向右上方运行的状态，市场又称其为上涨趋势或多头趋势；横盘趋势，就是指数或个股的走势整体上呈现出像一条直线一样的运行状态，也就是说在这个时期内，指数的点数或股票的价格基本上保持在了一个相对价格差异并不大的水平，由于绝对的一字横盘趋势是难以出现的，所以，市场又将横盘趋势称为震荡趋势或整理状态，或者箱体震荡等；下降趋势，就是指数或个股从整体上表现为向右下方运行的状态，市场又称其为下跌趋势或空头趋势。

明白趋势的这三种表现形式，更有助于从深层去了解波浪战法的应用，因为趋势一旦形成，永远都会顺着压力最小的方向去运行，这也就是所谓的市场惯性，而只有大的资金量的外力推动，才能改变趋势的这种原有运行方向。

实战案例：

（1）上升趋势。如图 4-1 长虹美菱（000521）日线图所示，在整个 A 段走势中，股价一直保持着持续或震荡向右侧上方运行的状态，为明显的上升趋势，期间投资者可积极参与行情。

（2）下降趋势。如图 4-2 上证指数（000001）日线图所示，上证指数在整个 A 段走势中，一直表现为持续向右侧下方运行的状态，表明上证指数为下降趋势，投资者在此期间，轻易不要参与盘中个股，因大盘在持续下跌的状态中，盘中个股极难有持续上升的行情，这种大盘持续下降的状态，反而是盘中选择便宜的优质股票的理想时机。

（3）横盘趋势。如图 4-3 金风科技（002202）周线图所示，在 A 区域内，代表这只股票价格的K线，明显保持在一个水平线上直线运行状态，其间股价上下震荡的幅度也极小，为明显的横盘趋势，表明未来的趋势不够明朗，股价处于一种整理状态，因此，除非是出于中长线投资的埋伏买入目的，一般均应观望后再决定是否参与。

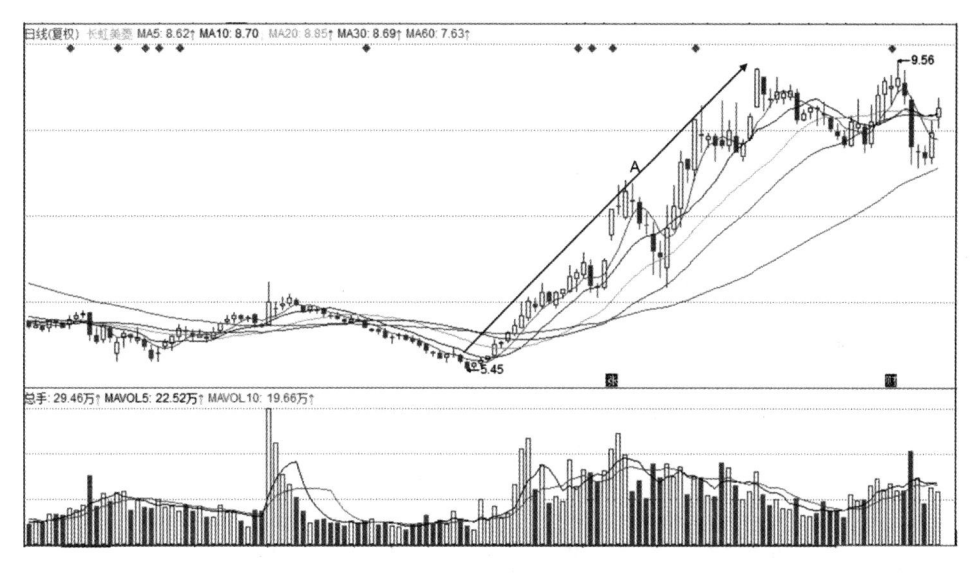

图4-1 长虹美菱日线图

图4-2 上证指数日线图

注意事项：

（1）投资者在实战前，不管学习的是什么炒股技术，都要明白趋势及其表现形式，以及各个趋势的表现方式及趋势运行的惯性作用，这样更有利于理解股票价格运行的规律。

图4-3 金风科技周线图

（2）在三种趋势的表现中，横盘趋势是运用波浪战法选股时的一种重要技术形态，但必须结合基本面及其他技术指标综合来研判，因为运用退市前的股票，大多数也会持续保持这种整理状态，而这类股票最好轻易不要参与。

4.1.2 主要趋势与次要趋势

主要趋势，就是指数或个股在某一段较长的时间内，表现为持续的一种运行方向明显的趋势状态。因此，主要趋势又经常被称为长期趋势，代表的是指数或个股一种方向性的运行趋势，如持续较长时间的上升趋势、下降趋势，或是呈整理状态的横盘趋势。

次要趋势，就是指数或个股在某一段相对较短的时间内，表现出与之前的趋势方向不同的运行状态，所以又被称为短期趋势或中期趋势。值得注意的是，次要趋势一旦结束，是会恢复之前的主要趋势运行方向的，如上升主要趋势中出现的横盘次要趋势或是下降次要趋势，一旦结束，就会恢复之前的上升主要趋势。

因此，次要趋势又经常被称为一种中继趋势或中继行情，是不会影响到主要趋势的运行方向的，反而成为短线波段投资者能够借机参与的大好时机。

实战案例：

（1）上升主要趋势中的次要趋势。如图4-4重庆路桥（600106）周线图所示，A段走势为明显持续向右侧上行的上升主要趋势，其间B段走势、C段走势、D段走势、E段走势均为与主要上升趋势相反的下跌趋势，但结束下跌后很快恢复了上升主要趋势，所以为上升主要趋势中的下降次要趋势。而F段走势的股价却表现为了短时的横盘趋势，结束时同样恢复了上升趋势，所以为上升趋势中的横盘整理次要趋势，又叫作上涨中继的整理行情，调整结束时是短线参与的大好时机。

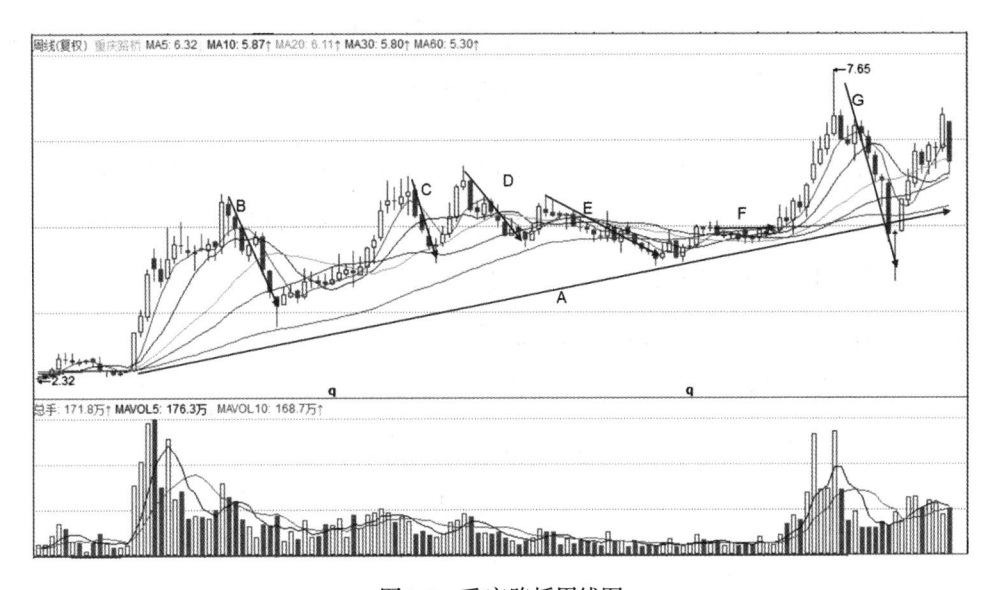

图4-4 重庆路桥周线图

（2）下降主要趋势中的次要趋势。如图4-5亚盛集团（600108）周线图所示，在A段走势明显为股价持续向右下方运行的下降主要趋势的走势中，B段走势、D段走势、E段走势、F段走势、G段走势均为短暂的与主要下跌趋势相反的上升趋势，为主要下跌趋势中的上升次要趋势；C段走势表现为与主要下降趋势不同的横盘趋势。这些时间短的次要趋势，均为下降主要趋势中的次要趋势，为下跌中继的整理行情，不可参与。

图4-5 亚盛集团周线图

（3）横盘主要趋势中的次要趋势。如图4-6长春一东（600148）周线图所示，在 A 区域，股价表现为箱体震荡的横盘趋势，这一横盘整理，事实上就是120周均线与240周均线的整理，所以，其间所有股价向上突破240周均线的上升趋势，基本上均是短暂的，为横盘主要趋势中的次要上升趋势，而所有向下跌破120周均线的下降趋势，基本上也是短暂的，为横盘主要趋势中的次要下降趋势，因此，该股股价才维持了较长时间的横盘箱体震荡的趋势。然而这种技术形态的股票，却是波浪战法中最为理想的低买高卖的目标股，直到股价完全站上120周和240周均线之上时，方可重仓持股后捂股待涨。

注意事项：

（1）投资者在学习趋势时，一定要明白一个道理，讲趋势时一定要有参照物，因为没有参照物就没有对比性，趋势的方向是难以判断出来的。

（2）投资者在判断主要趋势中的次要趋势时，要特别注意上升趋势中的次要趋势出现的情况，不要发现了上升趋势中出现了相反或横盘的走势就认为是次要趋势出现了，因为大幅上涨中的股票，一旦高位出现下跌，若短时下跌幅度较大、成交量较大，或是持续下跌的力度与时间较长，就会演变为下降趋势，所以，应通过观察当前的涨幅及短线的强弱程度来判断并做出适当的抉择。

图4-6　长春一东周线图

4.2　判断趋势的技术指标

4.2.1　均线判断法

投资者在使用均线这一指标判断趋势时，通常是以标准的均线多头排列形态来确认上升趋势，以均线空头排列形态来确认下降趋势，以均线缠绕来判断横盘趋势，一旦明确了趋势的方向，往往股价已经出现了较大幅度的上涨或下跌，因此，对于操作者来说，对趋势的判断在于对趋势形成初期的判断，如在均线多头初期时，往往在日线上表现为5条均线向上发散，此时60日均线由下行转平行时的明显量价齐升为上升趋势形成初期的买点；下降趋势形成初期时，往往是起码在日线上形成了5日均线和10日均线与另外一条中期均线均明显向下运行的情况，当量价齐跌明显时，就可以确认上升趋势在短期出现了快速转为下降趋势

61

的卖点了；而对横盘趋势的判断，则主要是以K线形态来判断更为准确，因为均线缠绕往往只能被确认为整理状态。

实战案例：

如图4-7中国船舶（600150）日线图1所示，在持续上涨的行情中，股价进入A区域，均线出现除60日均线外的其余四条均线均明显向下运行的量价齐跌状态，说明趋势已经进入了下降趋势，前期短线买入者应果断在A区域趋势转跌初期卖出股票；在其后的下跌中，股价进入B区域，出现了横盘小幅震荡，均线出现了短期均线相距较近的缠绕状态，为横盘趋势，说明下跌行情得到了缓解，但是否变盘，应持续观察后确认；进入C区域，股价持续上涨中，出现了5日均线、10日均线、20日均线、30日均线向上发散状态，60日均线也由下行转为平行，同时量价齐升明显，此时即可确认为趋势转为上升趋势的初始时机，短线投资者可及时参与行情。这就是投资者如何利用均线来判断趋势，并如何准确把握趋势反转之初的变盘买卖点的方法。

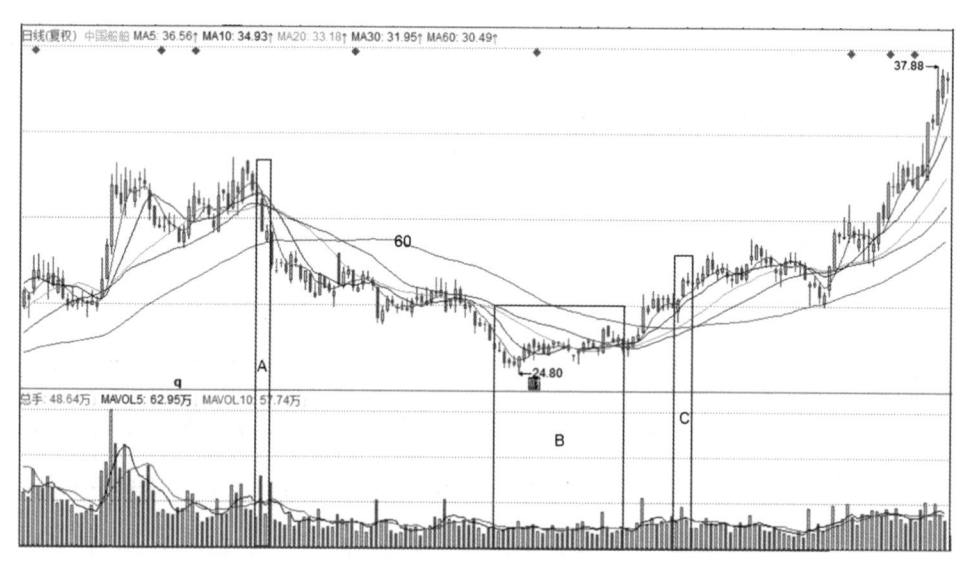

图4-7 中国船舶日线图1

注意事项：

（1）投资者在根据均线对股价的趋势进行确认时，如果只是判断趋势，则应以均线多头排列、均线空头排列和均线缠绕来确认具体的趋势，但在判断具体的趋势突变的反转点时，则应结合量价状态，以及均线形态变化之初的形态，确认短线的买卖点。

（2）在根据波浪战法具体交易时，投资者应按照具体的选股、买股要求，并根据相对应的均线形态要求，具体进行买卖交易，不可过于追求日线图上的均线表现。

4.2.2　MACD判断法

MACD与均线指标一样，在判断股价趋势时，虽然方法是截然不同的，但却有着异曲同工的效果，因为其在判断趋势时同样极为准确。

在判断趋势时，只要MACD双线向上突破0轴，并保持持续向上运行，即可确认为上升趋势；MACD双线若是在运行中出现相距较近、几近黏合状态的小幅震荡，不管此时是在0轴上方还是下方，均可确认为横盘震荡趋势；若MACD双线在0轴上方运行时，出现向下持续跌破0轴并继续下行走势，则可确认为股价进入下降趋势。

在实战中，这种通过MACD来判断趋势的方法，与均线一样，如果只是用来判断趋势是没问题的，但不能在趋势形成时去操作，因为趋势一旦形成，往往股价的涨跌幅度均较大。然而，MACD在判断趋势时与均线一样是十分准确的。

实战案例：

如图4-7中国船舶（600150）日线图2所示，股价在持续上涨中，当进入A区域后，下方的MACD双线出现持续向下跌破0轴的情况，表明趋势已变为下降趋势，应回避这类股票，但卖股时则应以B区域MACD出现高位死叉向下发散的量价齐跌来卖出股票；在持续下跌中进入C区域后，MACD双线走平后出现双线相距较近、几近黏合状态的小幅震荡，为横盘震荡趋势，此阶段意味着股价的整理，未来不一定会向上变盘，所以，常态下应保持观望；其后股价进入D区域后，MACD双线出现持续上行中相继向上突破了0轴走势，并出现双线向上发散的形态，表明股价进入上升趋势，同时量价齐升明显，投资者可积极参与行情。

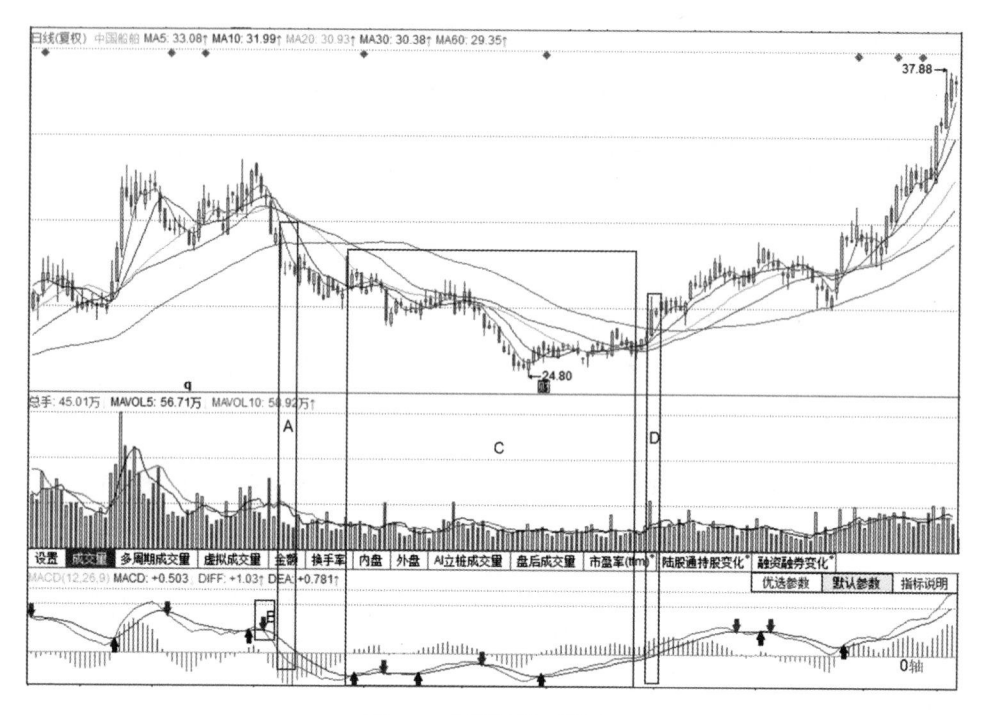

图4-8 中国船舶日线图2

注意事项：

（1）投资者在判断趋势时，MACD的方法与均线一样，是极为准确的，并且在抓趋势转折之初的买卖点时同样与均线一样是较为准确的，但由于本书主要介绍的是以均线为主的波浪战法，所以，投资者只需要知道，若是只用来研判断股价的趋势，MACD同样是准确的即可。

（2）均线与MACD在研判断趋势与行情时，都各自有着其完全不同的研判断方法与不同的形态，但在确认趋势买卖点时，投资者无论使用的是哪一指标，都必须符合明显的量价齐升或量价齐跌条件后，方可进行买卖交易。

（3）投资者在利用MACD判断趋势时，一定要能够准确地判断出0轴的位置，0轴在MACD指标区域中，是上方的红柱与下方的绿柱之间的那条水平线，是一条代表着上方红柱（代表多方）与下方绿柱（代表空方）之间力量的分界线，所以，MACD 双线运行到 0 轴上方时意味着股价的强势，运行到下方时意味着股价的弱势。

4.3 趋势在波浪战法中的应用

4.3.1 选股时期的趋势要求

投资者在根据波浪战法选股期间，在技术面上，要求趋势必须保持一种弱势整理的状态，也就是趋势角度的横盘整理趋势，但并不意味着一定要形成标准的直线横盘震荡，只需要趋势保持着横盘状态的小幅震荡即可，也就是常说的箱体震荡。但是，对这种股价的箱体震荡式的横盘整理状态，并非日线图上的技术形态，而是周线图与月线图上的。

实战案例：

如图 4-9 北方稀土（600111）周线图所示，投资者在选股期间，如果发现这只股票在 A 区域表现为均线缠绕状态的长期横盘震荡整理的趋势时，就要引起注意了，因为从中长期趋势的角度看，这一整理状态的趋势是符合波浪战法的技术选股要求的。

这时，不妨再去看一下北方稀土更长周期的月线图，如图 4-10 所示，月线图上的 A 区域同样表现为与图 4-9 周线图中 A 区域一样相同的横盘震荡趋势，说明在更长的周期内，这只股票进行了十分充分的弱势整理。同时，对其基本面进行观察后发现，公司为全球最大的稀土企业集团，是我国六大稀土集团之一，为国有企业，且业绩常年保持优秀，为小金属行业的龙头企业，又为二线蓝筹股。这就说明，这只股票在月线图与周线图上均符合技术面上的横盘弱势整理的要求，同时，还符合基本面的要求，所以，应及时逢低买入，并进行波段操作。其后不久，这只股票也出现了月线与周线上的明显上升趋势，股价也出现近 8 倍的上涨。

这就是波浪战法中根据中长周期趋势选股的优势所带来的中长线投资的高收益。

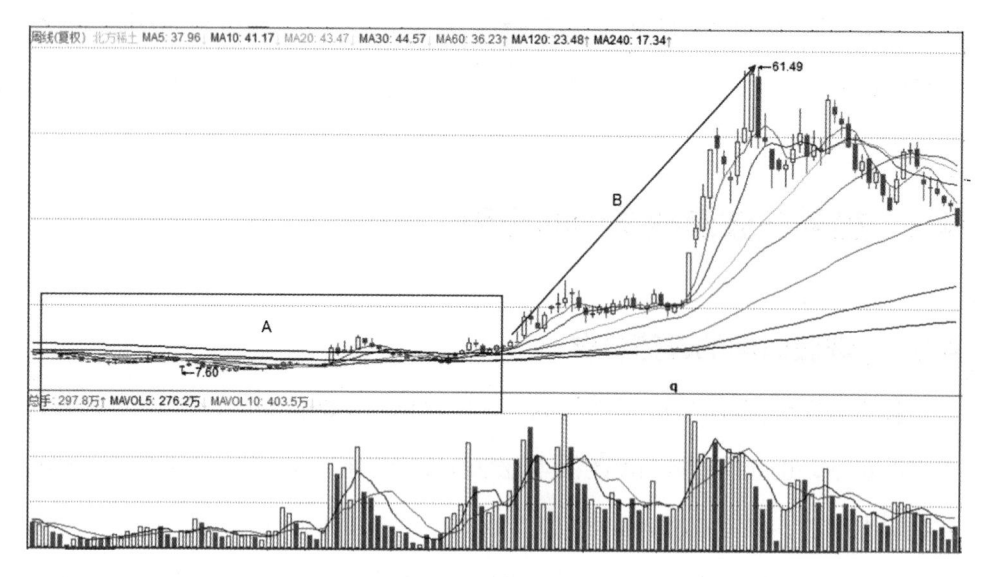

图4-9 北方稀土周线图

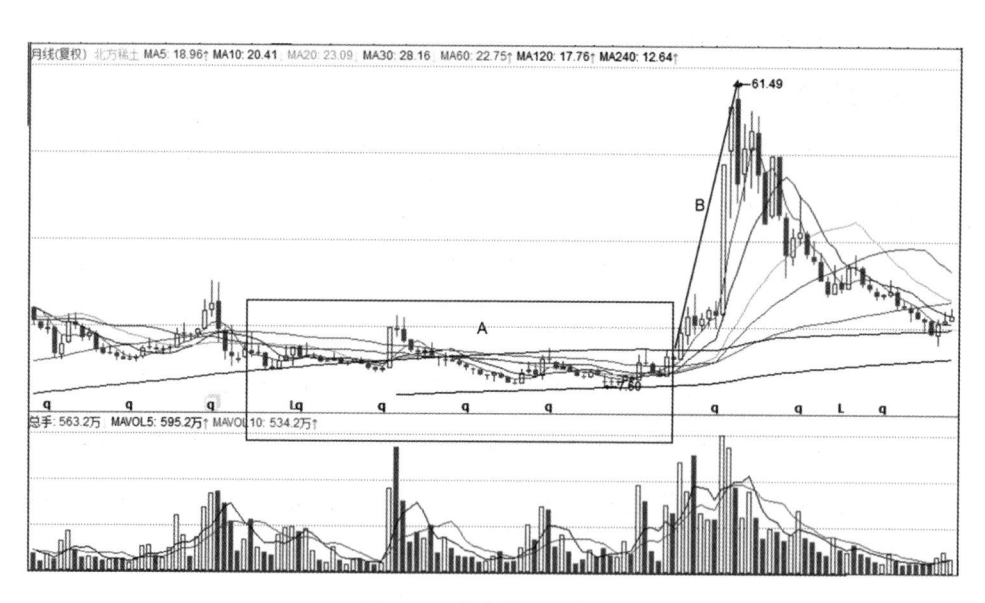

图4-10 北方稀土月线图

注意事项：

（1）投资者在根据波浪战法实战选股时，一定要多从中长周期的趋势出发，越是技术面上的股价趋势表现为长期弱势时，则后市趋势一旦转强，往往涨幅更为可观。

（2）根据弱势趋势选股时，投资者不可只看到技术面上股价表现的弱势与整理技术形态，还要结合上市公司的基本面进行综合判断，因为若是公司基本面持续较差，其股价也很难在未来出现奇迹般的反转行情。

4.3.2 买股时的趋势要求

投资者在根据波浪战法的选股要求完成选股这一环节后，在接下来的买股交易环节，同样要依据趋势的变化，但运用波浪战法买股时的趋势要求，与其他操盘技术是不同的，因为波浪战法中的买股，遵循的是抄底买入与逢低埋伏买入的原则与方法，也就是说，只要是在选股时发现股票符合要求，就要敢于在股价横盘弱势整理期间，一旦出现了下跌到月线低位区时，日线上出现持续下跌后快速回升时，或是快速下跌中远离5日均线并接近前期低点时，就要敢于在这种弱势中大胆买入股票。因此，买股时波浪战法对趋势的要求，就是日线上的短线弱势走势。

实战案例：

为了能够更为明确地让投资者看到波浪战法对买股时的趋势要求，在此仍然以上一篇内容中所讲的北方稀土为例，在选定好这一目标股后，不妨打开其当时在图4-10月线图与图4-9周线图中A区域横盘震荡时期的日线图，如图4-11北方稀土（600111）日线图1所示，A区域为股价持续大幅下跌后的快速创出新低的快速止跌回升，为快速探底快速回升的逢低埋伏买入低点出现区域，其后上涨的B区域和震荡走高后下跌的C区域，均是持续下跌后股价在接近A区域低点时的快速下跌后的快速止跌回升状态，同样为抄底买入股票的最佳时机，应及时买入股票。

注意事项：

（1）投资者在根据波浪战法买股时，一定要先对满足选股要求的目标股进行趋势判断及相关的买点判断，否则即便是一只股票在日线图上满足波浪战法的买股要求，但股票本身并不一定符合波浪战法对目标股的要求，同样在其后的操作中是难以获利的。

（2）波浪战法在买股时对趋势的要求，其实只有一条，就是趋势必须是弱势的，越是出现快速或持续的短线大幅下跌走势的股票，反而越会成为最佳的买股对象，必须结合月线或周线上的趋势变化来确认，因为若是股价出现超跌或探大底，情况是有所不同的。

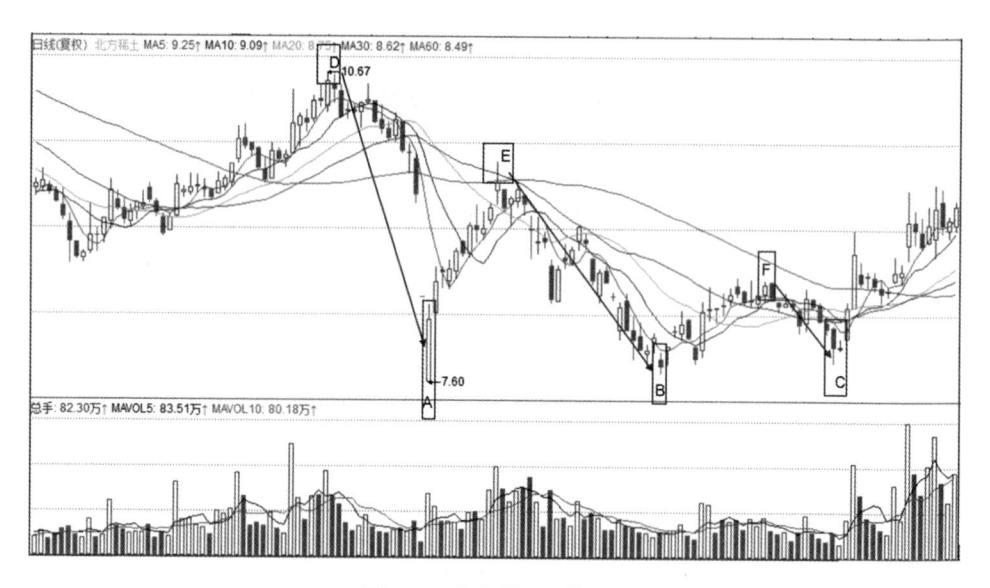

图4-11 北方稀土日线图1

4.3.3 卖股时的趋势要求

投资者在根据波浪战法卖出股票时，因为卖股时的情况不同，包括日线短线小波段操作时的卖股，以及卖出低位埋伏买入时的清仓式卖股，所以，不同的卖股情况对卖股时的趋势要求是不一样的。比如，在日线短线小波段交易操作的卖股情况下，在下跌主要趋势中次要上升趋势结束初期，只要股价出现短期波动的上涨无力或快速转跌迹象，短期均线走弱或上行迟缓，就应果断卖出。若是清仓式卖股，首先要从周线或月线图出发，既所持股票必须是在长周期图上形成一轮明显的上升趋势，且在涨幅较大的情况下，一旦周线图上出现冲高下跌，日线图

第 4 章 趋势：波浪战法实战的关键

上达到日线图趋势快速转跌的征兆时，也就是日线上升趋势反转为下跌趋势初期的征兆时——起码有三条中短期均线明显表现为向下运行，60日均线和另一条中期均线可以依然表现为上行趋势，且量价齐跌明显时，方可清仓式卖出股票。

实战案例：

（1）日线短线小波段卖股时的情况。如图4-11所示，在股价持续上涨后的高位区D区域、E区域和F区域，股价在趋势上均表现为下降主要趋势中的上升次要趋势结束的初期状态，此时，股价上涨乏力，短期均线5日均线上行乏力或转为下行，所以，应果断在这几个区域卖出前期波段买入的股票数量。

（2）清仓式中长线卖股时的情况。如图4-12北方稀土（600111）日线图2所示，若是投资者在图4-10中A区域任何一个或几个低位区，逢低埋伏买入了这只股票，不管其后经历过几轮日线的短线波段交易，当股价在图4-12中运行到A区域后初期，即图4-10中股价创出新高61.49元后表现为下跌时，之前的底仓价格在8元左右，涨幅明显近8倍，可谓涨幅巨大。此时，图4-12中的A区域明显显示，5日均线、10日均线和20日均线均出现明显的向下运行，且接连发生了B区域和C区域的均线死叉，同时K线持续下跌、成交阴量也表现为持续的阴量放大，为明显的量价齐跌，说明日线图上的上升趋势已经快速转为下降趋势，应果断清仓式卖出股票。

注意事项：

（1）投资者在根据波浪战法卖股时，一定要首先明确保一点，此时的卖股究竟是日线级别的短线小波段交易，还是包括中长线投资的中长线卖股，因为中短线与中长线卖股时对趋势的要求是不一样的。

（2）在波浪战法中的日线级别的小波段交易卖股时，主要并非对次要趋势是否结束的观察，而是对价格的观察，只要是上行无力，即可卖出股票。而对于以中长线投资为主的埋伏买入时的卖股，则要寻找的是周线图或月线图明显的上升趋势，股价经历大幅上涨，日线图上必须出现上升趋势转弱初期的三条短中均线向下的量价齐跌的弱势时，方可清仓卖出股票。

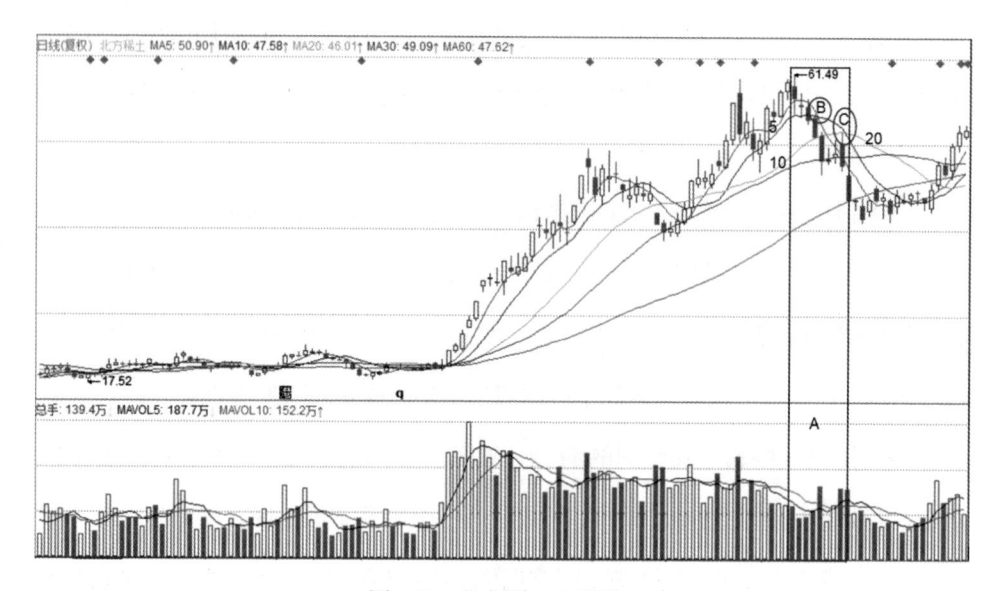

图4-12　北方稀土日线图2

第 5 章

量价：
波浪战法交易时的重要依据

量价，在几乎所有炒股技术中都占据着十分重要的位置，因为当趋势短期出现快速反转时，无论是反转向上还是反转向下，量价都是最为直接的体现。然而，在波浪战法中，因其日线小波段操作中主要抓的是股票短线波动所带来的价差，所以，其在通过量价判断买卖交易节点时，是与其他炒股技术略有不同的，因此，投资者一定要认真学习本章中的量价内容，把握好波浪战法的灵魂所在。

5.1 量价的具体表现

5.1.1 成交量柱：量的表现形式

成交量柱，就是在成交量显示区域内，即K线图下面的显示区域，一根根竖立的实体柱状图形，或表现为红色的量柱，或表现为绿色的量柱。这些量柱，就是成交量的情况，也就是投资者常说的量。在日线图上的一根成交量柱，代表的是一个交易日内的买入与卖出的股票数量。因此，成交量是有一定统计周期限制的，不同周期上的一根量柱所代表的周期量是不同的。另外，成交量柱在显示上，一般炒股软件上会自动显示为手数，如日线上的一根量柱，是一个交易日内成交股票数量的手数，若是投资者需要其显示为资金量，可手动进行更改。

实战案例：

如图5-1浩洋股份（300833）日线图所示，在最上方的K线图显示区域下方，即最下方的技术指标显示区域的上方，就是成交量的显示区域，其中的一根根或长或短、或红或绿的竖立的实体的量柱，即是成交量柱。因为是日线图，所以，其中的任意一根成交量柱所显示的是一个交易日内买入与卖出股票的手数，如A区域为2024年1月3日这一交易日中的成交量，全天共成交了10 382手股票。这就是炒股软件中自动显示的成交量柱所代表的具体股票数量的情况。

注意事项：

（1）投资者在认识成交量时，一定要先要明白成交量到底在K线图上代表着什么。一方面，它代表的是一定周期内的买入与卖出这只股票的数量；另一方面，成交量柱在炒股软件上显示的是成交总手数，而非具体的资金量。

（2）在认识成交量柱时，一定要明白成交量不只是单一的买入量，或是单一的卖出量，而是一定的统计周期的总成交量，是随K线图的周期变化而变化的，如30分钟图上的一根量柱，显示的是30分钟内成交的手数。

图5-1 浩洋股份日线图

5.1.2 K线：价的表现形式

投资者在学习量价技术时，在了解了成交量后，还要充分认识价是什么？其实价就是股价，在K线图上，一只股票的价格表现，是用一根根K线显示的。所以，对价的理解，就是对K线的充分认识。

一根K线是由不同的部分构成的，而这不同的部分，又代表着不同的意义，但学习时不可过急，首先要了解K线的构成。一是有实体的K线，实体上沿或下沿为开盘价与收盘价（阳线时上沿为收盘价，下沿为开盘价；阴线时上沿为开盘价，下沿为收盘价）；实体上方的线为上影线，上影线最上方为最高价；实体下方的线为下影线，最下方为最低价。二是无实体的K线，若上下均有影线时，为十字星线；若只是上方有影线时，为倒T形线；若只是下方有影线时，为T形线；若是上下均无影线时，为一字线，它在日线图上出现时，多为开盘到收盘均保持着涨停价或跌停价，红色时为一字涨停线，绿色时为一字跌停线。三是若实体上方无影线时，为光头阴线或阳线；若实体下方无影线时，为光脚阴线或阳线；若上下均无影线时，为光头光脚阳线或阴线。

投资者只有充分了解了一根K线的构成，才会明白其具体的意义，并且只要是看到K线的形状后，即能够一眼看明白这根K线到底说明什么。

实战案例：

如图5-2龙津药业（002750）（现*ST龙津）日线图、图5-3文科股份（002775）日线图、图5-4真视通（002771）日线图所示，图5-2中A区域的一字线为一字跌停线，而图5-4中B区域的一字线为一字涨停线；图5-2中B区域的K线为一根光头光脚阳线，D区域的K线为无影线的光头光脚阴线，C区域的K线为无上影线的光头阳线，E区域的K线为无下影线的光脚阳线，F区域的K线为无下影线的光脚阴线，O区域的三根K线为无实体的十字星；图5-3中A区域的K线为无实体仅有上影线的倒T形线；图5-4中A区域的三根K线为无实体、仅有下影线的T形线。

图5-2 龙津药业日线图

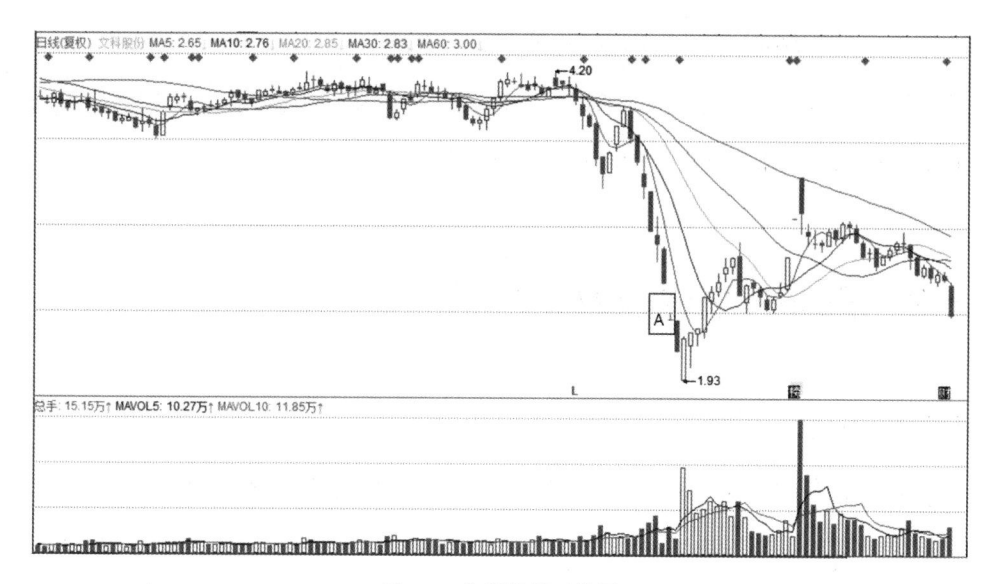

第 5 章 量价：波浪战法交易时的重要依据

图5-3 文科股份日线图

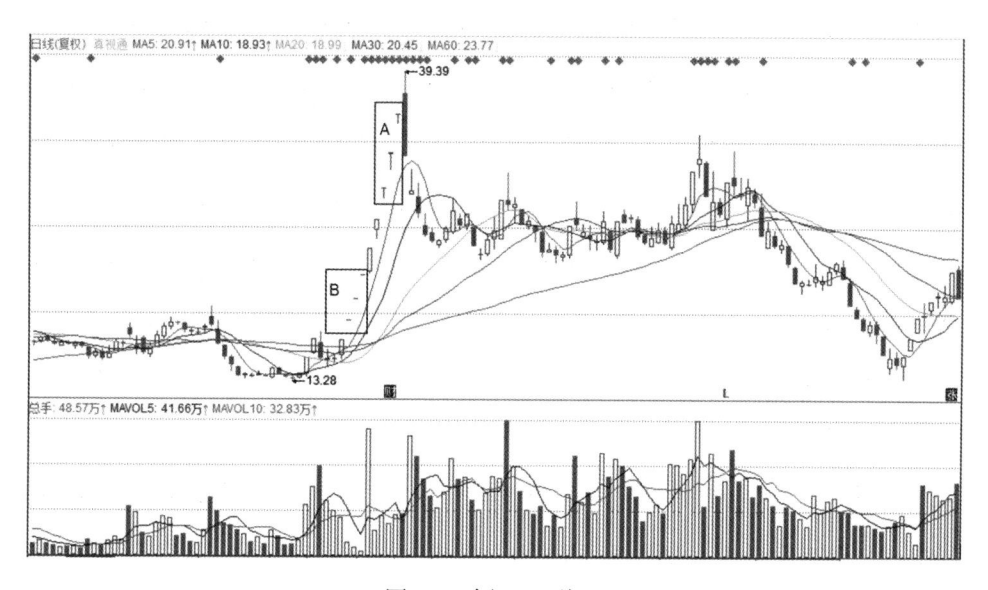

图5-4 真视通日线图

注意事项：

（1）投资者在认识K线时，一定要一一牢记各种K线的类型，初次接触或会感觉K线较复杂，但只要认真学习并不难，只要记住一根K线主要是由实体或无实体的线两部分组成的即可，所不同的是影线出现的位置。

（2）不同颜色的K线代表股价不同的涨跌情况，而不同的K线形式，同样代表股价在盘中的波动情况，所以，了解K线的意义，在于一眼就能够看出股价在这一周期内具体的上下波动情况，甚至是强弱状态。

5.2 量的表现形态及意义

5.2.1 阳量与阴量

投资者在学习成交量时，一定要首先明白阳量与阴量，所谓的阳量就是在一定时期内买入股票的意愿大于卖出股票的意愿所成交的股票数量，表现为红色的成交量柱。相反，若是在某一时期内，卖出股票的意愿大于买入股票的意愿，此时所成交的股票数量，就为阴量，表现为绿色的成交量柱。这里如何理解这一买卖成交意愿呢？比如一只股票以10元开盘后，在卖一处挂单了100手，很快被人买走，股价向上推进，卖二价成为卖一，接着很快被再次买走，这时成交的量就是阳量，所以，阳量对应的往往是股价上涨的阳线；同样的道理，若是一只股票在持续下跌时，或是冲高后，持续的低价卖单出现，导致股价持续被人低价买走，或是因未成交导致股价持续下跌，此时的量则一定为阴量，所以，阴量对应的往往是阴线。

实战案例：

如图5-5快意电梯（002774）日线图所示，在成交量显示区域内，那些红色的、竖立的成交量柱均为阳量，而那些绿色的、竖立的成交量柱均为阴量。如右侧A区域为一根较长的阳量，说明当日盘中资金均在积极买入股票，导致卖出股票的价格在不断上涨，所以，对应的是上方代表股价上涨的红色K线。但在下一交易日的B区域，其对应的成交量柱变为绿色的成交阴量，说明盘中股价冲高后投资者均不愿意高位买入股票，导致股价持续走低后有资金买入，更导致股价持续挂出低位，因为持有者多数希望高位卖出股票，所以，导致股价持续下跌，B

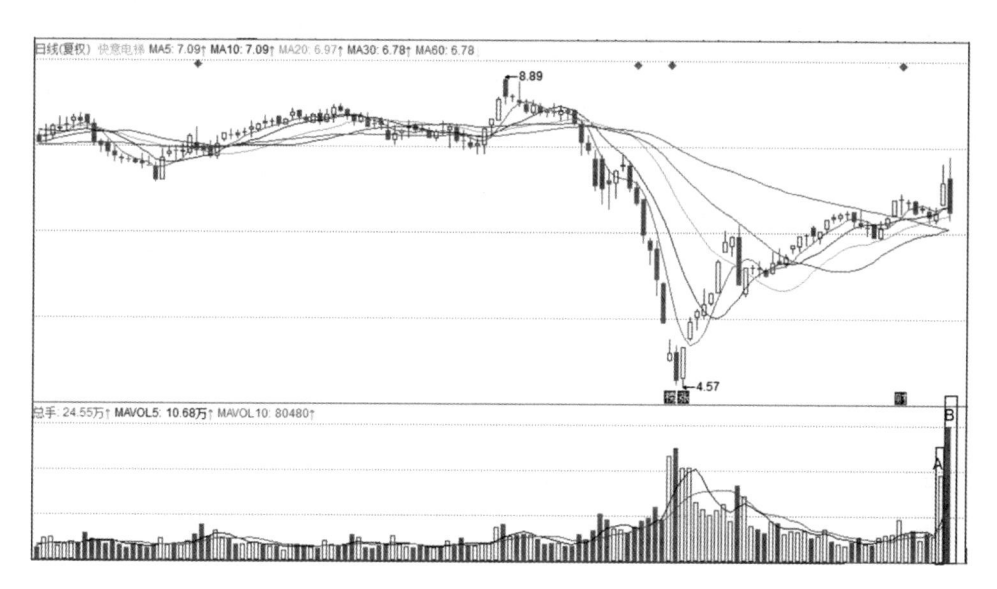

区域上方对应的则是一根阴线,代表着股价的下跌。

图5-5 快意电梯日线图

注意事项:

(1)投资者在认识阴量与阳量时,只要通过颜色就可以分辨出来,但要明白一点,阴量代表着盘中持股方的卖出意愿强烈,或是买入者因价高不愿在高位买入的意愿,因此导致了股价下跌,以促成交易;阳量则刚好与这种情况相反,是投资者都希望买入这只股票,导致持有者不断抬高股价,出现买盘旺盛而卖方惜售的股价上涨情况。

(2)在认识了阳量与阴量的正常状态后,投资者还要明白一点,由于主力资金的介入,往往股价的涨跌就会因遭到不同情况的资金干预而发生变化,如低位时主力刻意压低卖出股票,导致股价非理性下跌,成交量却为阳量;或高位主力卖出股票时维持股价高位,导致成交量大量状态的阴阳互换。所以,在进行交易观察成交量时,一定要根据买卖时机的具体量价关系及技术形态来具体判断。

5.2.2 放量与缩量

放量与缩量是两种量能突变时的主要形态,投资者在学习波浪战法前,一定要学会如何判断放量与缩量。简单来讲，缩量就是成交量柱较之前的量柱缩短，放量就是成交量柱较之前的量柱变长。在研判行情时，只有明显的放量与缩量才具有实际意义。比如放量，持续1~3个交易日出现明显的阳量放量、股价上涨，这往往是短线买入强势股的最佳时机；而持续明显的缩量，往往是下跌即将结束的征兆，在运用波浪战法抄底买入时，这是一种很好的参考形态。因此，投资者一定要学会分辨缩量与放量的具体形态。

实战案例：

如图5-6久远银海（002777）日线图所示，在A区域出现持续放大的阳量，为阳量放量，股价持续上涨；B区域出现阴量的持续放大，股价持续下跌；C区域出现成交量柱的明显缩短，为阴量缩量，但由于此时的成交量柱均为大量，所以，这种缩量的实际意义并不太大；D区域出现持续明显的缩量，股价出现持续下跌；而E区域出现的成交量是在小量状态下的持续放量，与F区域成交量在小量状态下的持续缩量相似，因量能过小，往往是盘中盘整震荡的结果，同样没有实际的参考意义。

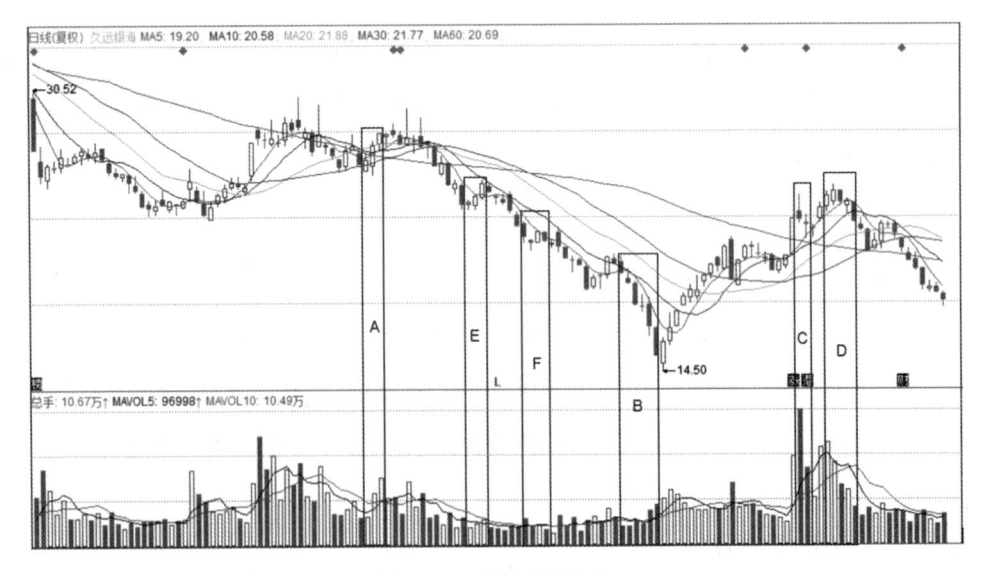

图5-6　久远银海日线图

注意事项：

（1）投资者在认识了放量与缩量的形态后，一定要结合不同的阶段，进行具体的分析，而不能纯粹根据单纯的放量与缩量来研判股价未来的涨跌。

（2）量能的不同变化，体现出的是投资者盘中对一只股票的态度，明显放量时大多表明盘中买入者或卖出者较多，股票受市场关注较高；明显缩量时，表明这只股票受到的市场关注度较低。

5.2.3 天量、地量与常态量

天量是成交量的一种突然放量的情况，是指成交量柱出现明显的量柱变长的放大，通常成交量柱达到或接近显示区域的最上沿时，为天量。成交量柱是绿色时为天量阴量，往往出现在上涨末端的快速下跌时；成交量柱是红色时为天量阳量，大多出现在弱势突然启动时，往往是股价初期启动时的征兆，但参与强势股的最好时机应至少在持续天量阳量时，或是天量阳量后股价回落整理结束时。

地量是针对天量来说的一种量能状态，市场对研判地量并没有一个具体的标准，只要是当前的量能水平保持在最高量的 20% 左右或以下时，即可确认为地量。地量是一种弱势整理时的常态量能水平，所以是在运用波浪战法选股时的一种重要量能标准。

常态量，就是一只股票在运行过程中，形成的量能水平，通常弱势时常态量为保持在较低水平的量能，而股价在下跌中保持着缩量状态才叫常态量，股价上涨时量能保持在持续放量的高量水平时的量能为常态量。

实战案例：

（1）天量。如图 5-7 重庆路桥（600106）日线图所示，A 区域股价大幅上涨，对应的成交量显示为一根向上到达显示区上沿的极长阳量柱，为天量阳量，其后股价在略调整后出现了持续上涨走势；而其后上涨的高位区，在股价出现阴线下跌时，下方的成交量表现为一根向上到达显示区最上沿的极长阴量柱，为天量阴量，其后股价出现了持续下跌走势。

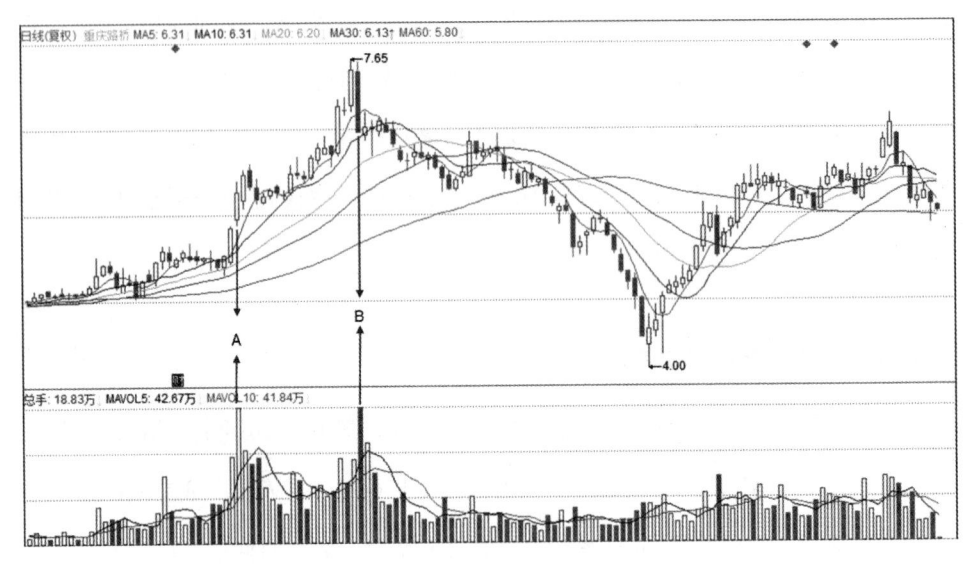

图5-7 重庆路桥日线图

（2）地量。如图5-8美尔雅（600107）日线图所示，当股价在下跌中运行到B区域时，从量能上观察，当前的量保持在90 239手的水平，而之前高点时A区域的最大量为49.83万手，B区域的日交易量基本上是保持在高位时量能水平的20%以内，所以，可确认B区域所在的时间内，成交量水平已经达到了地量水平。

（3）常态量。如图5-9杭钢股份（600126）日线图所示，A区域股价正处于弱势震荡整理时期，此时，成交量一直保持着极低状态的地量，这就属于弱势整理时期的常态量；在B区域股价持续上涨期间，成交量明显放大，保持在大量水平，为上涨时期的常态量；进入C区域后，股价在高位出现持续下跌，成交量也出现持续的缩量并缩减到相对的地量水平，为下跌时期的常态量；D区域股价出现反弹行情，成交量明显持续放大，为反弹时期的常态量；E区域反弹结束，股价在持续下跌中，成交量再次出现持续的缩量，同样为下跌时期的常态量。

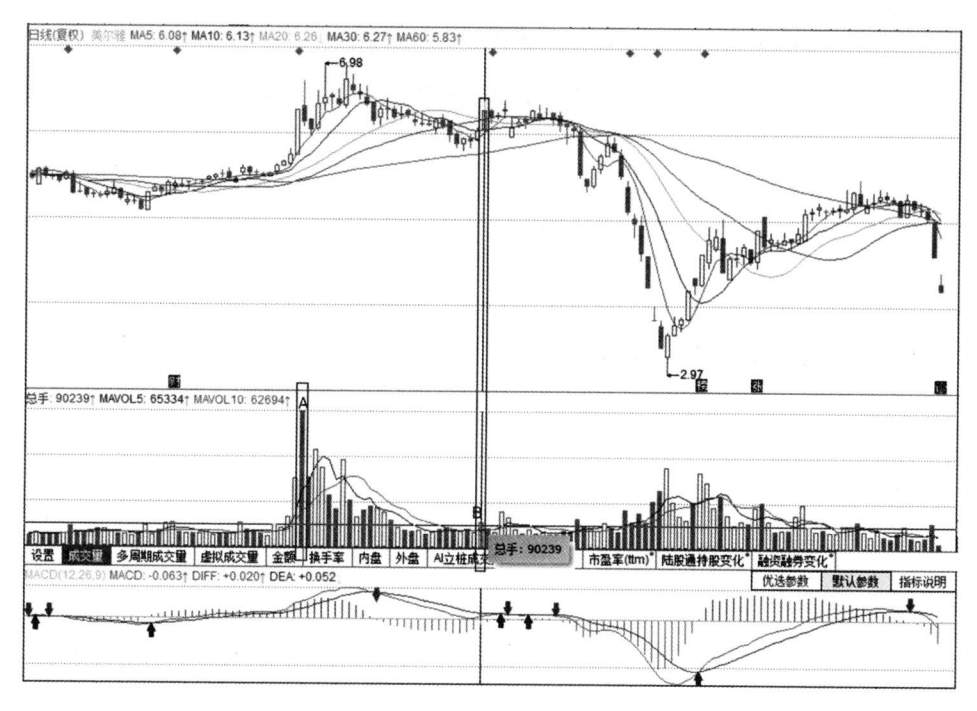

第 5 章 量价：波浪战法交易时的重要依据

图5-8 美尔雅日线图

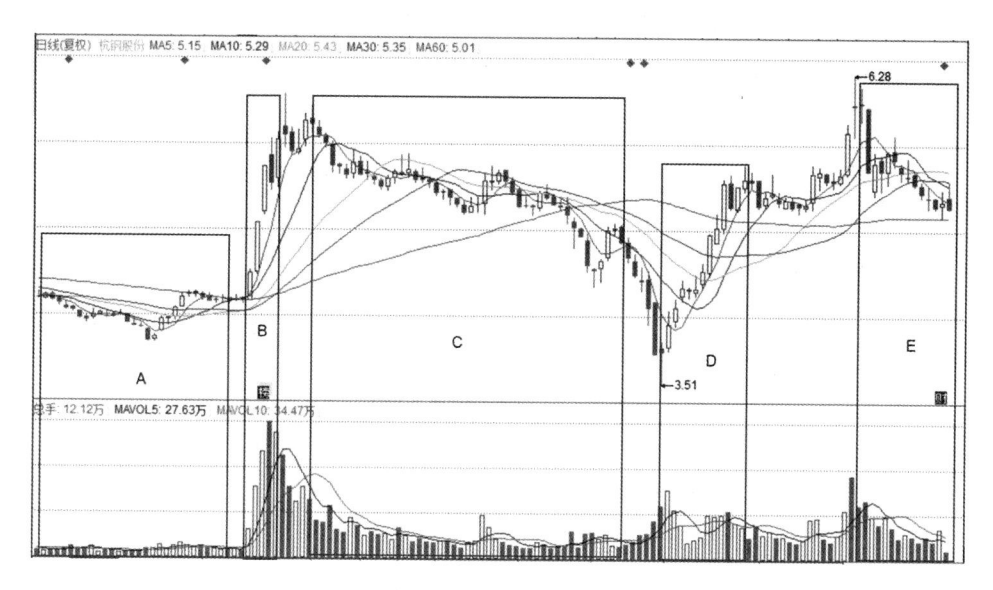

图5-9 杭钢股份日线图

注意事项：

（1）投资者要想真正明白成交量的大小与股价的关系，应认真从趋势演变的角度出发去观察量能的变化，同时，不能忽视股价的变化，只有这样去观察、研究和琢磨，才能更为深刻地理解量能变化在不同趋势中的不同表现。

（2）天量与地量是两种量能的极致形态，所以一旦出现，就要引起投资者注意了，过度的地量往往是变盘前的信号，而过度的天量，也容易引发变盘。

5.3 价的表现形态及意义

5.3.1 阳线与阴线

阳线就是颜色为红色的K线，代表的是股价的上涨。在阳线中，实体上沿代表收盘价，实体下沿代表开盘价，所以，在一根阳线中，实体越长，代表股价在这一周期内由低到高的波动越大，说明股价上涨的幅度越大。因此，阳线实体的长度，往往代表着股价上涨的力度。但是，有一种形态，就是跳空式阳线的出现，虽然实体可能不长，但同样代表着上涨的幅度与力度较大。

阴线就是颜色为绿色的K线，代表的是股价的下跌。在阴线中，实体上沿代表开盘价，下沿代表收盘价，即收盘价低于开盘价，所以，在一根阴线中，实体越长，代表股价在这一周期内由高到低的波动幅度越大，说明股价下跌的幅度越大。因此，阴线实体的长度，往往代表着股价下跌的力度。但是，同样有一种形态，就是跳空低开的阴线，哪怕实体不大，同样意味着股价下跌的幅度与力度较大。

实战案例：

如图5-10苏豪弘业（600128）日线图所示，在上涨趋势中，A区域表现为一根实体较长的阳线，为一根涨停的光头光脚阳线，实体较长，说明上涨幅度较大，其后下一交易日的B区域，同样出现了一根阳线，虽然实体不长，却是在上一根阳线上跳空高开高收所形成的阳线，是一根涨停的光头阳线，上涨力度同样是极大的。在其后持续上涨后的转跌过程中，股价进入C区域，形成一根实体较长的光头光脚阴线的跌停阴线，说明当日的股价涨跌极大，为当日跌幅的最高极限,即10%;其后,下一交易日的D区域,虽然当日只收出了一根十字星的阴线,看似只是震荡,但却是在上一交易日的基础上出现的跳空低开的阴线,所以,跌幅依然是较大的。

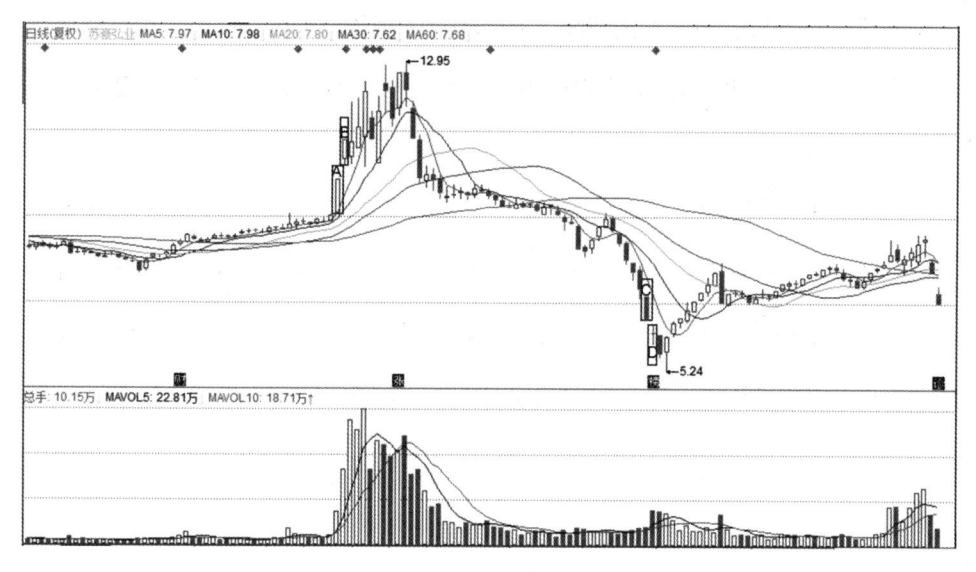

图5-10 苏豪弘业日线图

注意事项:

(1)投资者在认识阴线与阳线时,如果只是孤立地去看一根K线,往往其实体越长,说明盘中的波动越大,只不过K线为阳线时,为股价上涨的波动幅度,为阴线时,为股价下跌的波动幅度。K线实体较短时,阴线时是股价向下的波动幅度较小,阳线时是向上波动的幅度较小。

(2)投资者在利用阴线或阳线判断趋势涨跌时,跳空高开所形成的阳线,甚至是阴线,均为强势表现,只要是阴线出现时不回补掉缺口即可;当K线出现向下的跳空缺口时,无论是收于阳线还是阴线,也不管其实体是大是小,只要未完全向上回补掉缺口,同样是下跌幅度较大的弱势表现。

5.3.2 中长阳线与中长阴线

中长阳线,就是市场上对实体较长的红色阳线的一种泛称,相对较长的阳线为中阳线，格外长的阳线为长阳线，但市场对中阳线与长阳线并无一个具体的区分标准，所以，只要是实体较长的阳线，均可统一称为长阳线，或中长阳线。

中长阴线，就是市场上对实体较长的绿色阴线的一种泛称，相对较长的阴线为中阴线，格外长的阴线为长阴线，但市场对中阴线与长阴线并无一个具体的区分标准，所以，只要是实体较长的阴线，均可统一称为长阴线，或中长阴线。

实战案例：

（1）中长阳线。如图5-11 太极集团（600129）日线图所示，A 区域和 B 区域的阳线，均为两根实体很长的阳线，为长阳线；C 区域与 D 区域的阳线，则为两根相对长的阳线，要短于 A 区域和 B 区域的阳线，为中阳线。在一般情况下，可将这四个区域的阳线，统一称为中长阳线或长阳线。

图5-11　太极集团日线图

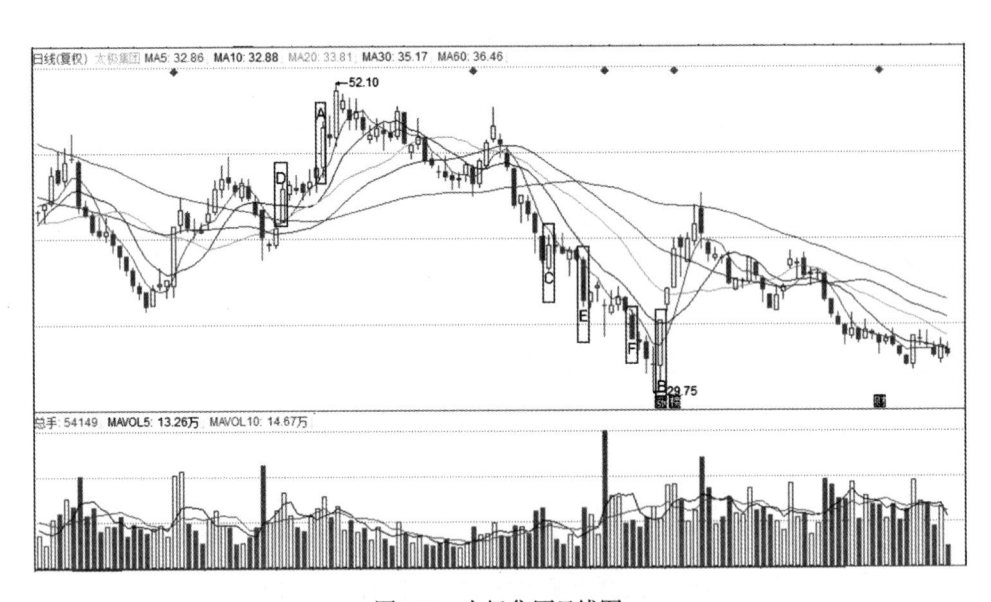

（2）中长阴线。如图5-11 太极集团日线图所示，在 E 区域出现了一根实体很长的阴线，为长阴线；而在其后的 F 区域，同样出现了一根阴线，实体相对长，又短于 A 区域的阴线，为中阴线。投资者也可将这两个区域的阴线，统一称为中长阴线，或长阴线。

注意事项：

（1）对于中长阳线与中长阴线的划分，投资者只要用肉眼观察即可，发现实体较长的阴线，即为中长阴线，实体较长的阳线，即为中长阳线，无须过多地计较其长度，非要再细分出是中阴线或中阳线，甚至是长阴线或长阳线。

（2）当K线图上出现中长阳线时，往往意味着股价的快速上涨，但只有持续出现的中长阳线，也就是上涨趋势中的中长阳线持续时，才是股价持续快速上涨的特征；当中长阴线出现时，往往意味着股价的大幅下跌，但只有持续出现中长阴线，也就是下跌趋势中出现的持续阴线下跌时，才意味着股价的大幅快速下跌。所以，无论是中长阳线还是中长阴线，都是与趋势相关的，不能孤立地只以数根阴线或阳线来看待股价的涨跌。

5.3.3 小阴线与小阳线

小阴线与小阳线，是指实体并不长的K线，不管其是否存在上影线或下影线，也不管是阴线还是阳线，甚至是包括影线长度不大的小十字星，均可视为小阴线与小阳线。小阴线与小阳线的出现，往往意味着股价进入了盘整与小幅的震荡状态，而这种盘整状态，往往意味着整理，但整理结束后，仍难以确定其后的趋势方向，所以，除非是在明显的一轮上涨行情中，小阴线与小阳线出现时伴随着明显的缩量行为，可确认为上涨中继。在日线波段操作时，小阴小阳形态的出现，往往在震荡走强时是运用波浪战法卖出股票时的一种形态，因震荡高点区出现的无量小阴线与小阳线，往往意味着做多力量的不足，所以，即便只是一种震荡上涨的中继间歇，也应卖出股票。

实战案例：

如图5-12波导股份（600130）日线图所示，在A区域、B区域、C区域、D区域、E区域、F区域、G区域，均出现多根实体和影线均不长的或红或绿的小阴线与小阳线，甚至是影线不长的十字星，均可将其视为小阴线与小阳线形态，为一种盘整状态。但是，在A区域和B区域，虽然这种小阴线与小阳线对应的成交量明显地表现为缩量，但当时的趋势为明显的上涨趋势，所以，小阴线与小阳线整理结束后，股价恢复了上涨；但C区域和D区域出现的小阴线与小阳线，尽管也对应低量状态，股价却出现了持续的小幅阴跌；而E区域和F区域、G区域的小阴线与小阳线出现时，成交量虽然也是明显表现为缩量状态，但却是在波段反弹的高位区出现的，当投资者根据波浪战法日线小波段操作这只股票时，或是以抢反弹的思路操作时，则一定要在小阴线与小阳线最早出现的E区域，果断卖出股票，因为小阴线与小阳线在此时的缩量表现，是一种上涨乏力的反弹结束征兆。

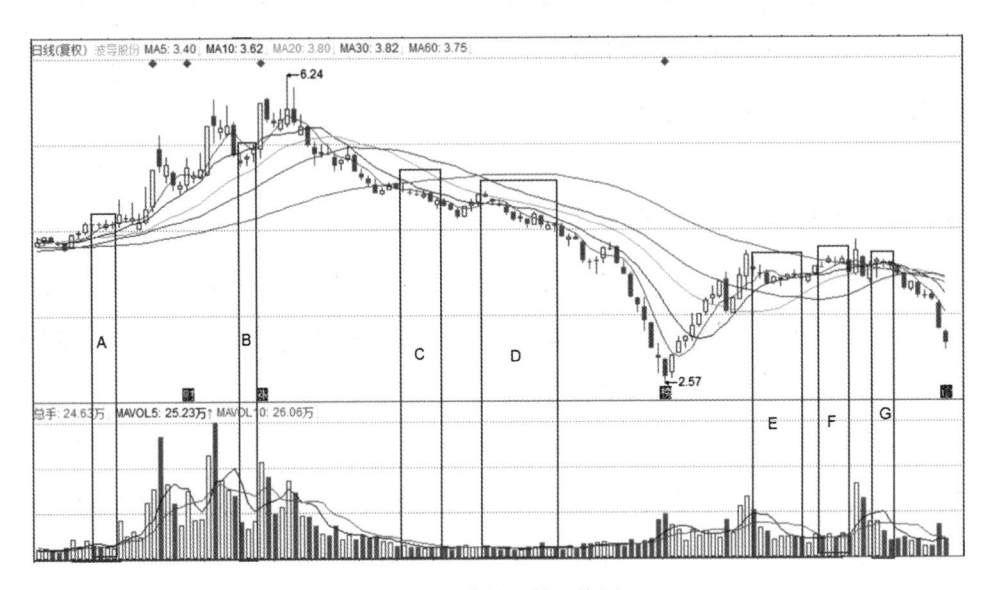

图5-12　波导股份日线图

注意事项：

（1）小阴线与小阳线是一种K线组合形态，只有出现三根到五根时，方可构成小阴小阳线形态，此时方可按照小阴小阳形态来判断行情。当小阴线与小阳线少于三根时，往往是对上一根K线趋势的调整，应结合当前的趋势来判断行情。

（2）当小阴线与小阳线形态出现时，投资者一是要结合当时的量能水平来观察，二是结合当前的趋势进行判断，这样才能准确地根据这种形态来确认是进行买入还是卖出的交易。

5.3.4 孕线与影线

孕线，又叫子母线，或抱线，至少由两根 K 线组成，通常前一根为实体较长的 K 线，阴线或阳线均可，后一根为实体较小的 K 线，或十字星，其最高价与最低价在前一根 K 线的高低点范围之内，就像一个母亲怀抱着一个婴儿，所以叫孕线。一旦股价在经过一段时间的反弹或上涨进入高位区时，出现孕线形态，往往意味着趋势反转，所以，它是波浪战法日线波段卖出股票时的一种形态。

影线，是指出现在 K 线实体上方或下方的线，上方的为上影线，下方的为下影线。影线的出现，意味着股价在盘中出现冲高回落或探底回升的波动，通常只代表盘中的整理，但若是在股价持续下跌的末端，当出现一根快速下探后快速回升的下影线较长的 K 线时，往往意味着短期趋势的触底回升，是波浪战法抄底时的重要 K 线形态；若是在股价持续上涨的高位区，出现一根上影线较长的 K 线，往往意味着股价快速冲高的快速回落，尤其是放量长上影线，一旦出现在高位区，往往是短期趋势反转向下的征兆，因此，它是波浪战法中日线波段卖出股票时的一种重要形态。

实战案例：

（1）孕线。如图 5-13 东湖高新（600133）日线图所示，在持续上涨的 C 区域内，K 线在收出一根较长阳线后的下一交易日，收出了一根实体较小有着上影线与下影线的阴线，其上影线上端与下影线下端，均在上一根阳线的最高点与最低点范围之内，形成明显的孕线，说明趋势短期即将反转向下，前期买入的投资者，应及时在高位孕线形成时卖出股票。

（2）影线。如图 5-14 兴发集团（600141）日线图所示，股价在持续震荡下跌的过程中，于 A 区域突然形成了一根下影线极长、实体较短的阴线，说明短线股价的快速探底回升，若是根据波浪战法进行日线波段交易的投资者，可在 A 区域 K 线下影线快速形成，即股价快速大幅探底回升时抄底买入股票，但若是抢反弹的操作者，则应在 B 区域出现明显的量价齐升时再买入股票。而在图 5-13 中，同样是股价在持续下跌中于 B 区域形成了一根下影线较长的阳线，可以在股价快速探底回升时买入股票。而图 5-13 中 A 区域，股价在持续上涨的高位区，突然形成了一根上影线极长、实体较短的阴线，且成交量为一根巨量阴量，说明趋势已快速反转向下，前期持有这只股票的投资者，应果断卖出股票。

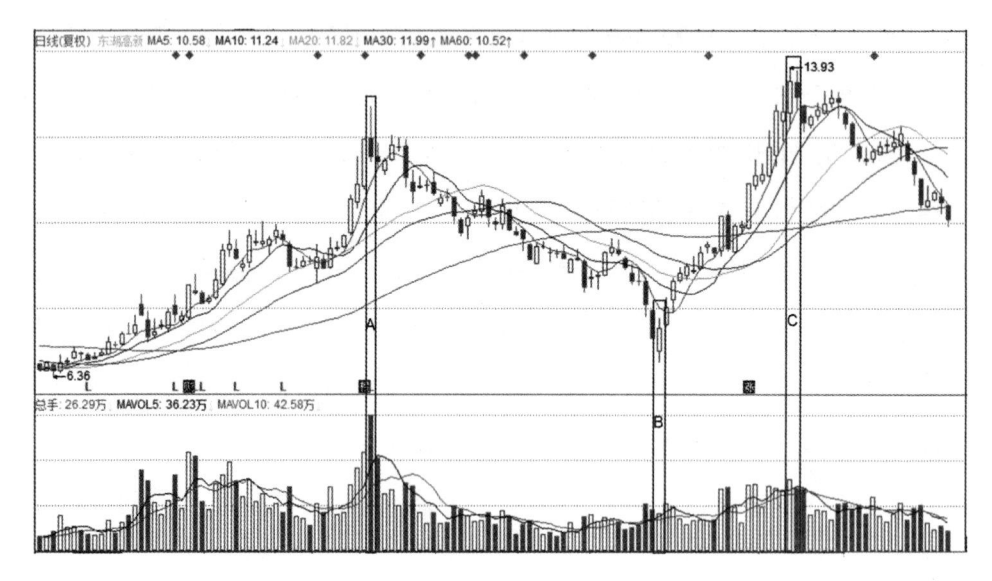

图5-13　东湖高新日线图

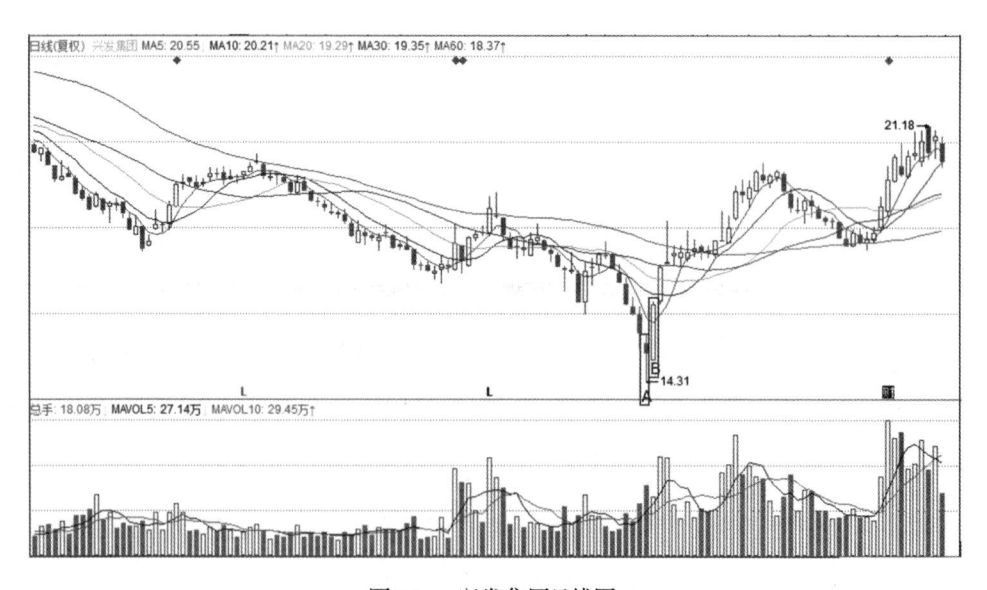

图5-14　兴发集团日线图

注意事项：

（1）孕线是一种 K 线组合形态，出现时，大多为两根 K 线，但经常也会出现在形成一根长实体 K 线后，伴随形成数根小阴小阳线或十字星的情况，这种情况，同样应作为孕线看待，一旦出现在高位时，尤其是震荡行情的高位区，或大幅上涨的高位区，均意味着趋势的反转，应果断卖出股票。

（2）影线的出现较为常见，属于一种正常的盘中上下波动，但若是在持续下跌中出现了下影线极长的 K 线，无论是阴线还是阳线，通常是探明底部的征兆，所以，此时是波浪战法日线小波段的买入时机；而一旦上影线较长的 K 线出现在了上涨的高位区，往往也是趋势反转向下的征兆，所以，此时是波浪战法日线小波段操作卖出股票的最佳时机。

5.4 四种量价关系

5.4.1 量价齐升

量价齐升是股票上涨时的一种量价状态，主要包括两种情况：一种是持续放量的量价齐升，是成交量持续出现后一根长于前一根情况的明显放量状态，股价持续上涨；另一种是大量状态的量价齐升，是成交量保持在大量状态的情况下，持续出现了或小于或相当于前一根量柱时的大量水平，股价持续上涨。这两种情况，无论出现哪一种，都是股价健康上涨时的一种量价形态，适合于那些喜欢右侧交易的投资者积极参与。

实战案例：

如图 5-15 中国船舶（600150）日线图所示，股价在由弱转强后，于 A 区域的转强初期，以及 B 区域股价短线调整恢复上涨时，均表现为股价持续明显上涨，同时，成交量也表现为后一根长于前一根的明显持续放量状态，为持续放量的量价齐升状态。而在 B 区域，股价结束了短线调整，出现了一根明显放量的阳量柱，后续未出现持续的放量阳量柱，而是出现了一根处于近期较高水平的阳量柱，为大量状态的量价齐升形态。因此，这三个区域，均是短线右侧交易的买股时机。

图5-15　中国船舶日线图

注意事项：

（1）量价齐升是股价转强或处于上涨趋势中经常出现的一种量价形态，主要是指股价在上涨的同时，成交量也表现为明显的大量或放量状态，所以是量能推动股价上涨的健康强势状态。

（2）量价齐升有两种表现形式：一种是放量上涨的强势形态，但只有明显时才是趋势反转向上初期的买股时机；另一种是大量状态的强势形态，此时只要在股价上涨的同时，成交量为当时较高的水平，即可确认为量价齐升。

5.4.2　量价齐跌

量价齐跌，是股价下跌时一种重要的量价关系形态。在根据量价齐跌判断卖股时机时，往往基于的是短线上的量价齐跌状态，所以，必须确保这种量价齐跌中的量为大量，即成交量柱表现为一根大阴量柱或是天量阴量柱，也可以是一根

第 5 章　量价：波浪战法交易时的重要依据

明显的放量状态或是保持大量状态持续放大的阴量柱，股价表现为一根较长的中长阴线，或持续下行的阴线，也可以是一字跌停线。此时，即可确认为趋势反转的量价齐跌，应果断卖出股票。但是，只有在高位区出现的量价齐跌，才是卖出股票的量价形态，若是量价齐跌出现在持续下跌过程中，尤其是出现持续跌幅较大的情况时，往往是加速赶底的征兆。

实战案例：

如图 5-16 航天机电（600151）日线图所示，在 A 区域，当股价结束平台整理破位下行时，出现了一根较长的长阴线，成交量为一根明显放大的巨量阴量，为趋势快速转弱的量价齐跌形态，是短线卖股的征兆。其后持续下跌的 B 区域，股价持续阴线下跌，成交量表现为明显放量后持续保持大量状态的阴量柱，为大量状态的量价齐跌，但由于此时的量价齐跌为股价大幅下跌后出现的，股价快速赶底的可能性极大，因此，买入的投资者应在其后股价量价齐升明显时再参与。而后股价在反弹中，进入了 C 区域，K 线再次出现了一根上影线较长的中阴线，成交量为一根明显放量的大阴量柱，为明显放量的量价齐跌状态，是反弹结束的征兆，应果断卖出股票。

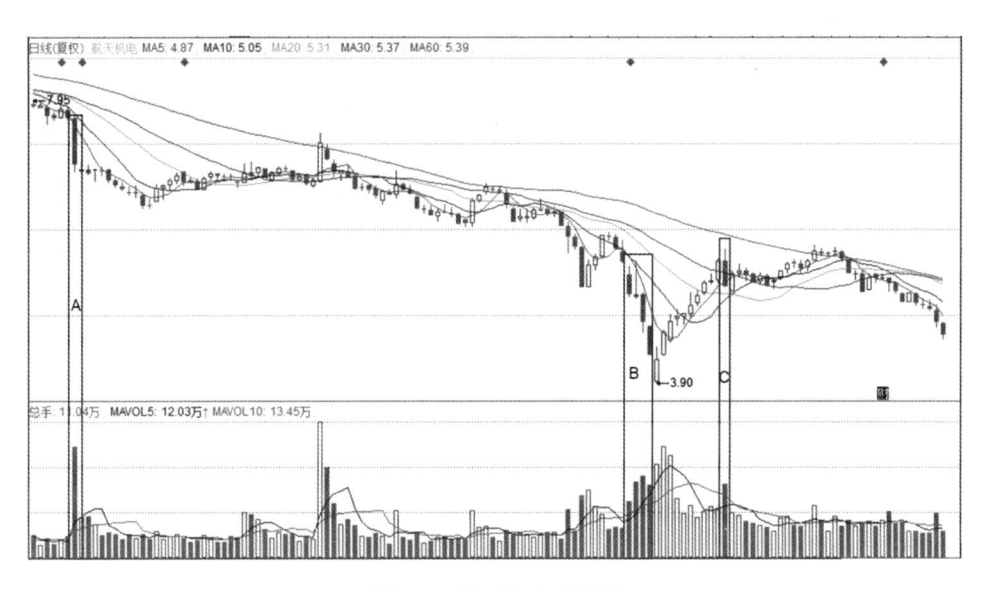

图5-16　航天机电日线图

注意事项：

（1）量价齐跌是股价转跌时一种明显的量价形态，但若是据此来判断趋势的反转，则应确保此时的量价齐跌出现在明显涨势的末端，此时方可确认为弱势，否则只能是盘中的涨跌波动。

（2）作为明显卖点的量价齐跌形态，主要包括两种情况：一是对应单根明显放量长阴柱的中长阴线，或是持续较大阴量放大的阴线下跌；二是持续大量状态的阴量柱和长阴线，或是震荡下行的实体较小的阴线或阳线。

5.4.3 放量滞涨

放量滞涨，是股价在上涨过程中经常出现的一种量价形态，是指股价在上涨过程中，当突然成交量出现放量，或是保持当前的大量水平时，股价却没有继续上涨，而是出现了震荡滞涨。这种量价形态的出现，是一种量价异常，因为只要有量，股价必然会涨，不涨则说明这种量有问题。什么问题？就是主力资金在一边维持股价高位，一边在悄悄卖出股票。所以，这种情况出现时，经常是主力在隐藏出货。因此，持有股票的投资者，应在确认放量滞涨时，果断卖出股票。

实战案例：

如图5-17莲花控股（600186）日线图所示，股价在持续上涨过程中，于A区域的高位区创出了8.24元的新高后，股价未再刷新高点，而是出现了震荡，成交量保持在大量水平，形成了高位滞涨，说明趋势即将反转，低位买入者应果断卖出股票。同样，当其后股价于持续下跌中出现止跌回升后，在进入反弹高点的B区域时，成交量保持着大量水平，股价却出现了震荡滞涨，说明反弹已经结束，持有者应果断卖出股票。

注意事项：

（1）放量滞涨是主力隐藏出货的一种方式，多数出现在日线图上一轮明显的上涨行情的末端。若是放量滞涨出现在低位区，投资者就要注意了，这往往是股价快速启动前主力大举吸筹的表现。

（2）投资者在判断放量滞涨时，一般情况下，只要是股价在出现滞涨的时候，成交量保持着放量状态，或是保持在当前的大量状态，且维持3~5个交易日，即可确认为放量滞涨。

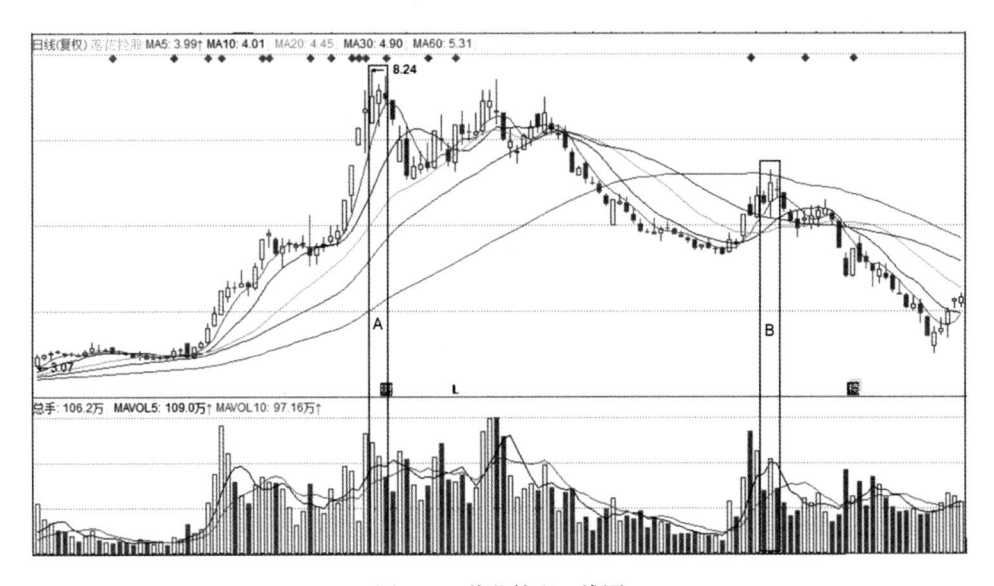

图5-17 莲花控股日线图

5.4.4 缩量滞涨

缩量滞涨，是指股价在震荡滞涨的情况下，即K线均表现为相对实体较短小的K线，或小阴线与小阴线时，成交量出现了明显的持续缩量状态。这种形态若出现在上涨行情中，往往是一种上涨中继的小幅调整行情，结束后，通常股价会恢复上涨趋势；若缩量滞涨出现在反弹过程中，往往是一种上涨乏力的表现，因弱势反弹最为需要的就是量助推价格的上涨，无量，即量能明显缩减，价格自然也就没了，说明反弹也将结束，进行波浪战法日线小波段操作的投资者，应及时卖出股票。

实战案例：

如图5-18泉阳泉（600189）日线图所示，股价在上涨趋势中进入调整后，到了A区域，出现了小阴线与小阳线的横盘震荡滞涨，成交量也出现了持续萎缩，为缩量滞涨形态，说明调整即将结束，持有者应捂股不动。而其后股价在持续大幅下跌后，当出现反弹行情，反弹到 B 区域时，再次形成了小阳线的震荡滞涨，成交量也出现了明显的缩量，虽然均为阳线，但形成了反弹时期的缩量滞涨，说明反弹行情即将结束，前期低点买入者，应果断在 B 区域卖出股票。

图5-18　泉阳泉日线图

注意事项：

（1）缩量滞涨属于一种调整进入尾声的量价形态，因量能的缩减，意味着买卖力量的均衡，所以，也是股价趋势发生改变前的一种量价形态，但在缩量滞涨出现时，应结合之前的趋势来综合判断行情。

（2）当缩量滞涨出现在上涨趋势中且涨幅不大时，往往是一种上涨中继即将结束的征兆，一旦结束，股价将恢复上涨。但若是缩量滞涨出现在反弹行情中，往往是股价上涨乏力的表现，所以是在进行波浪战法日线小波段操作时卖出股票的时机。

第6章

选股：
波浪战法交易前的准备

选股，在不少投资者看来，只要是按照条件随机选就可以。事实上，这种方法并非不可以，但随机选出后的筛选工作，则更考验投资者观察与判断的水准，并且不可忽视其中的任何一点小问题。因此，对投资经验尚浅的投资者来说，把选股作为交易前的一项重要准备工作和一个重要环节，则更有利于日后的交易获利，并且波浪战法的选股方法与策略与其他炒股技术是存在着很大的差异的，必须严格执行，只有这样才能达到最终交易获利的效果。

6.1 选股原则

6.1.1 弱势选股原则

投资者在根据波浪战法实战期间，一定要牢记一条选股原则——弱势选股原则。但是，投资者也一定要明白，所谓的弱势选股原则，并非只要是弱势股票就是好的，波浪战法中所讲的弱势，主要是指技术面上的弱势整理状态，因为所有的股票在发动一轮上涨行情前，都要经过一轮明显的持续时间相对较长的弱势整理，否则，业绩再优秀的上市公司，其业绩也是无法跟上股价在上涨趋势中的上涨节奏的。因此，这种技术弱势，是给股价未来的上涨腾出一个必要的成长空间。此外，当上市公司的短期业绩较差，甚至是出现了亏损时，必须确保其长期业绩的稳定性。因为，若是上市公司在业绩长期优秀的情况下，短期业绩未出现波动，其股价也很难出现弱势回调。所以，这两个方面的弱势，就是波浪战法选股期间必须遵守的一条重要选股原则。

实战案例：

若投资者在根据波浪战法技术选股时，如图 6-1 山东出版（601019）月线图所示，当看到这只股票位于 2022 年 11 月 30 日的 A 区域，一直保持着持续的长期弱势横盘震荡时，即说明这只股票是处于一种长期的弱势整理状态，从趋势演变的角度分析，其未来具备了反转上涨的可能，因此，单从技术角度讲，该股是符合选股要求的，这就是波浪战法中弱势选股原则的技术弱势要求。后续应再观察其基本面。

图 6-2 为山东出版个股资料中的财务分析数据，2022 年 9 月 30 日，即 2022 年的第三季度，公司净利润出现了一定的下滑，同比下滑 7.01%，这预示着其第四季度的净利润可能依然不太乐观，因此，属于短期基本面的弱势，同样符合弱势选股原则中的短期基本面弱势的要求。

从图 6-3 中可以发现，这家上市公司于 2019—2021 年，在净利润、基本每股

第 6 章　选股：波浪战法交易前的准备

收益和净资产收益率上保持着良好的状态，为常年业绩优良的绩优股。综合图6-1的技术面长期弱势和图6-2短期基本面的弱势分析，山东出版这只股票是完全符合波浪战法的弱势选股原则的，应将其列入股票池，其后持续观察。以上选股，就是在遵循弱势选股原则下的波浪战法的选股过程。

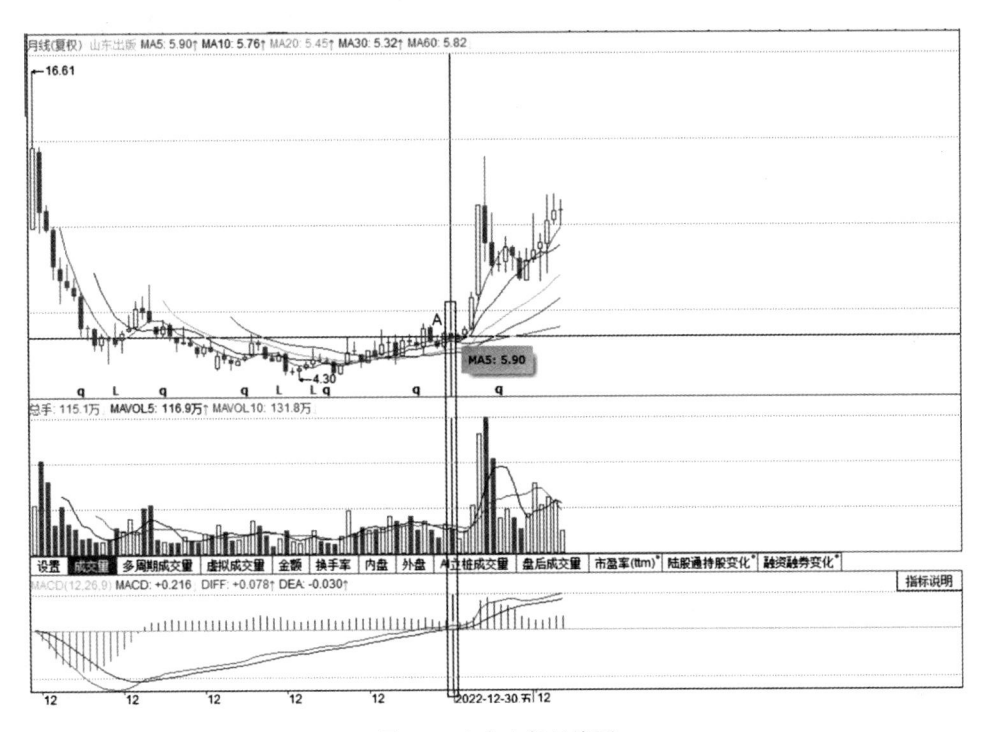

图6-1　山东出版月线图

注意事项：

（1）投资者在根据波浪战法选股期间，一定要严格遵守弱势选股原则，但在判断一只股票是否弱势时，要观察两个方面：一是技术面的长期弱势，二是基本面的短期弱势。

（2）实战期间，投资者在观察一只股票时，只需要观察其技术面的长期弱势即可，至于上市公司的短期基本面是否为弱势，限于业绩发布的时间窗口，投资者或无法第一时间得知，所以，只要观察到其长期基本面保持优良即可，因为若不是其短期基本面出了问题，或出现波动，股价在技术面上是不会呈现出弱势的。

97

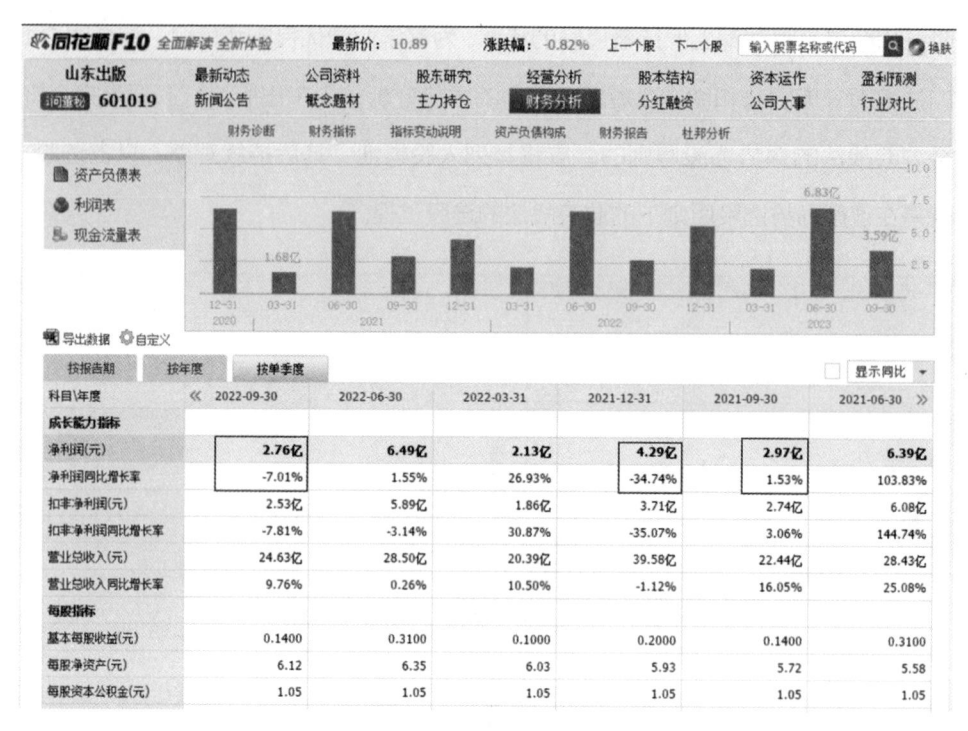

图6-2 山东出版个股资料财务分析（按季度）

图6-3 山东出版个股资料财务分析（按年度）

6.1.2 技术面+基本面选股原则

投资者在根据波浪战法选股期间，一定要坚持技术面结合基本面的选股原则，这是因为，如果一只股票，只是在技术面上表现为单一的长期弱势整理的状态，虽然这是股价趋势由弱转强前必需的一个阶段，但若是这家上市公司的业绩未出现实质性的突破或改变，是很难出现持续的反转上涨的，即便是有消息面的支撑，或是受概念影响走强，没有业绩改变的预期，哪怕出现上涨也是短暂且不可持续的，根本不符合波浪战法埋伏买入股票的中长线投资理念。但是，如果投资者过于注重基本面，只关注公司业绩是否优良，却忽略了这些大白马或蓝筹股已经被市场大幅炒高的现状，则公司业绩再好，其股价也是难以跟上股价上涨的速度的，也就是说，这类股票的现实价格已经大幅透支了其业绩，即便投资者高位买入无须过于担心，但在未来，若公司遇到某些如行业发展困境等负面因素冲击，则其过早透支的业绩就难以支撑股价在未来回到其应有的高度。因此，出于安全的目的，投资者必须遵守技术面+基本面的选股原则。

实战案例：

投资者在根据波浪战法选股期间，看到了如图6-4中国神华（601088）月线图中的走势，即A区域中股价在2021年7月30日前的很长一段时间内，一直处于长期的弱势横盘小幅震荡的走势时，就应意识到这只股票基本上符合波浪战法中技术面弱势的选股要求，这时就要及时去观察其基本面的情况了。

图6-5为中国神华在个股资料中的财务分析（按年度），这家上市公司在2018—2020年，在净利润、基本每股收益和净资产收益率方面，均表现得优秀而稳定，因此，应将其放入股票池，日后持续观察。以上这种通过月线图和财务分析来选股方法，就是在技术面+基本面的选股原则下进行的对股票的筛选过程。

注意事项：

（1）通过基本面来选股，逻辑是上市公司长期业绩的稳定可降低投资的风险，所以，在选股时利用基本面判断，一点儿不逊于技术面。

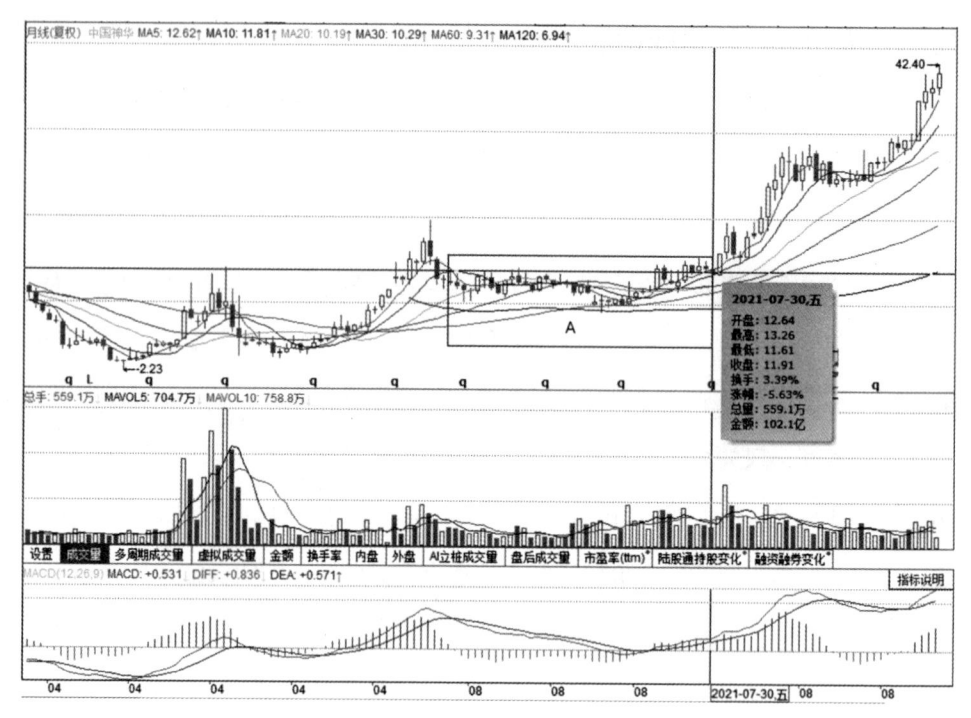

图6-4 中国神华月线图

图6-5 中国神华个股资料财务分析（按年度）

（2）通过技术面来选股，是根据股价趋势演变的规律，寻找未来最具上涨潜力的股票，但股价在未来是否能够真正爆发出这一潜力，还必须通过其基本面来佐证。因此，选股期间，技术面不可或缺，基本面同样不可或缺。

6.2 基本面选股方法

6.2.1 判断业绩的三大财务指标

投资者在根据波浪战法基本面选股时，一定要明白判断一家上市公司业绩的主要三大财务指标，因为通过对这三大财务指标的观察，即能够第一时间准确判断出上市公司的盈利能力。这三大财务指标为：一是净利润，只要连续三年保持稳定盈利的状态即可；二是基本每股收益，一般基本每股收益连续三年内应至少保持在0.2元以上，越高越好；三是净资产收益率，一般连续三年保持在5%左右即符合要求，原则上是数值越高越理想。若一只股票完全符合这三个方面的要求，即表明其符合波浪战法基本面选股的要求。

实战案例：

图6-6为福元医药（601089）在个股资料的财务分析（按年度），这家上市公司在2021—2023年，净利润一直保持在3亿~4亿元的水平，业绩持续稳定且小幅增长；基本每股收益分别为0.87元、1.04元和1.02元，收益很好，同样符合大于0.2元的要求，且数值较高；净资产收益率一直保持在14%~30%，明显为一只绩优股。因此，如果仅从基本面观察，这只股票是符合选股要求的，若是在2024年初选股时，发现其技术面也符合选股要求，应优先列入股票池备用。

注意事项：

（1）投资者在根据基本面选股时，要明白判断业绩的三大指标分别为净利润、基本每股收益和净资产收益率，同时，要观察上市公司最近三年的三大指标表现情况，时间不宜过短。

（2）在上市公司的财务概况中，并不是只关注净利润、基本每股收益和净资产收益率，其他方面的情况就不关注了，而是这三个方面的情况最能够真实地反映出一家上市公司的盈利能力。

同花顺F10 全面解读 全新体验　最新价：14.86　涨跌幅：0.13%　上一个股　下一个股　输入股票名称或代码　换肤

福元医药 601089　最新动态　公司资料　股东研究　经营分析　股本结构　资本运作　盈利预测　新闻公告　概念题材　主力持仓　财务分析　分红融资　公司大事　行业对比

财务诊断　财务指标　指标变动说明　资产负债构成　财务报告　杜邦分析

按报告期　按年度　按单季度　显示同比

科目\年度	2023	2022	2021	2020	2019	2018
成长能力指标						
净利润(元)	**4.89亿**	**4.39亿**	**3.14亿**	**2.63亿**	**2.19亿**	**2.00亿**
净利润同比增长率	11.36%	39.57%	19.70%	20.09%	9.16%	--
扣非净利润(元)	4.77亿	4.13亿	3.05亿	2.51亿	2.00亿	1.79亿
扣非净利润同比增长率	15.35%	35.43%	21.88%	25.06%	11.64%	--
营业总收入(元)	33.40亿	32.40亿	28.38亿	25.35亿	24.25亿	20.20亿
营业总收入同比增长率	3.07%	14.18%	11.93%	4.56%	20.04%	--
每股指标						
基本每股收益(元)	1.0200	1.0400	0.8700	0.7300	0.6100	0.5800
每股净资产(元)	7.23	6.61	3.38	2.79	2.36	1.98
每股资本公积金(元)	3.46	3.46	0.41	0.41	0.41	2.39
每股未分配利润(元)	2.42	1.88	1.70	1.18	0.80	6.43
每股经营现金流(元)	1.16	1.37	1.47	1.07	0.84	0.69
盈利能力指标						
销售净利率	14.74%	13.55%	11.26%	10.43%	9.09%	10.23%
销售毛利率	66.63%	68.23%	69.63%	71.08%	75.56%	74.15%
净资产收益率	14.79%	20.25%	29.13%	28.35%	28.71%	35.77%
净资产收益率-摊薄	14.09%	13.81%	26.18%	26.13%	25.80%	29.20%

图6-6　福元医药个股资料财务分析（按年度）

6.2.2　绩优股、蓝筹股、龙头股的判断方法

绩优股，就是公司业绩优良的股票，在判断绩优股时，我国主要是根据上市公司的净资产收益率和每股税后利润指标，一般来说，连续三年净资产收益率超过 10% 的上市公司的股票，即为绩优股，可见，绩优股均有着较好的盈利能力和较高的投资回报率。但投资者在判断时，不需去辨别，因为炒股软件中会自然显示其是否为绩优股，如同花顺在基本资料中的最新动态页面的财务分析中，只要属于绩优股的就会显示为绩优股。

蓝筹股，在股市中，那些在其所属行业内占据支配性地位，且业绩优良、成

第 6 章　选股：波浪战法交易前的准备

交活跃、公司红利比较优厚的大公司的股票，被称为蓝筹股。投资者在判断一只股票是否为蓝筹股时，同样无须自行判断，炒股软件中同样会显示，如同花顺会在最新动态页面的财务分析中，属于蓝筹股的就会标明为蓝筹股。

龙头股，在波浪战法中，特指那些在所属行业或细分行业中，占据领先地位的公司的股票。在判断龙头股时，应结合最新动态中的公司亮点与行业地位等方面来确定，并且在判断龙头股时，波浪战法中的龙头股概念与市场上所讲的龙头股概念是略有不同的，投资者一定要注意。

实战案例：

（1）绩优股。如图 6-7 中南传媒（601098）在个股资料内最新动态中显示的一样，这只股票在财务分析中显示为绩优股，说明这家上市公司的业绩一直较为稳定优秀，若其在技术面上符合了选股的要求，应优先将其列入股票池，一旦符合逢低埋伏买入的要求，应优先考虑买入并长线持有。

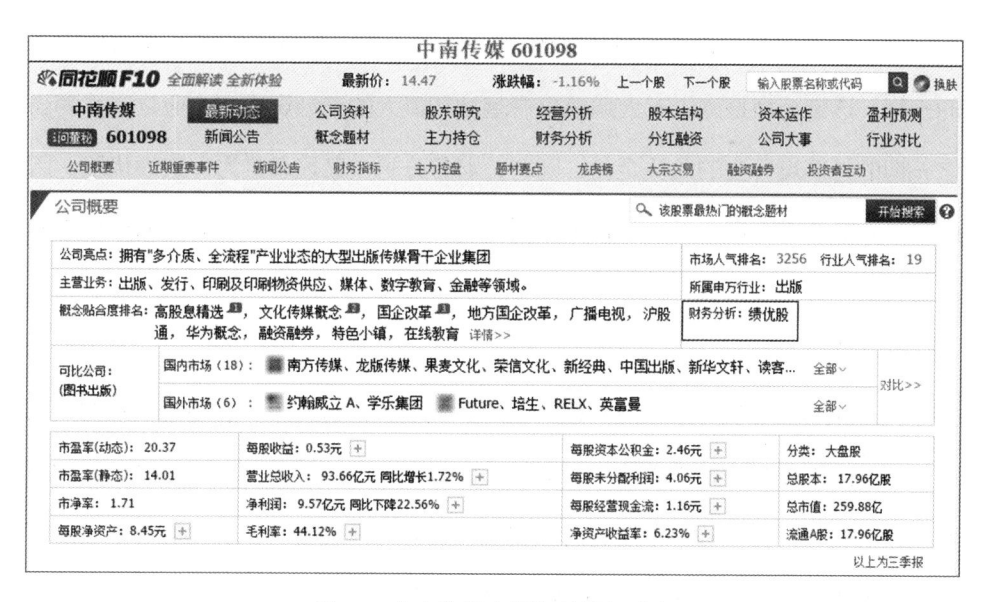

图6-7　中南传媒个股资料最新动态

（2）蓝筹股。如图 6-8 恒立液压（601100）在个股资料内最新动态中显示的一样，这只股票在财务分析栏中显示其属于一家二线蓝筹股，说明上市公司具有一定规模，且业绩持续优良，因此，一旦其在技术面上符合了选股要求，应及时列入股票池，优先考虑买入。

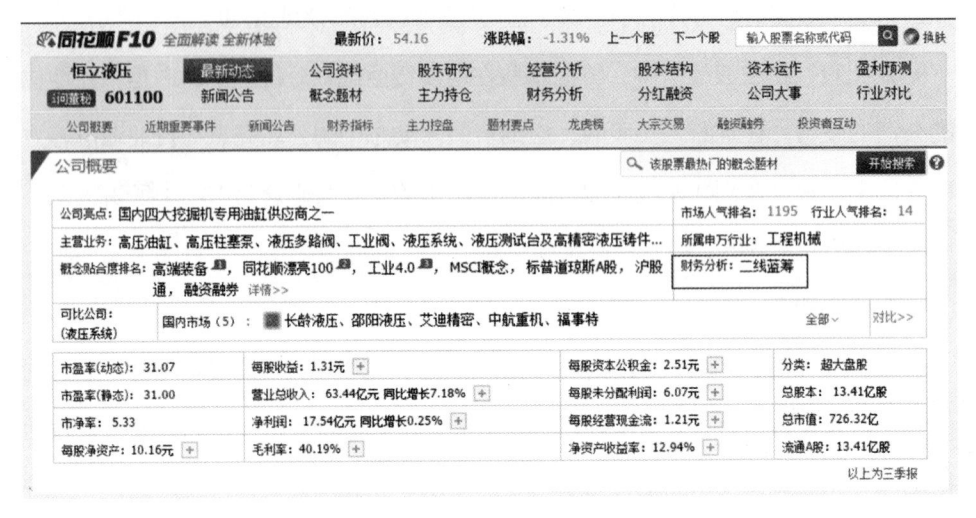

图6-8 恒立液压个股资料最新动态

（3）龙头股。如图6-9昊华能源（601101）在个股资料内最新动态中显示的一样，这家公司是国内五大烟煤生产基地和最大的无烟煤出口企业之一，为当之无愧的无烟煤行业的龙头企业，同时，财务分析中又显示其为一只绩优股。因此，只要其技术面符合要求，就应及时将其列入股票池中，日后观察时应优先考虑买入。

注意事项：

（1）投资者在区分绩优股与蓝筹股时，只要明白蓝筹股一般规模相对较大即可，在业绩上蓝筹股是不输绩优股的，所以，在炒股软件上，一只蓝筹股，同时也是绩优股。并且，蓝筹股按其自身权重，又分为一线蓝筹、二线蓝筹和三线蓝筹，并无过大影响，只不过是上市公司的规模和权重不同而已。

（2）市场上讲的龙头股，往往是领涨的股票，但对于投资者而言，领涨股只有在出现时才会被发现，但往往领涨各行业的龙头股，一般均为行业中处于龙头地位，或是在细分行业中占据龙头地位的公司的股票，因为这些处于龙头地位的公司拥有行业最先进的技术，占据大多数的市场份额，所以，其抗风险的能力也最强，一旦行业转强，最容易引领行业其他公司上涨，所以它是波浪战法选股的优先选择品种。

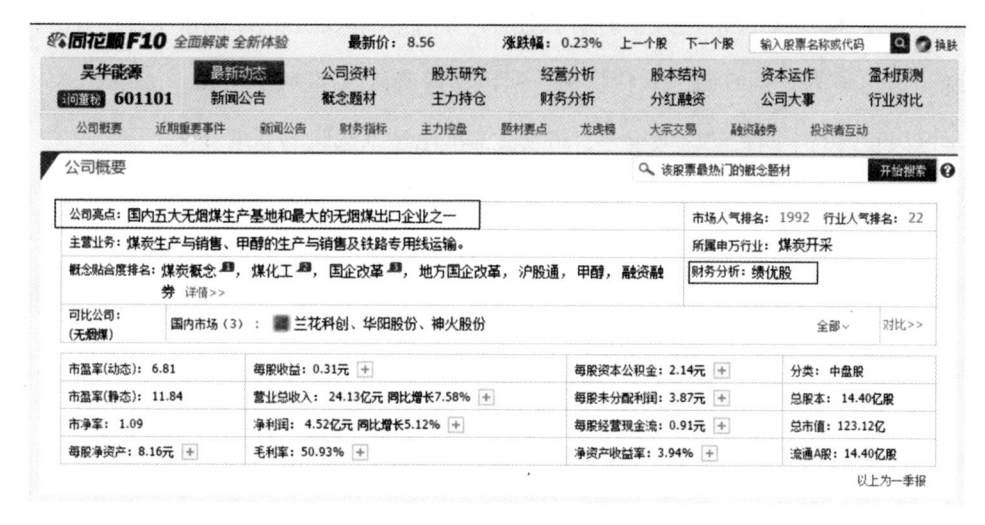

图6-9 昊华能源个股资料最新动态

6.3 技术面选股方法

6.3.1 中期底部的确认方法

投资者在根据波浪战法技术面选股期间，一定要学会对一只股票中期底部的确认方法，因为对一只基本面优秀的上市公司而言，中期底往往就是其中长线的底部。因此，在判断一只股票的中期底部时，有两种方法：一种是通过周线观察，只要股票在周线图上表现为长期的弱势横盘小幅震荡，即可确认为中期底部；另一种是通过月线图观察，只要发现一只股票在冲高后的弱势回调中，遇到了前期整理时期的平台位置，即出现了止跌震荡，则往往说明这一位置即为这只股票的中期底部。因此，中期底部，就是周线图或月线图上弱势整理时相对于前期的某一启涨前的整理区域的震荡调整。

实战案例：

（1）周线图的中期底部判断。如图6-10 中国化学（601117）周线图所示，在 A 区域，股价在周线图上表现为弱势震荡，此时拉长周线图观察，会发现，A 区域的弱势震荡是股价进入了前期上涨前的弱势整理区域 B 区域的水平才出现的，说明 B 区域为长期筹码的聚集区域，所以，可确认 A 区域的位置，即为中国化学这只股票的中期底部区域平台，符合波浪战法技术选股的要求。

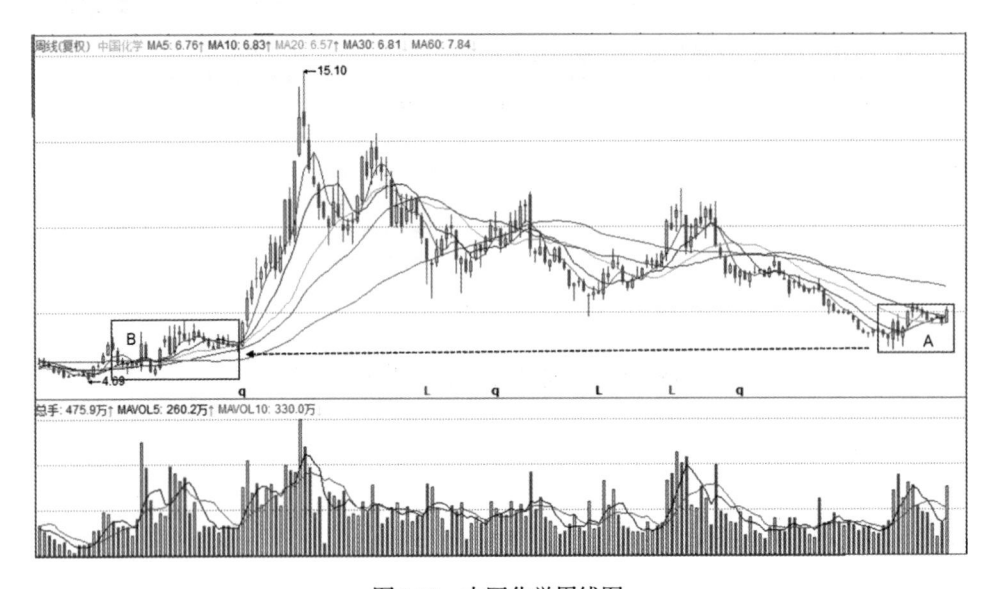

图6-10　中国化学周线图

（2）月线图的中期底部判断。同样是中国化学这只股票，若是从月线的角度去观察，如图 6-11 所示，这只股票在 A 区域，股价表现为月线的低位横盘震荡，而这一区域，同样是股价进入上一轮明显上涨行情出现前的弱势震荡的整理区域 B 区域的水平，说明 B 区域筹码集中，因此，A 区域可确认为这只股票的中期底部区域。

注意事项：

（1）投资者在根据波浪战法技术面选股期间，在确认中期底部时，一定要从较长周期的周线图或月线图去观察，这样观察到的趋势演变更为真实可靠，而确认一只股票中期底部的方法，就是确认当前股价的弱势整理区域，是否为上一轮上涨行情启动前的弱势整理区域,因为这一区域的筹码较多,所以支撑也强,往往就是本轮调整的低点区域。

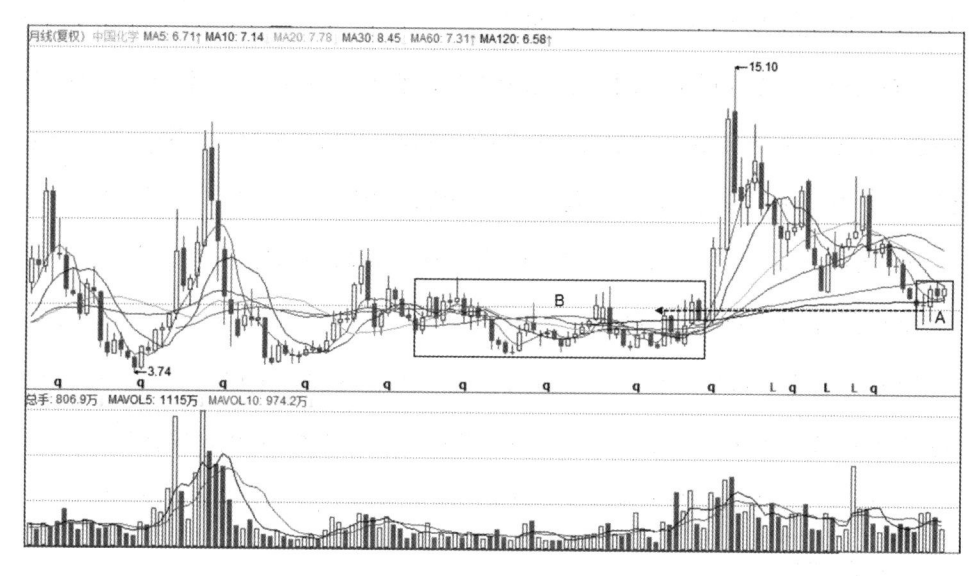

图6-11 中国化学月线图

(2)如果当投资者通过周线图来观察股票趋势时,发现较乱,则应从月线上去观察,趋势会更为明朗。事实上,周线与月线一样,只要把 K 线图拉长去看,趋势就会一目了然。

(3)投资者在寻找到一只股票的中期底部的同时,应再观察一下这只股票的大底在哪里,这样才能够事先明白这只股票再跌的空间,好有个心理准备,因为大底往往是一只股票真正意义上的底部区间。但在常态下,股价在探底的过程中,是很难去探大底的,但作为投资者而言,在投资前一定要明白大底的位置,这样才会心里有数,更利于日后的操作。

6.3.2 长线价值中枢的判断方法

长期价值中枢,就是一只股票的根本价值所在,也就是俗称的一只股票的大底。而大底并不是经常出现的,只有遇到经济不好,或是发生了系统性风险,股市在弱势中出现了非理性下跌时,一些具有价值投资理念的上市公司才会出现探大底的情况。因此，大底是不常见的，一旦遇到，投资者就不要犹豫，要敢于在大底时果断抄底。因此，投资者在根据波浪战法技术选股时，一定要学会如何来判断一只股票的大底——长期价值中枢的所在。

在观察一只股票的大底时，应从月线的角度出发，只要是发现月线上股价在经过了长期的弱势震荡后，突然跌破了前期重要的弱势整理平台，进入了一个更低的平台并开始了弱势震荡，或是股价在弱势整理中突然破位下行，跌破了发行价或创出历史新低或跌破了发行价后形成了弱势震荡，此时就应确认这只股票是真的跌透了，大底出现。因为作为一家优质的上市公司，其公司的价值中枢就在这个位置，虽然从股价上看，可能是超跌了，但往往这种情况更能体现出一家上市公司的价值地位所在，因此，大底出现时也就是一家优秀的上市公司在市场"裸泳"的时候，投资者应敢于抓住这种难得一见的机遇，及时重仓买入这类股票。

实战案例：

如图6-12百洋股份（002696）月线图所示，整个A区域右侧的弱势震荡，实际上就是针对A区域左侧前期启涨前整理的弱势整理，就是这只股票的技术面中期底部，而C区域中的部分，则是跌破中期底部后的超跌的大底，也就是股价跌破D区域发行价后，继续跌破前期低点后的一次探大底行为。因此，C区域右侧，即股价在创出新低3.34元后的弱势震荡，则是这只股票的大底，只要这只股票在基本面上符合要求，则为技术大底出现的股票，应放入股票池，优先考虑买入。

同样是探大底行为，上海环境（601200）则表现得更具层次感，如图6-13上海环境月线图所示，股价在持续下跌中创出了破发后的C区域低点，小幅回升后形成了B区域的长期横盘小幅震荡，原本这是该股的技术中期底部，但震荡中股价却出现了破位下行，再次下跌到了下一个平台的A区域，然后继续展开了更小幅度的横盘震荡整理，形成了这只股票的价值中枢所在的大底。若是其基本面符合选股要求，则A区域中股位于2024年2月5日创出的7.78元低点后的回升，就是埋伏买入时的一次抄底买入良机。

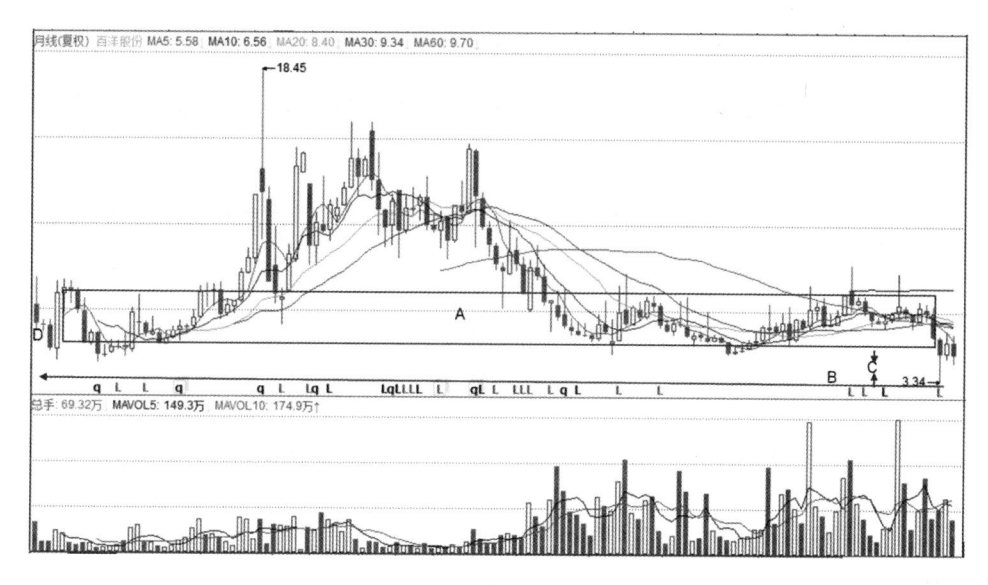

图6-12　百洋股份月线图

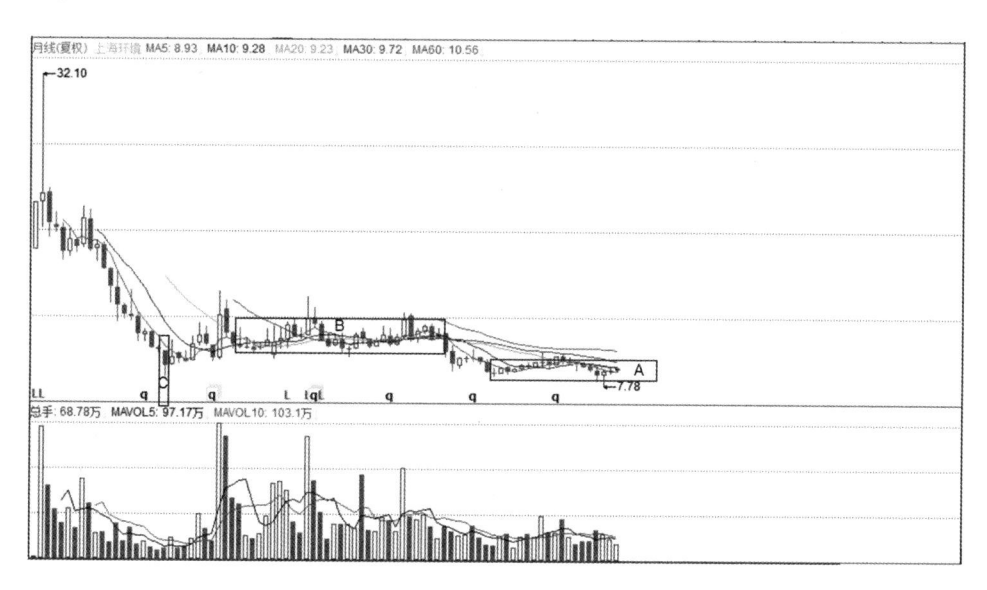

图6-13　上海环境月线图

注意事项：

（1）投资者在判断一只股票的价值中枢所在的大底时，一定要观察月线图，因为只有月线图上的趋势变化过程，才是一只股票长期的趋势演变过程，才能看清其长期的底部究竟在什么位置。

（2）在判断一只股票是否出现长期的大底时，一定要以一种不破不立的观点来观察，即一只股票只有跌破了长期弱势整理的平台或前期的强支撑平台，即中期底部后，才会形成长期底，因此，跌破发行价或创出历史新低才是这种跌破的象征。但只有当创出新低或破发后形成了弱势横盘震荡时，方可确认大底区域，但这并不意味着股价就不能再创出新低了，所以，大底出现时，不是一个低价，而是一个低位区域，只要在这一区域逢低买入，就是买入的最廉价的筹码，前提是这只股票在基本面上必须符合选股要求。

6.4 建立股票池的步骤

6.4.1 技术面符合底部弱势特征

投资者在根据波浪战法选股并建立股票池时，一定要严格遵循选股的三个步骤。第一个步骤，就是技术面上的选股，必须通过对周线图、月线图的观察，发现一只股票符合底部的弱势时，包括中期底部特征或价值中枢所在的长期底部特征时，方可进行下一步的观察与判断。

实战案例：

如图6-14中直股份（600038）月线图所示，若是投资者在2024年的3—4月份选股的话，一旦发现2024年的3—4月份正是A区域股价持续下跌后的弱势整理平台，而这一区域平台恰好是上次上涨行情发动前的长期弱势整理平台B区域，即可确认A区域为中直股份这只股票的中期底部，符合技术选股要求，可进入选股流程的第二个步骤，继续观察后确认是否将其放入股票池。

注意事项：

（1）投资者在根据波浪战法选股时，一定要严格遵循建立股票池的步骤，从第一步开始去观察和判断，然后方可进入下一个步骤的分析与判断。

（2）选股的第一个步骤就是对技术面的观察，要从周线图或月线图上去寻找那些符合中期底部特征与长期底部特征的股票，只要是符合了其中的任何一个要求，即完成了选股的第一个步骤。

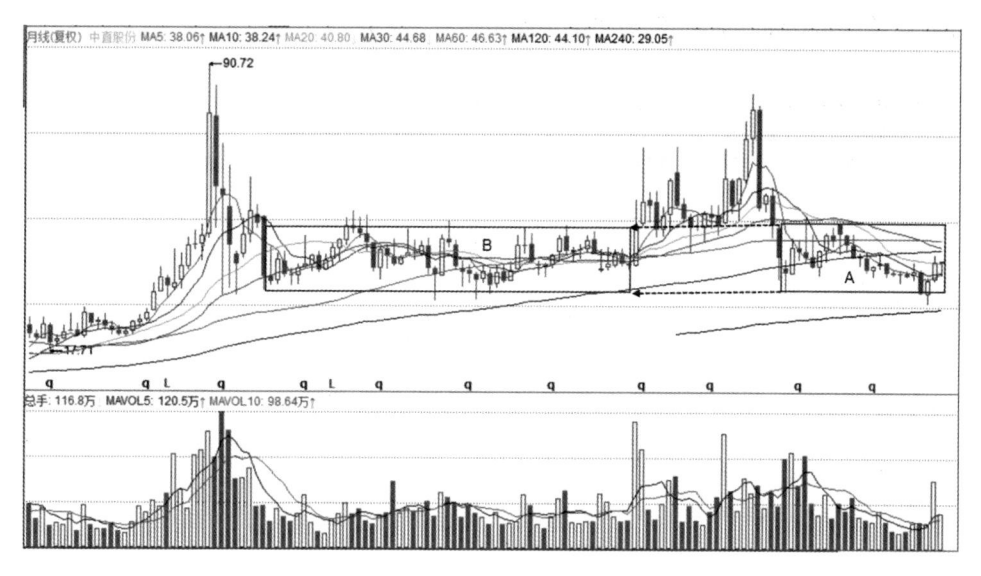

图6-14　中直股份月线图

6.4.2　基本面符合强势要求

选股的第二个步骤，就是基本面上的选股，当通过技术面的分析与观察，发现目标股符合了技术弱势特征的具体要求后，就要进入选股的第二个环节——基本面筛选了。基本面筛选，就是通过对一只股票财务概况中的净利润、基本每股收益和净资产收益率三个方面进行长期的观察，同时，通过对绩优股、蓝筹股和龙头股的观察，看目标股是否属于此类优先选用的品种，是则最好，不是的话也无须过于挂怀，只要其基本面表现得符合优良的条件要求，就算是符合了第二个步骤中的基本面要求了。

实战案例：

为了让投资者能够更为直观地学会如何选股，在此，我们仍选择上一步骤中通过技术面筛选要求的中直股份，图6-15为中直股份在个股资料内的财务分析，这家上市公司在净利润方面，2021—2023年持续保持在3.88亿~10亿元的盈利状态；基本每股收益则保持在 0.6~1.6 元的水平，属于良好状态；净资产收益率则保持在 4%~11% 的水平。综合这三个指标，可以得出中直股份这只股票的业绩良好，符合基本面选股时的财务指标要求。

同花顺F10 全面解读 全新体验　最新价：41.30　涨跌幅：2.35%　上一个股　下一个股　输入股票名称或代码　换肤

中直股份 问董秘 600038　最新动态　新闻公告　公司资料　概念题材　股东研究　主力持仓　经营分析　财务分析　股本结构　分红融资　资本运作　公司大事　盈利预测　行业对比

财务诊断　财务指标　指标变动说明　资产负债构成　财务报告　杜邦分析

按报告期　按年度　按单季度　显示同比

科目\年度	2023	2022	2021	2020	2019	2018
成长能力指标						
净利润(元)	4.43亿	3.88亿	9.13亿	7.58亿	5.88亿	5.10亿
净利润同比增长率	14.11%	-57.52%	20.53%	28.81%	15.26%	12.07%
扣非净利润(元)	4.03亿	3.43亿	9.04亿	7.37亿	5.63亿	4.67亿
扣非净利润同比增长率	17.35%	-62.06%	22.70%	31.00%	20.53%	4.03%
营业总收入(元)	233.30亿	194.73亿	217.90亿	196.55亿	157.95亿	130.66亿
营业总收入同比增长率	19.81%	-10.63%	10.86%	24.44%	20.89%	8.44%
每股指标						
基本每股收益(元)	0.7510	0.6581	1.5492	1.2853	0.9979	0.8657
每股净资产(元)	16.98	16.54	16.33	15.04	13.87	13.09
每股资本公积金(元)	7.50	7.50	7.50	7.40	7.32	7.32
每股未分配利润(元)	7.39	6.83	6.64	5.53	4.58	3.86
每股经营现金流(元)	1.22	-2.86	2.46	-1.16	1.31	1.62
盈利能力指标						
销售净利率	1.49%	1.99%	4.19%	3.86%	3.72%	3.91%
销售毛利率	10.13%	10.30%	12.43%	11.47%	13.92%	13.93%
净资产收益率	4.59%	4.09%	10.10%	8.92%	7.40%	6.83%
净资产收益率-摊薄	4.42%	3.97%	9.49%	8.54%	7.20%	6.61%

图6-15　中直股份个股资料财务分析

这时再来观察中直股份这只股票的具体情况，从图 6-16 中直股份在个股资料的公司亮点可以看出，这家企业属于我国直升机制造业的骨干企业，即便不是龙头企业，也属于技术位于先进之列的企业，且具有低空经济这一 2024 年最符合政策发展需求的概念。因此，这只股票是符合选股第二个步骤中的基本面选股要求的。

注意事项：

（1）投资者在选股期间，只有符合了第一个选股步骤标准的股票，才能进入第二个步骤的筛选环节，尤其是初学者，一定要养成这一习惯。

（2）选股的第二个步骤，就是基本面选股，除了要确保目标股符合选股时的三大财务指标的最低限要求外,还要尽量选择那些业绩更优良的绩优股和蓝筹股,或是行业中更出色的龙头股或细分行业中的龙头股。因为目标股的业绩越优秀,后市转强时涨幅也会越大。

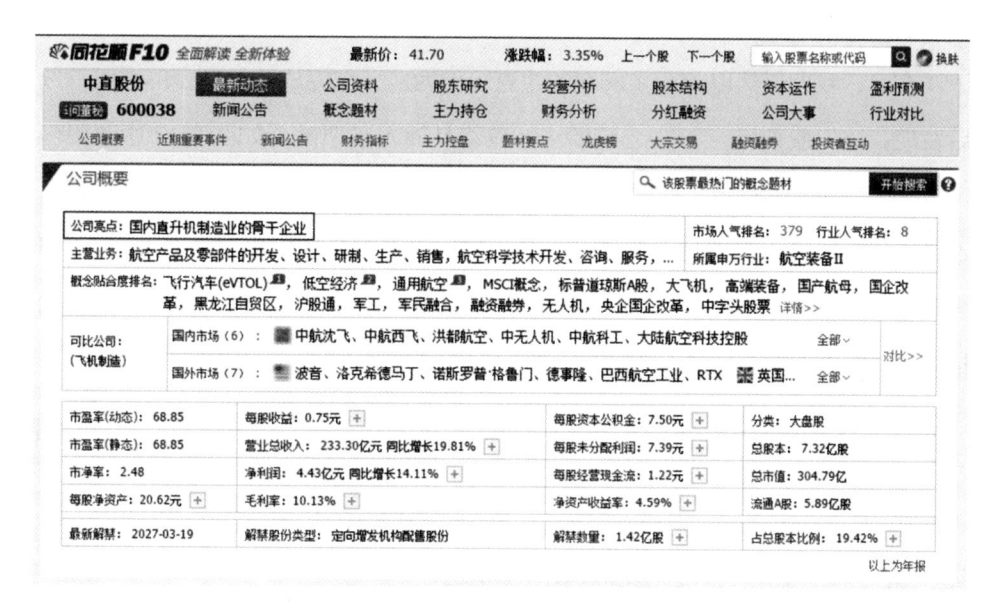

图6-16 中直股份个股资料最新动态

6.4.3 将符合要求的股票放入股票池

投资者在海选过程中,当发现目标股通过了技术面和基本面的筛选要求后,就可以将这只股票放入股票池了。有的投资者认为,直接将股票拉入自选股或所设置的板块不就完了。事实上并没有这么简单,因为我们在选股时,不可能只选出几只股票,因为是海选,就必须把市场上所有自己能操作的股票类别统统过一遍,因为是长期选股,不可能一两天就操作完了,所以在选股时必须认真。在把所有的股票都筛选一遍后,并将其列入股票池,还要学会将所有的目标股都按照其不同的情况,进行等级分类。比如,对于绩优股或蓝筹股、龙头股等,可列为一类目标股,尤其是既是绩优股又是龙头股的股票,更是优中选优的品种,同时,那些绩优龙头股中符合当前经济发展主要赛道的股票,比如低空经济、银发经济、数字经济，或是满足新质生产力要求的股票，更应当在将其放入股票池后，优先持续观察并买入。因为符合国家经济发展主要赛道的上市公司，尤其是其中的龙头公司，在政策的大力扶植下，很容易快速走出一波波澜壮阔的上涨行情。

实战案例：

在此，我们仍然以前两步所选的中直股份为例，在完成了前两步的选股筛选后发现，这只股票完全符合选股要求，应将其放入股票池，如图 6-17 中直股份（600038）日线图所示，此时观察的就不再是周线图或月线图了，而是日线图。若是投资者所选入股票池的股票并不多，觉得中直股份这只股票具有 2024 年符合政策大力扶植发展的低空经济概念时，选择了优先操作这只股票，则可以直接按照日线图去寻找逢低买入的时机，如 A 区域的快速探底回升时机。

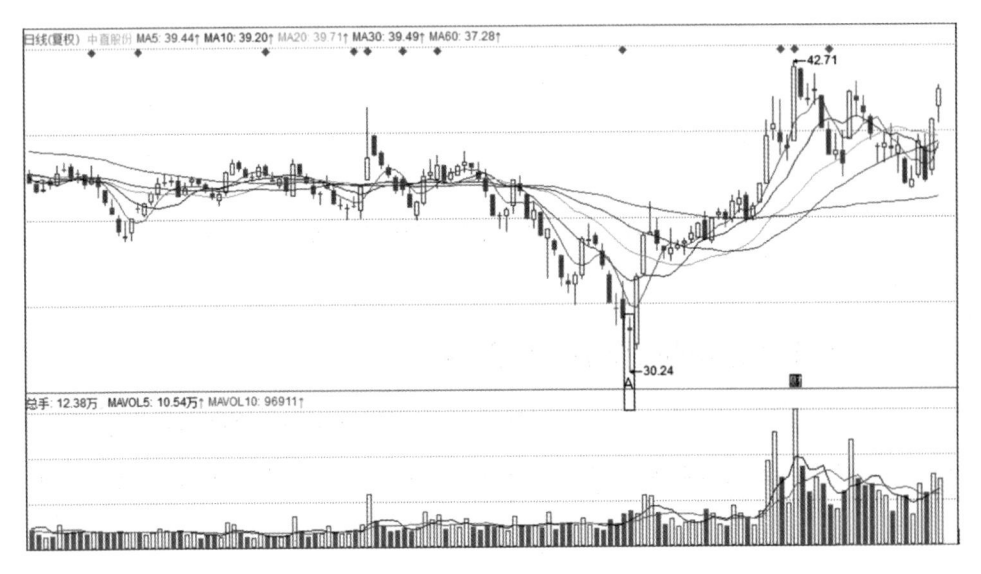

图6-17　中直股份日线图

但若是投资者感觉中直股份的股价偏高，更钟情于低股价，如同样业绩优秀的海正药业，发现海正药业股价目前依然处于中期底部且又是业绩优良、具有众多自主知识产权的创新药企业时，则完全可以通过对海正药业（600267）在日线图上的表现，寻找逢低介入的时机。或是在未发现如图 6-18 中海正药业在日线图上出现合适的低点介入时机时，只对图 6-17 中的中直股份去日线小波段操作。直

到海正药业日线上出现了好的介入良机,再去全力操盘海正药业。

图6-18 海正药业日线图

注意事项:

(1)投资者在将符合第一步骤和第二步骤选股要求的股票放入自选股后,并不意味着就有了股票池,只不过是多了一个目标股。一定要将自己所能操作的股票类别中的全部股票都海选一遍,此时得到的目标股,才是股票池的股票。

(2)当投资者海选完股票后,一定要学会将所有符合选股要求的目标股去根据其各自的具体情况,分出几类情况,放入不同的自制板块中,对优选品种应持续观察,在优选品类未出现好的介入点时,可先日线小波段操作其他可介入的股票,直到优选品类的目标股出现可操作时机,再去全力操作。

6.5 实战要点

6.5.1 选股时以技术面长期弱势为主

投资者在根据波浪战法选股时,对于技术面选股,一定要坚持以技术面长期弱势为主。这是因为选股不是为了买其当前价值，而是要选那些未来具有上升潜力的股票，而根据股价运行的规律，一只股票，不可能永远无止境地上涨，也不会永远无休止地下跌，总是会经历涨涨跌跌，而每一轮股价在形成明显的上涨趋势前，总是要经历较长时间的下跌与弱势整理。因此，弱势整理几乎成了所有股票上涨前必经的一个阶段。所以，在运用波浪战法选股时，一定要以技术面上表现出的长期弱势为主，因为弱势整理的时间越长，整理得越充分，后市发动上涨的时间也相对更短。

实战案例：

如图 6-19 深圳燃气（601139）周线图所示，股价在持续下跌中进入了 A 区域后，形成了明显的持续横盘小幅震荡的箱体震荡的弱势整理形态，均线始终呈现出反复缠绕的状态，且时间较长，说明这只股票的弱势整理较为充分，符合技术面长期弱势的要求。

图6-19　深圳燃气周线图

同样，若是投资者观察的是月线图，如图 6-20 所示，股价在 A 区域表现为长期的横盘震荡，且是基于上次上涨前的整理区域 B 区域所进行的震荡整理，所以，A 区域为深圳燃气这只股票的中期底部，同样长期弱势明显。只要其基本面

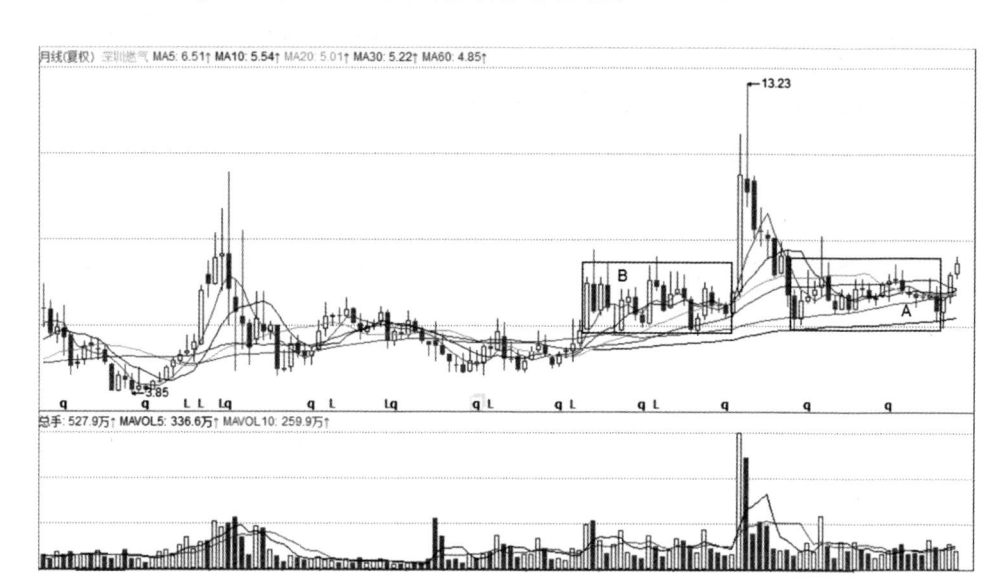

符合选股要求，即可在 2024 年初将其放入股票池。

图6-20 深圳燃气月线图

注意事项：

（1）投资者在根据波浪战法选股期间，对于基本面选股，一定要以目标股在短期基本面上表现为弱势为主的股票为主，因为只有在短期基本面表现弱势时，其技术面才会表现为弱势。

（2）在判断一只股票的短期基本面是否弱势时，必须确保其长期基本面未发生根本性的变化，如行业的没落、公司所拥有的技术被淘汰等。此外，公司的长期基本面应保持良好状态。

6.5.2　拒绝ST类股票、绩差股、超低面值股

ST 类股票，是指股票简称前被冠以了 *ST、ST、S*ST、SST、S 等字母的股票，这类股票是在我国境内被特别处理的股票，被冠以相应的字母，给投资者以警示，如退市风险等。因此，大多的 ST 类股票，其公司都面临公司财务亏损或即将退市的风险，所以又被称为戴帽，投资者在选股时，一定要回避这类股票。

绩差股，就是业绩持续表现差的股票。这类股票，由于业绩表现差，所以，即便是技术面表现为长期的弱势整理，若业绩无法出现实质性的提升和飞跃，股价是很难出现明显的持续上涨趋势的，因此在选股时也应回避。

超低面值股，是指那些股价低于 2 元的股票，因为两市的上市规则中均明确了强制退市的情况，即当上市公司的股票在持续 20 个交易日内的股价始终低于 1 元时，其股票应终止上市。这是一种强制退市的规定，对于那些股价低于 2 元尤其是接近 1 元面值的股票，选股时同样要回避。

实战案例：

（1）ST 类股票。如图 6-21 *ST 美谷（000615）月线图所示，这只股票在 A 区域形成长期弱势横盘整理，且这一区域与前期上涨前弱势整理的 B 区域和 C 区域处于同一水平位置，具有中期底部的特征，但是这只股票的简称前被冠以了 *ST，属于持续两年亏损的公司，为 ST 类股票，一经发现，应立即滑走。

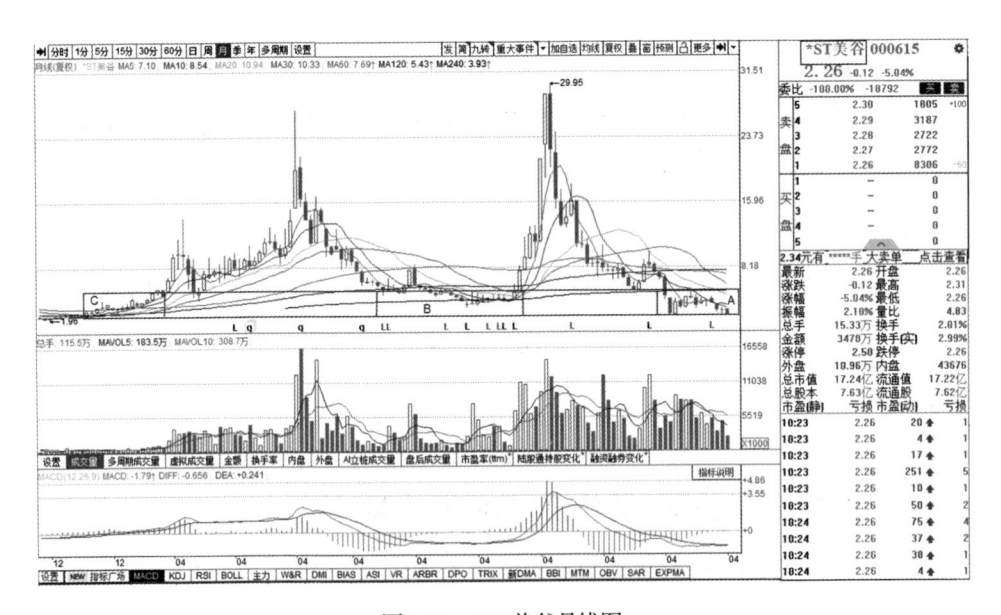

图6-21　*ST美谷月线图

（2）绩差股。如图 6-22 深康佳 A（000016）在个股资料内最新动态中的财务分析栏内显示的一样，这只股票在"财务分析"中明确显示为一只绩差股，说明公司的业绩一直较差，投资者在选股时，一定要采取回避的态度。

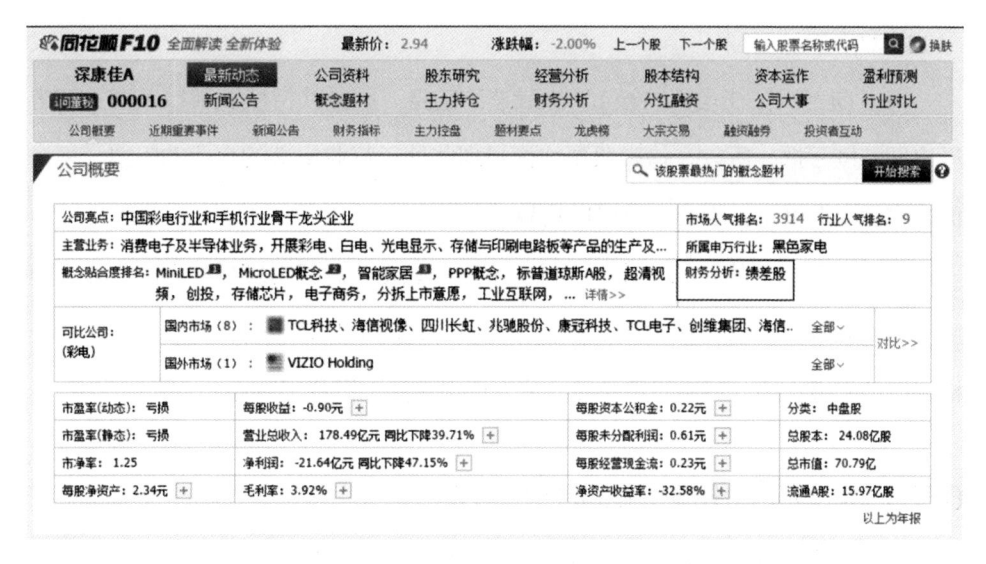

第 6 章　选股：波浪战法交易前的准备

图6-22　深康佳A个股资料最新动态

（3）超低面值股。如图 6-23 东旭光电（000413）（现 ST 旭电）月线图所示，虽然这只股票在 2024 年 4 月所在的 A 区域内表现为持续横盘弱势震荡的长期弱势整理，但观察其盘口股价时却发现，这只股票的价格只有 1.5 元，明显为面值低于 2 元的超低面值股，所以，在选股时一经发现，即应果断滑走放弃。

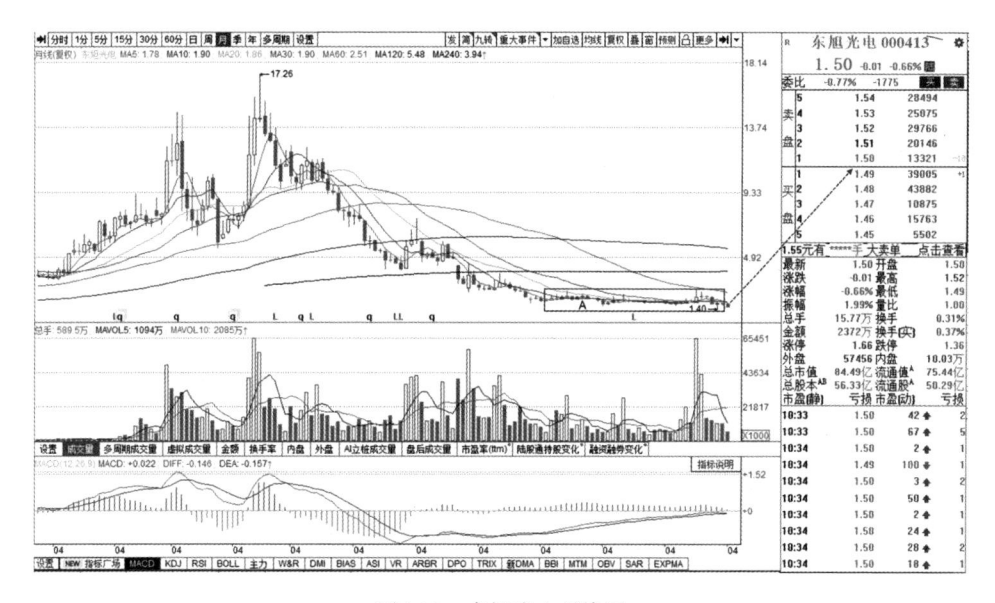

图6-23　东旭光电月线图

注意事项：

（1）绩差股往往是即将被ST类股票的前身，因业绩持续表现较差时，很容易出现持续亏损，所以，这类股票往往是那些处于行业末端的企业的股票，投资价值也会变得极差，因此，应尽量回避。

（2）在超低面值股的企业中，其实不乏一些企业是具有翻身潜力的企业，但由于这类股票在市值管理上做得极差，当股价趋向于低面值时，其会受到一种价格趋向的虹吸作用，导致股价持续走低，所以选股时同样要回避。

6.5.3　回避经常出现瑕疵的上市公司

投资者在实战选股期间，不仅要睁大眼睛回避垃圾股，同时，还要对那些经常出现负面信息的上市公司多加注意，因为上市公司负面信息较多时，表明在公司的管理、生产或经营中必然存在着明显的瑕疵，而这些看似较小的瑕疵，若不注意，则很容易引发其后更大的事端，对公司的正常生产和经营产生巨大的影响。因此，只要投资者在选股时发现一家上市公司经常被爆出一些瑕疵时，就应尽量回避去操作这类公司的股票，以免引火上身。

实战案例：

如投资者在2024年3—4月份选股时，当看到了如图6-24獐子岛（002069）在月线图上的A区域表现为持续横盘小幅震荡的长期弱势时，一定要留意看一下关于这只股票的新闻。

如在獐子岛分时图下方的同花顺个股新闻中发现，如图6-25所示，在2024年3月28日有一则新闻，讲的是獐子岛一董事的配偶违规短线交易公司股票的行为，大连证监局下发了警示函。说明这家上市公司在制度管理上存在监管不严的情况，属于严重的管理上的瑕疵。而只要是有过几年投资经验的投资者，或是投资者在网上随便一搜就会发现，獐子岛这家公司在前几年竟然持续闹出了一场笑话，公司称业绩不佳是因为水里的扇贝逃跑了，可以说这家公司是一家经常出现瑕疵的上市公司，投资者应在选股期间尽量回避这类公司。

第 6 章　选股：波浪战法交易前的准备

图6-24　獐子岛月线图

电鳗号：獐子岛一董事配偶违规短线交易 大连证监局下发警示函！

2024-03-28 22:27 ｜ 来源：电鳗快报 ｜ 作者：电鳗号 ｜ [财经]

大连证监局的警示函是对违规行为的打击，是对市场秩序的维护和对所有投资者利益的保护

图6-25　同花顺个股新闻

121

注意事项：

（1）经常出现瑕疵的上市公司，大多表现为在其披露的公告或业绩说明中，存在着按照起码的常识来判断，都无法令人相信的事实的情况，因此，基本上可以断定，公司披露的这些公告或信息是不真实的，这类上市公司不守信经营，根本不具备投资价值。

（2）有些公司也偶尔会由于某些原因被交易所ST，或是通报批评，但多为某一项违规行为引发的，往往属于过失行为，如2020年6月被ST的舍得酒业，主要是由于股东天洋集团违规占用舍得酒业1亿元资金所引发的，过错并非在于舍得酒业，因此，这种情况不在经常出现瑕疵之列。

第 7 章

买股：
股票交易的第一步

在股票投资交易中，买入股票是极为简单的一个步骤，只要通过交易软件，提交委买单即可。但这仅仅是就交易本身行为而言的。事实上，做出交易的决定并非一件如此简单的事情，因为指导投资者对自己下达交易指令的，不仅包含交易原则，还包括严格的判断买股与否的步骤，以及对应的相关买股的方法。因此，买股实非买入股票这么简单，而是投资者知识、技术、眼光、经验等组成的一次智慧凝聚的结果。

7.1 买股原则

7.1.1 买弱不买强

投资者在根据波浪战法买股前，一定要首先明白其买弱不买强的买股原则，因为这一原则是与其他的炒股技术相左的，同时，这也是指导投资者买入股票的一大策略。不明白这一原则就无法实现波浪战法低位埋伏买入时的中长线布局买入的用意，更无法理解其后日线小波段操作中买股时机的判断。因此，投资者在买股前一定要明白并在其后买股时坚持买弱不买强的买股原则，并始终将这一理念贯穿到整个买股的环节中。

实战案例：

如图 7-1 博威合金（601137）日线图所示，投资者若是选择这只股票为可操作的目标股，在其后的日线小波段买入交易期间，一定要遵循买弱不买强的原则，即在股价下跌的 A 区域出现止跌回升时，或是 B 区域再次跌至前期 A 区域低点即止跌回升时，甚至是 C 区域股价跌破 A 区域和 B 区域的低点后，于 C 区域明显快速探底快速回升时，果断买入股票，而不是到 A 区域其后的 D 区域、B 区域其后的 E 区域、C 区域其后的 F 区域，股价出现明显的强势时再买入股票。这就是在买弱不买强交易原则指导下的买入行为。

注意事项：

（1）波浪战法在买股时之所以要坚持买弱不买强的原则，主要是其选股的基础之一是中长线投资，所以，其在买股时往往是敢于在持续下跌的低位区买入股票的，但这一点仅局限于波浪战法的使用者。

（2）在买弱不买强的原则下，投资者一定要记住一点，在某些特殊时刻，在股票出现趋势性的强势反转上涨的快速启动时，投资者是可以加仓甚至是全仓买入股票的，并且可以一直持有到上涨趋势的末端再卖出。

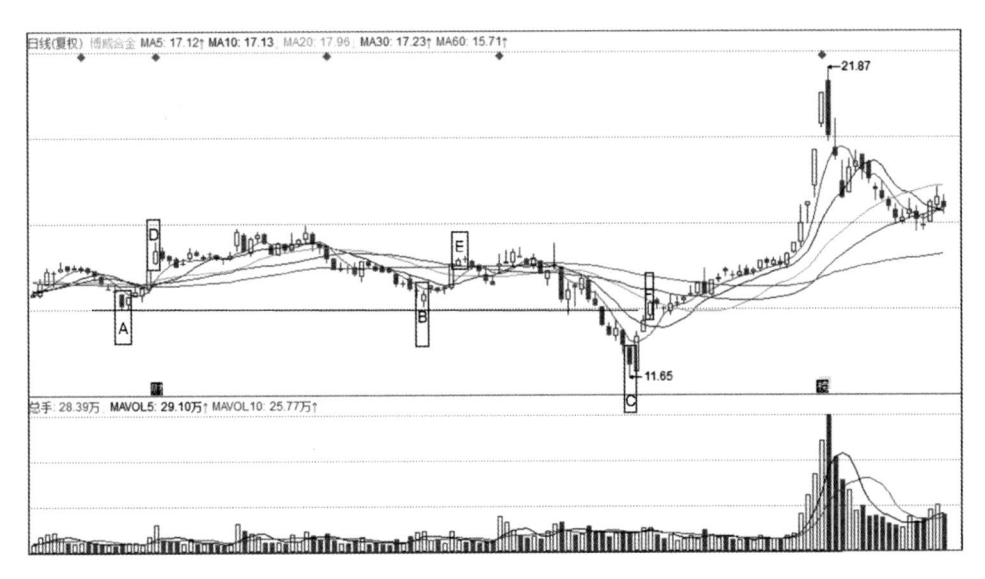

图7-1 博威合金日线图

7.1.2 不跌不买

投资者在通过观察目标股决定是否买股时,一定要坚守另一个重要原则——不跌不买。也就是说,目标股若是依然保持着之前的小幅震荡,并在日线图上不出现明显的下跌,则不应着急买入,应等到其在日线图上出现明显的下跌时,再去买入股票。因为若是股价不出现明显的下跌,后市是难以震荡走强的,投资者此时进行日线小波段买入就很难获利,因为在震荡期间,股价只有震荡到低点时才会得到支撑,而向上震荡到高点附近时,才会受到压力。

实战案例:

如图7-2工业富联(601138)日线图所示,若是投资通过月线或周线发现这只股票符合可操作的要求后,在想要买入股票时,一定要遵守波浪战法不跌不买的买股原则,在A区域、B区域和C区域股价表现为横盘小幅震荡时,不要执行买入操作,只有在其后股价持续下跌中的D区域、E区域和F区域出现明显下跌的止跌时,方可买入股票。

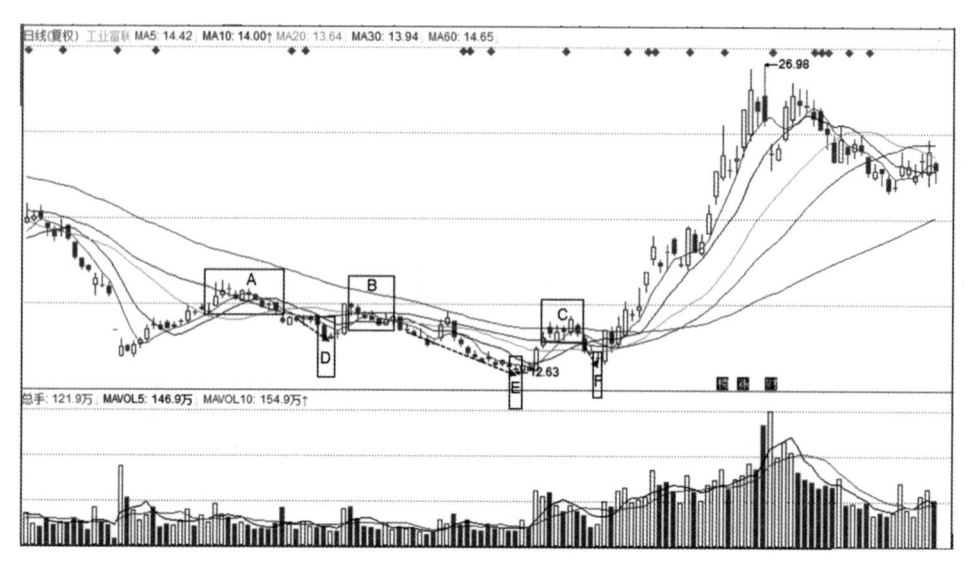

图7-2 工业富联日线图

注意事项：

（1）不跌不买不仅适用于波浪战法中的日线小波段交易的买股时期，同样适用于波浪战法选股后的逢低埋伏买入时期，因为股价在弱势整理期间，不可能一直保持较强状态，所以，买股时不可急切，要耐心等待股价走弱时再买入。

（2）在根据波浪战法买入股票时，尤其是在埋伏买入时，除了要坚守不跌不买的原则外，还要坚守一条大跌大买、小跌小买的原则，因为只要是从长周期上看准了一只股票，一旦大跌，往往就是大底要出现了，所以，此时的买入应加大力度，反而是跌幅较小时，可适当波段参与。

7.2 买股步骤

7.2.1 建立底仓

投资者在根据波浪战法实战买股时，在建立底仓时，往往这时的买入是基于中长线投资的，所以，基本上无须过多考虑价位的高低，只要寻找一个相对的低位即可以以适量的资金买入，并一直保持不动。因为底仓部分的持股，一定要拿到这只股票出现明显的一轮上涨行情后，方可卖出这部分仓位的股票。因此，投资者在建立底仓时一定要记住底仓的股票数量，在日后的日线波段交易中，一定不要卖出这些股票。

实战案例：

如图 7-3 重庆水务（601158）月线图所示，不管投资者是在 A 区域的弱势震荡中发现了这只股票符合选股要求，还是在其后的 H 区域，若投资者决定埋伏买入，均可选择在 A 区域股价小幅震荡期间，股价震荡到均线下方并接近 B 区域出现止跌时的 C 区域、D 区域、E 区域，逢低买入股票建立底仓；或是买在 H 区域，股价震荡到向下接近最下方一根均线或是跌破最下方一根均线后止跌时，如 F 区域和 G 区域。这就是波浪战法建立底仓的方法与时机。

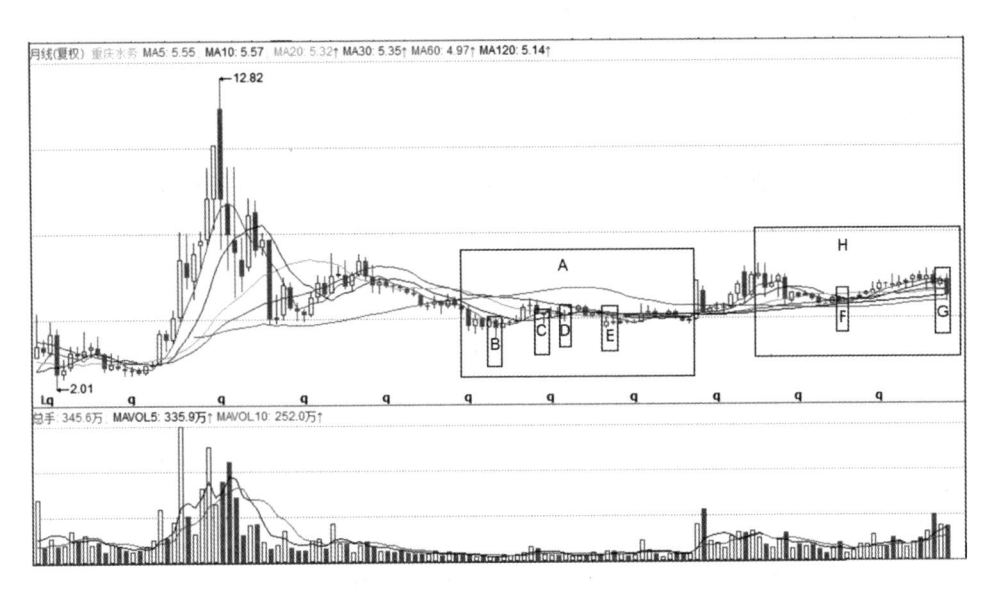

图7-3　重庆水务月线图

注意事项：

（1）建立底仓是投资者迈出波浪战法投资的第一步，也是最为关键的一步，因为在多数情况下，底仓的持股成本往往是最低的，除非是投资者在建立底仓时

127

股价是处于中期底部，而后又出现了探大底的情况。但即便如此，投资者在建立底仓时也不可让仓位过轻。

（2）在建立底仓时，投资者可以一次性买入适量的股票数量，也可以分批次逐步买入，只要最后底仓的仓位保持在一定的数量即可。买入时的原则是逢低介入。

7.2.2 寻找低位买点

低位买点，也就是波浪战法中进行日线小波段操作时的买点。投资者在判断这类买点时，跟埋伏买点的判断是完全不一样的，首先主要观察的K线图不再是月线或周线，而是日线图，即寻找日线图上的低位买点，所以，遵循的大多是日线图上的股价趋势，在判断低点时，同样要遵守不跌不买的原则，只要股价在明显下跌中出现了止跌，同时在周线图或是月线图上股价接近了震荡低点，即可果断买入，而不需要过于注重量价的表现。

实战案例：

在此，仍以重庆水务为例，若是投资者在图7-3中的A区域或H区域埋伏买入了这只股票，那么当寻找低位买点时，就要观察其日线图了，如图7-4重庆水务（601158）日线图所示，投资者可选择A区域或B区域、C区域股价出现持续下跌中向下远离最下方的5日均线时的快速下探又快速回升的时机，果断在低位买入股票。比如在C区域股价出现新低4.89元后快速回升时，即可看一下图7-3月线图中最右侧的G位置处那根K线，因为股价在日线图上创出4.89元新低时，即图7-3月线图上股价向下接近或跌破最下方那条均线的止跌回升时，这就是在日线图上寻找C区域低位买点的方法与进行时机判断的方法。

注意事项：

（1）投资者在寻找低位买点时，虽然K线图观察的是日线图，是从日线图上去寻找低位，但是为确保日线图上的低位为低位，一定要结合更长周期的月线图或周线图判断。

（2）日线波段低点的确认，主要方法就是根据日线图上的股价趋势，选择股价在持续明显的下跌中，K 线向下远离 5 日均线较远时，或是出现盘中快速下探后快速回升时，即日线图 K 线形成较长下影线时，或是直接开盘即为最低点的光脚阳线时，此时这些点即为最佳的低位买点。

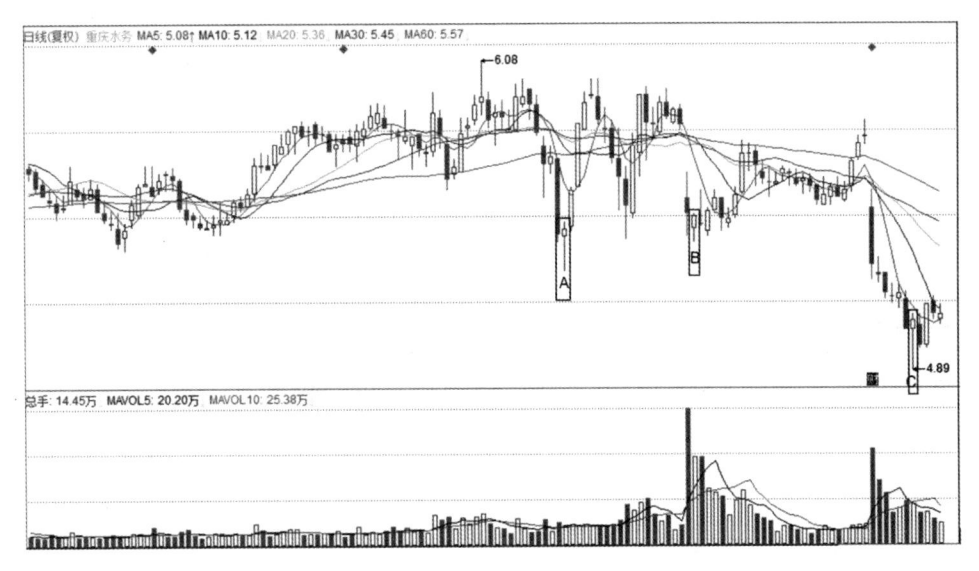

图7-4　重庆水务日线图

7.3　底仓建立方法

7.3.1　一次性买入方法

投资者在建立底仓时，选择一次买入完成底仓建立方法时，往往是目标股出现急跌，比如在月线图或周线图上，代表股价的 K 线出现快速向下跌破多条均线，尤其是快速跌破最下方的那根均线的情况，一旦日线图上出现止跌，不管此时的下跌是否创出新低，均应果断根据日线上的止跌回升低点，及时一次性买入符合底仓要求的股票数量，快速完成底仓的建立。

实战案例：

如图 7-5 杭齿前进（601177）月线图所示，若是投资者在 B 区域选择这只股票作为可操作的目标股，在建立底仓时，一旦发现在 A 区域出现了一根阴线，并持续向下跌破了多根均线，就要及时去观察日线图了。

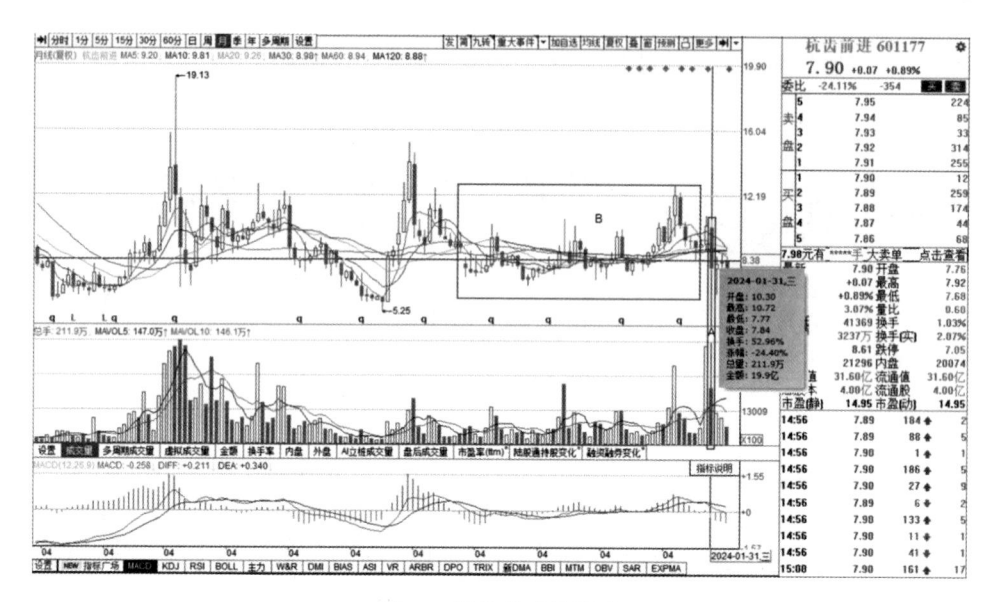

图7-5 杭齿前进月线图

在图 7-5 中，A 区域股价接连跌破多条均线的时间为 2024 年 1 月 31 日，也就是 2024 年 1 月，所以，在观察图 7-6 杭齿前进日线图时，发现在 A 区域的 2024 年 1 月 31 日，也就是图 7-5 中 A 区域收出月线那根长阴线时，图 7-6 日线图上的股价下跌趋势并未出现止跌的迹象，所以不应买入，而应在其后的 B 区域，股价在创出 6.28 元的新低后明显止跌回升时，再买入股票。但由于这只股票在图 7-5 月线图上出现了一条阴线跌破多条均线的情况，所以，投资者在根据图 7-6 日线图 B 区域买入时，可以选择一次以适量仓位买入股票，完成底仓的买入。

注意事项：

（1）一次性建立底仓的方法，往往适用于月线中一阴破多条均线的形态，因为月线上若是出现一根阴线持续跌破多条均线的情况，往往日线图上就会表现为一轮明显的下跌趋势，所以此时的底仓买入，往往也是日线图创出阶段性新低后的止跌回升之际的买入。

（2）投资者在一次性完成底仓建立时，一定要注意，观察行情时必须结合日线图和月线图进行确认，同时，也一定要明白，月线图上的低位，未必就是日线图上的止跌位，所以，买入时必须遵守日线图上的股价趋势，在日线止跌回升时再抄底买入股票，完成底仓的建立。

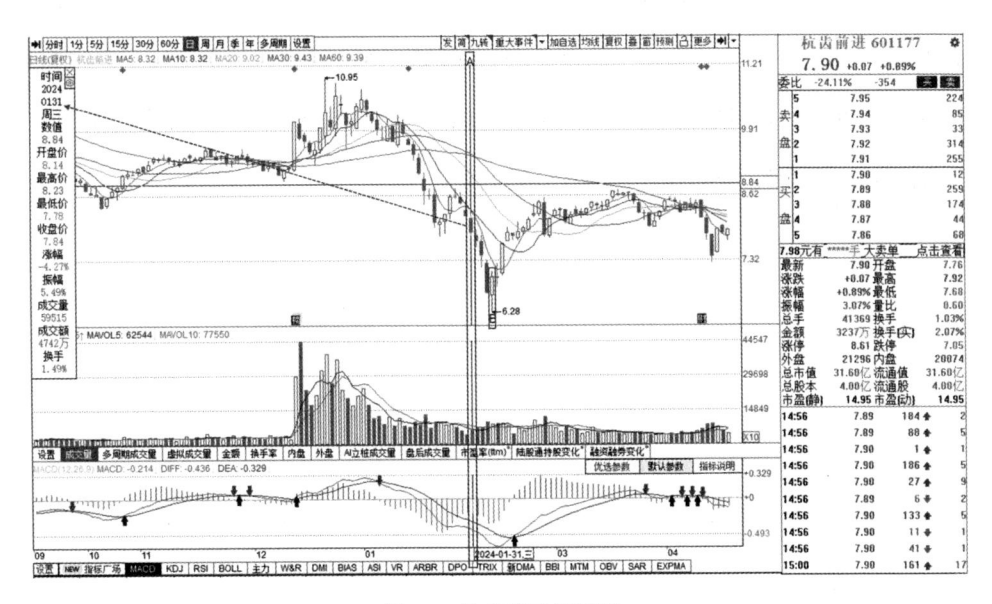

图7-6　杭齿前进日线图

7.3.2　分批次买入方法

分批次建立底仓的方式，往往运用在股价在月线或周线上的趋势表现为震荡幅度较小时，也就是股价未表现为大幅或快速的震荡时，这样可以降低震荡行情中的持股风险，尤其是月线图上表现为中期底部震荡的股票，分批次建仓可以防止买入后，股价出现破位下行的下跌。而分批次建仓的买入时机，则要选择在月线或周线上股价震荡走低中接近前期低点附近时，往往此时K线是向下远离5月均线的，但在判断具体的买点时，则应在日线图上股价在弱势走低中出现止跌回升时买入。只要投资者在股价多次于月线或周线上的震荡低点附近买入了一定数量的股票，达到了底仓建立时的资金比例要求后，即完成了底仓的建立。

实战案例：

如图7-7中国铁建（601186）月线图所示，若是投资者在A区域发现了这只股票符合波浪战法的选股要求后，买入时，发现股价未出现快速下跌，所以，可以选择在其后的B区域股价向下接近前期低点时少量买入，到其后股价再次震荡跌破B区域低点平台，表现为横盘小幅震荡时，形成跌破前期A区域弱势平台并围绕这一平台下沿所进行的整理时，可以在C区域所有位于H线下方的低位逢低分批次买入股票，如在2处买入股票时，但在具体买入时，应观察当时的日线图判断具体的买入时机。

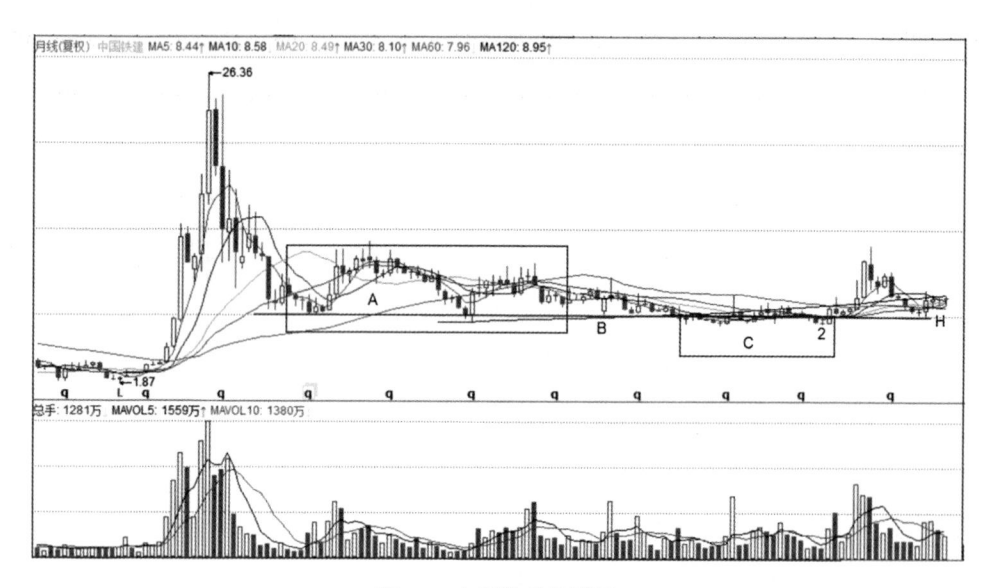

图7-7 中国铁建月线图

如图7-8中国铁建日线图中所示，图7-7中的2区域的情况，即图7-8中的A区域内的情况，从A区域右侧末端来看，股价虽然创出了6.55元的新低，但止跌迹象不明显，所以，应在其后的B区域股价止跌回升时，果断买入股票。这种结合日线图并根据图7-7月线图震荡低点的多次逢低买入的方法，就是分批次建立底仓的买入方法。

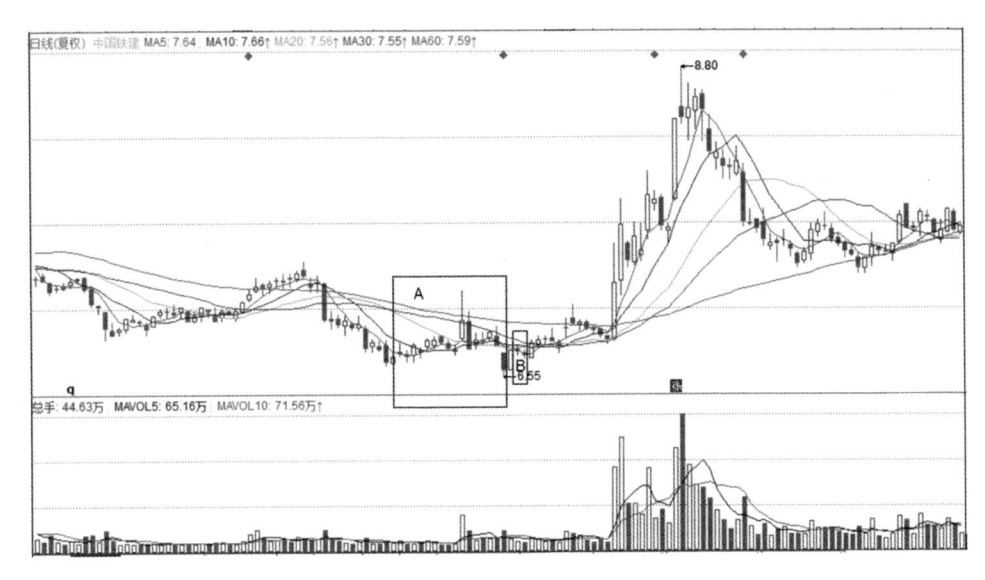

图7-8 中国铁建日线图

注意事项：

（1）投资者的分批次建立底仓的方法，往往是目标股未出现明显的快速探底时而采取的一种逐步建立底仓的方式，在此期间，一定要以长周期图上股价向下接近前期低点为基础，再结合日线的止跌回升来判断买入时机。

（2）在分批次建立底仓时，没有次数上的要求，投资者可根据股票的情况，或是自身的操盘习惯，分两次或多次完成底仓的建立即可。

7.3.3 底仓至少为三成

投资者在根据波浪战法建立底仓实战期间，一定要明白波浪战法建立底仓时的要求，不可仓位过轻，因为波浪战法的主要投资方式是基于中长线投资的理念，所以，在建立底仓时，一定要保持一定的仓位，以确保中长线投资的获利基数。这要求建立底仓时的仓位一定要保持在投资者账户内资金总量的三成左右，甚至是在抄大底类的底仓建立时，可提升到五成的仓位数量。

实战案例：

如图 7-9 东兴证券（601198）月线图所示，若是投资者在 2023 年底或 2024

年初看到了这只股票，发现股价在 A 区域就表现为长期的横盘小幅震荡，且股价时常向下跌破发行价，此时该股显现出中期底部的技术特征。而后进入 B 区域后，股价跌破 A 区域的整理平台，向下进入了一个更低的平台，即股票发行价下方再次进行了长期横盘弱势震荡整理，说明这只股票已表现出了探大底的行为，而作为证券公司，只要股市转强，其股价即会最先出现爆发式上涨，所以，若是投资者在 B 区域中长线看好这只股票，即可在 B 区域内股价创出 7.14 元的历史新低后的止跌回升时，重仓买入这只股票中长线持有，或是建立底仓后再进行日线波段交易。若是投资者账户内有 10 万元资金，此时若是建立底仓的话，最少要买入 3 万元的股票，或直接买入 5 万元的股票；若是重仓中长线持股的话，可直接买入 8 万元的股票。这就是波浪战法中底仓建立时的仓位要求。

图7-9 东兴证券月线图

注意事项：

（1）投资者在根据波浪战法建立底仓时，要求底仓至少为三成，高时可达到半仓，但具体埋伏买入时的底仓数量，投资者可根据自身情况来决定，但不可让底仓过轻，因底仓是中长线投资的资金量，过轻是难以通过中长线持股获得较大收益的。

（2）从波浪战法的投资法则出发，若是投资者发现一只股票只是出现了中期底部迹象，则在建立底仓时可维持在三成左右，但若是目标股出现了下探历史大底行为，即创出历史新低或出现破发的弱势整理时，应加重底仓的资金量。

7.4 波浪战法中的买股时机判断

7.4.1 大盘的判断

投资者在根据波浪战法日线小波段买股时，一定要观察一下大盘，这是因为市场上大多数的股票，都是跟随大盘同步运行的，只有一小部分是逆势运行的。因此，大盘的涨跌，往往就是盘中多数股票的涨跌状况，尤其是一些优质的蓝筹股，经常与大盘同步，包括那些处于平台整理期的股票，其在平台箱体整理时，经常会跟随大盘的涨跌节奏。所以，当大盘震荡走低后出现止跌迹象时，往往多数也是盘中许多股票的低位止跌点，或是大盘在低位即将止跌时，一些大盘蓝筹股或金融股、权重股等股票，也会先期止跌，这时，盘中的许多股票也会相继止跌回升，此时是投资者可以低位买入股票的大好时机。所以，投资者在买股时，一定要学会观察大盘的涨跌。在判断时，以上证指数为准，可将上证指数添加到个股中叠加显示，或直接点击观察大盘短期趋势的变化。只要是在目标股出现低位买入时机时，大盘未出现明显的下跌，即可买入目标股票，也就是说，不能逆势操作个股。

实战案例：

如图 7-10 柏诚股份（601133）叠加上证指数（000001）日线图所示，若是投资者将柏诚股份确定为可操作的目标股的话，在买入股票时，一定要判断一下大盘，而同时观察个股与大盘走势的最有效方法，就是在日线上叠加上证指数，这样大盘与个股的走势则会一目了然。通过观察发现，当柏诚股份在持续下跌进入 A 区域后，上证指数也创出新低后快速止跌，但柏诚股份却收出一根光头光脚的长阴线，并未止跌，所以，应在其后的 B 区域，上证指数明显止跌回升，且柏诚股份快速探底回升的下影线形成时，及时买入股票。这就是在大盘趋势变化下的随大盘趋势演变的顺势买入股票的交易。

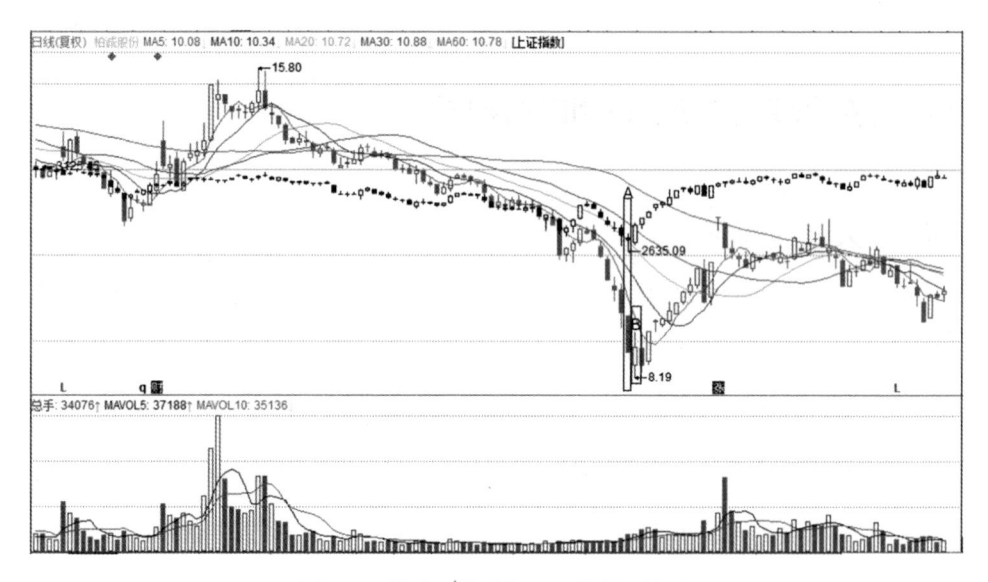

图7-10　柏诚股份叠加上证指数日线图

注意事项：

（1）投资者在买股期间，一定要学会随时洞察大盘的动向，因为大盘的强弱关乎着盘中个股的兴衰，所以，应尽量选择那些与大盘走势同步的股票去操作，否则逆势操作，大盘一旦走强时，逆势上涨的股票往往会出现补跌，初学者是很难把握其走势变化的。

（2）有些特殊的股票是不会受大盘影响的，反而会在大盘持续走强时表现为弱势，大盘持续走弱时表现为强势，这类股票就是一些权重股，通常为金融股与有着两桶油之称的中石油和中石化的股票，因为这些权重股还有着维护市场稳定的特殊作用，因此，投资者在通常情况下，应尽量少短线操作这类权重股。

7.4.2 日线低点的确认

投资者在根据波浪战法日线波段买入目标股时，往往要通过日线图的观察，去判断其低点来进行操作。而日线低点的判断，往往是从日线图上股价趋势变化的角度，寻找其弱势中的低点。判断的方法，通常是在日线图上股价处于下跌趋势中时，若是出现了快速下跌后的快速回升，也就是在K线上出现了明显的较长下影线时，或是在日线图上出现了长阴线下跌后的明显阳线止跌时，同时，观察到周线图或月线图上股价处于明显的向下触及前期低点位置附近时，日线的股价快速止跌回升之际，就是最好的日线介入低点。

实战案例：

如图7-11博威合金（601137）日线图所示，当股价跌破震荡平台出现明显的C段下跌走势时，投资者如何确认日线图上的低点呢？可以在股价持续下跌中，观察一下其周线图，一切就会变得更加明朗了。

图7-11 博威合金日线图

如图7-12博威合金周线图所示，股价在进入A区域时，震荡跌破了前期震荡平台的低点位置，K线向下远离了最下方的均线，所以，一旦止跌回升，将是最好的低点形成之际。这时不妨再回到当时的日线图，如图 7-11 所示，在 A 区域 K 线接连收出两根下影线相对较长的阴线，但上影线长度不明显。等到了 B 区域，股价开盘即小幅下探后快速回升，明显是探底成功后的止跌回升，因此，B 区域 K 线当日开盘后的持续回升之际，则可确认日线图上低点，此时方可果断抄底买入。

图7-12　博威合金周线图

注意事项：

（1）投资者在根据日线图确认买入低点时，一定要选择股价在日线图上形成的明显下跌趋势中的相对较大幅度的下跌后止跌回升之际。因为只要是股价不出现止跌回升，就无法确认此低点是否为低点，或会出现更低的低点。同时，在确认日线低点时，应结合周线图或月线图上的情况来综合判断。

（2）股价在日线图上的止跌回升形态，往往是具有日线底部短线反弹迹象的一些 K 线形态，如金针探底、旭日东升或阴阳反转等形态，在判断时，只要在股价快速下跌中出现快速的量价回升，同时，长周期图上股价也接近了前期低点附近，即可确认为低点。

7.4.3 分时低点的判断方法

投资者在根据波浪战法日线小波段买入股票期间，一旦确认了日线图上的低点买入股票形态后，一定要再通过对分时图的观察，判断出分时低点后，再买入股票。因为日线图只是日线趋势的反映，而分时图才能更为真实地反映出当日股价短期的趋势快速波动的情况。在判断分时低点时，与在日线图上确认低点时的方法是一样的，只有看到了明显量价齐升的探底回升的强势，方可确认低点。

实战案例：

在此，仍以上一篇文章中介绍的博威合金为例，即图7-11中在发现了A区域的下影线阴线当日，观察一下其分时图的情况，当日股价的强弱则可立马判断出来。如图7-13博威合金在2024年2月5日分时图所示，当日股价线在小幅低开后出现了持续震荡下行走势，低位震荡一段时间后，又转为略上涨后的震荡，收盘时却仍然是在明显低于开盘价的价位收盘，且在全天的交易中，股价始终未向上触及昨日收盘线，明显属于弱势震荡中的持续走弱状态，所以，不可在当日买入股票。

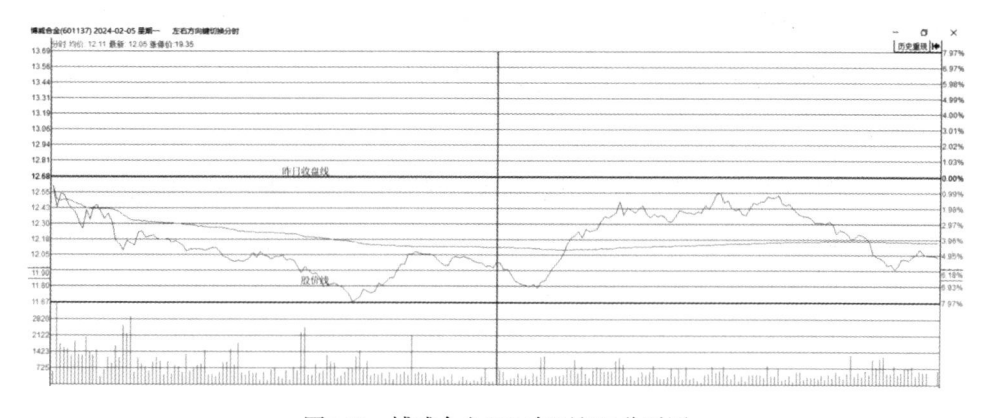

图7-13 博威合金2024年2月5日分时图

到了下一个交易日，即图7-11中B区域的阳线当日，也就是如图7-14博威合金在2024年2月6日分时图中显示的一样，当日股价在昨日收盘线下方不远的A区域小幅低开，但快速震荡上行突破了昨日收盘线，并一直在B区域维持横盘小震荡到中午收盘，午后开盘的C区域，股价线明显放量上涨，强势特征明显，说明早盘的开盘已经确认了此次下跌的低点位置，投资者应果断在C区域股价出现短期强势后及时买入这只股票。

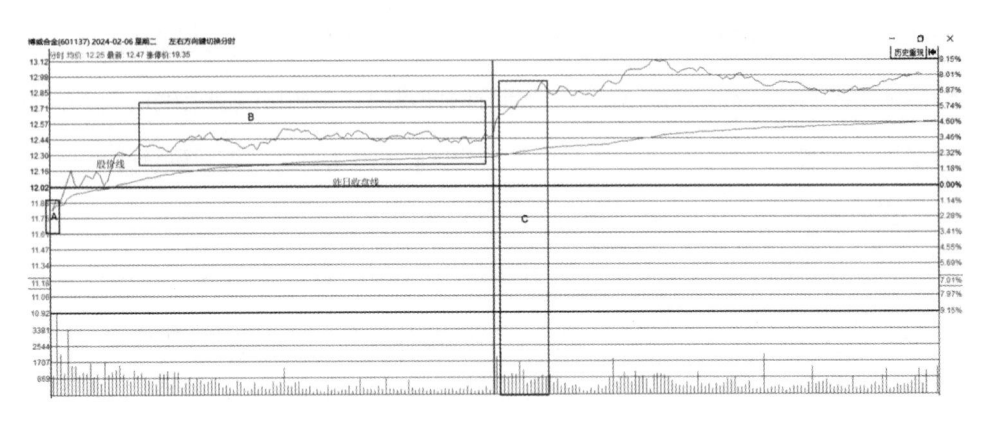

图7-14 博威合金2024年2月6日分时图

注意事项：

（1）投资者在判断出日线低点的同时，应及时观察当日的分时图来确认最佳的买股时机，也就是确认日线低点形成的时机，因此，日线图的低点确认，与分时图上的低点确认几乎是不分前后的，所以，在实战期间，投资者应同步进行，但是我们在讲解分析方法时，是要一步步进行的，这样更有利于投资者学会对应的判断方法。

（2）利用分时图对股价低点进行确认，并不是要寻找到当日的低点，而是要发现当日或是上一交易日中出现的低点是否是真的低点，而确认低点成立的最好方法，就是股价在分时图上出现量价齐升的快速回升。

7.5 实战要点

7.5.1 买股时一定要牢记买跌不买涨

投资者在根据波浪战法买股实战期间，一定要牢记买跌不买涨这句话，这是由波浪战法日线小波段短线操作的方式决定的，因为这种短线操盘方法，获利的基础是日线图上股价涨跌波动的价格差异，而非对日线图上股票启动上涨时机的把握，所以，在买入股票时不能买涨，买涨的话，很容易买在高位。此外，波浪战法的日线小波段操盘，是围绕着周线或月线上股价长期震荡波动的规律进行的日线操作，所以，买在日线跌时的低位是有保障的，投资者一定要牢记买跌不买涨这句话。

实战案例：

如图7-15 三角轮胎（601163）日线图所示，若是投资者选中这只股票，且其符合可操作的目标股要求，在日线小波段买入股票时，一定要记住不要在A区域、B区域、C区域和D区域这四个明显股价回升的区域买入股票，因为波浪战法的日线小波段操作的是股价在长周期图上的波动高低点，而非日线启涨点，若是在这四个区域买入股票，则后市在短线上是很难赚到钱的，所以，应在类似于E段股价持续下跌的末端出现明显止跌回升时再买入，这样才能短线获取较好的收益。因此，投资者在根据波浪战法日线买股时，一定要牢记买跌不买涨。

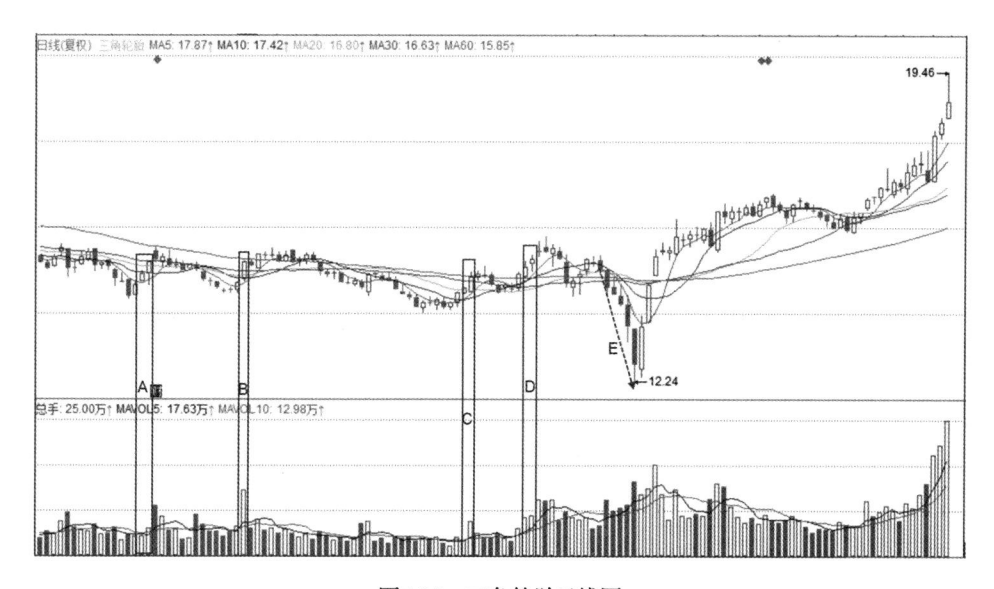

图7-15 三角轮胎日线图

注意事项：

（1）买跌不买涨是由波浪战法日线小波段短线操盘的特殊方式决定的，因为波浪战法中的日线波段操作，并不能保障每一次操作都能操作日线级别的上涨波段，所以，投资者不可按照日线上涨波段快速启动时的启涨形态来买入股票，而是要在持续下跌的末端去买入股票。

（2）在买涨不买跌的前提下，投资者也一定要记住，虽说买股时应做到买跌不买涨，但也不要在股价明显的下跌过程中去买入股票，因为这样是买不到低点的。

7.5.2 抄底不是在下跌中买入股票

投资者在根据波浪战法买入股票时，一定要明白，无论是在埋伏买入，还是日线小波段的抄底买入，并不是要在股价明显的下跌中去买入股票。或许有朋友会问，那不在下跌中买入股票，怎么来抄底呢？的确，股价在下跌的过程中，最容易创出新低，抄底才会抄到低点，但这样做的短线风险很高，因为持续弱势的股价，几乎随时都会刷新前低。因此，波浪战法中所讲的抄底买入股票，是要结合周线图或月线图上股价在日线图上下跌时的位置，是否接近长周期图上的前期低点来判断，只要接近了，不管是否跌破，就要根据日线图上的股价在跌势中的止跌回升来判断是否为抄底的低点了，比如，日线图上的放量下跌式的赶底后的快速止跌回升，或是较长下影线的探底回升K线，或是光脚阴线探底后的中阳线回升（即K线组合中的阴阳底）等K线形态，只要是处于探底回升初期，都是抄底的最佳良机。

实战案例：

如图7-16中国西电（601179）日线图所示，若是投资者选中这只股票为可操作的目标股，在日线小波段抄底买入股票时，并不是在B段走势或C段走势中股价明显下跌过程中去买入股票的，因为在下跌走势中是无法真正确认哪一个交

第 7 章　买股：股票交易的第一步

易日中的止跌回升是真的触底回升，所以，一定要结合更长周期的 K 线图，如周线图或月线图来综合判断。如投资者若是在 C 段下跌走势中确认抄底低点时，应结合其更长周期的 K 线图来观察。

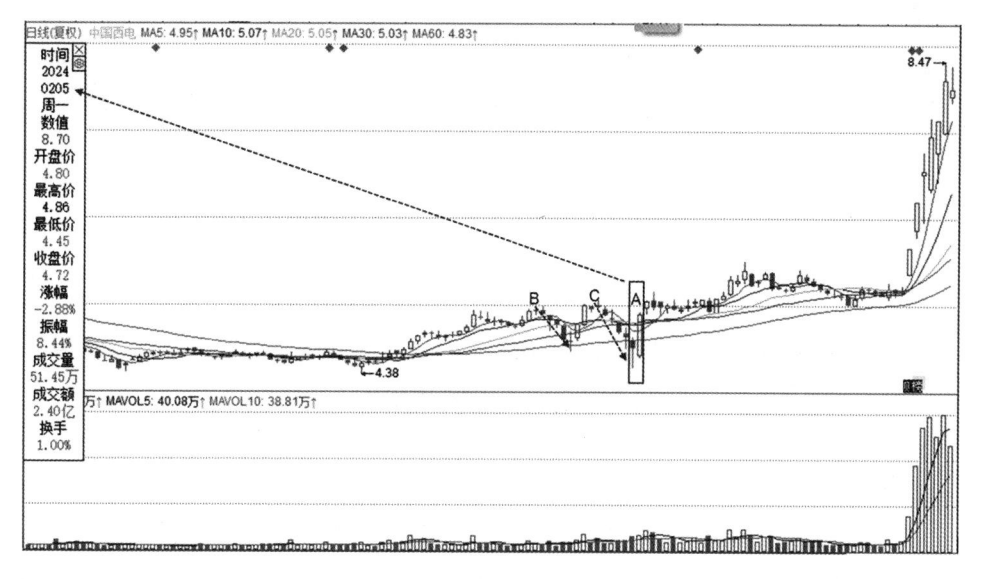

图7-16　中国西电日线图

如图 7-17 中国西电周线图所示，图 7-16 中的 C 段走势末端，就是图 7-17 中 A 区域里的那根 K 线，这根 K 线虽然如今看是收于阳线，但事实上在当时未收完时是表现为大幅低开后的快速向下探底的下跌阴线的，属于周线上 K 线快速跌破多条均线的探底行为，且股价接近前期低点位置，也接近震荡整理平台的下沿低位，这时就可以放心根据日线图上股价的快速止跌回升来确认低点了。

此时，不妨对图 7-16 再行观察，可发现在 A 区域内，在左侧出现了一根实体较短、下影线极长的阴线后，右侧的 K 线表现为低开略下探的快速量价齐升的回升，因此，A 区域右侧 K 线在形成初期，即是对上一交易日内的低点进行了确认，因此，股价才出现了持续回升，所以，A 区域右侧 K 线开盘后的股价即是可抄底的低点，此时可买入股票。由此可见，买入股票时是不能在股价下跌过程中去抄底买入的。

图7-17 中国西电周线图

注意事项：

（1）投资者在根据波浪战法日线小波段买入股票时，虽说是要抄底买入，这样才能买在股价的低位，但在确认低点时，应结合周线图或月线图上的低位支撑来确认日线上是否出现了低点，这是判断低点时的一个关键。

（2）根据波浪战法日线小波段买入股票时，不是在股价下跌中买入股票，而是在下跌过程中寻找股价的止跌回升时机，这一时机就是短时的量价齐升的回升，因为低点不出现明显止跌迹象，就无法确认为低点。所以，只有走出来的低点，才是低点，投资者在下跌中是无法真正买在最低点的。

7.5.3 抄底失败后不可止损卖出

投资者在根据波浪战法日线小波段买入股票期间，若是在抄底买入时未抄到真正的底，也就是说抄底失败了，也不要气馁，同时，更不要果断止损卖出买入的股票。这是因为，波浪战法本身就是基于中长线投资的一种操盘技术，日线小波段操作只是它短线波段获利的一种额外操作，主要目的就是赚取股价在日线上的短线波动形成的价格差，所以，波浪战法之前的埋伏买入是有着较强中长线底部根基的，即便是投资者在日线小波段买入时未买在最低位的止跌回升时，也是买在了这只股票相对的低位区，无须卖出买入的股票，可以继续持有，直到股价在低位企稳后再震荡到高位出现上涨乏力时再卖出买入的股票即可。因此，抄底买入失败后，是同样可以在其后获利的，投资者根本无须计较短时的得失。

实战案例：

若是投资者选中了君正集团（601216）这只股票为目标股，在寻找具体的低点买入时机时，如图7-18君正集团日线图所示，若是投资者在下跌过程中的A区域K线的长下影线的止跌回升处买入股票，或是在B区域下跌过程中的类十字星小阳线的止跌回升处买入股票，发现其后股价并未真正止跌，也不要轻易止损卖出买入的这些数量的股票，因为投资者最初之所以在选股时期选中这只股票，说明这只股票起码是有中期底部的支撑的，如图7-19君正集团在周线图上显示的一样，右侧B区域只是跌破了前期长期震荡整理平台的下沿，并未出现破位下行探大底的行为，所以，股价在B区域反而会遇到支撑，投资者在根据图7-18中A区域买入股票，是买在图7-19中A区域超跌后的低点B区域；而图7-18中B区域的买入，则是买在图7-19中股价回升到A区域长期弱势整理平台的下沿，同样是有支撑的。因此，投资者无须过于担心，只要耐心持股，直到日线图上出现明显的震荡走高后的上涨乏力，再卖出买入的股票数量即可，这样操作同样可以获利。

注意事项：

（1）投资者在根据波浪战法抄底买入股票后，若是发现股价依然在持续下跌，一定不要轻易止损卖出股票。因为在买入股票时，投资者也一定会观察周线图或月线图上的具体情况，所以，股价在日线上出现持续下跌，不过是短线的波动，是无须担心的。

（2）抄底买入股票时之所以会出现失败，往往是由投资者对于波浪战法中的买股判断方法运用还不够熟练，或是在买入股票时过于急切造成的，只要投资者放平心态去操作，并不断实践磨炼，自然会熟练掌握这一技术，减少操作中的失误。

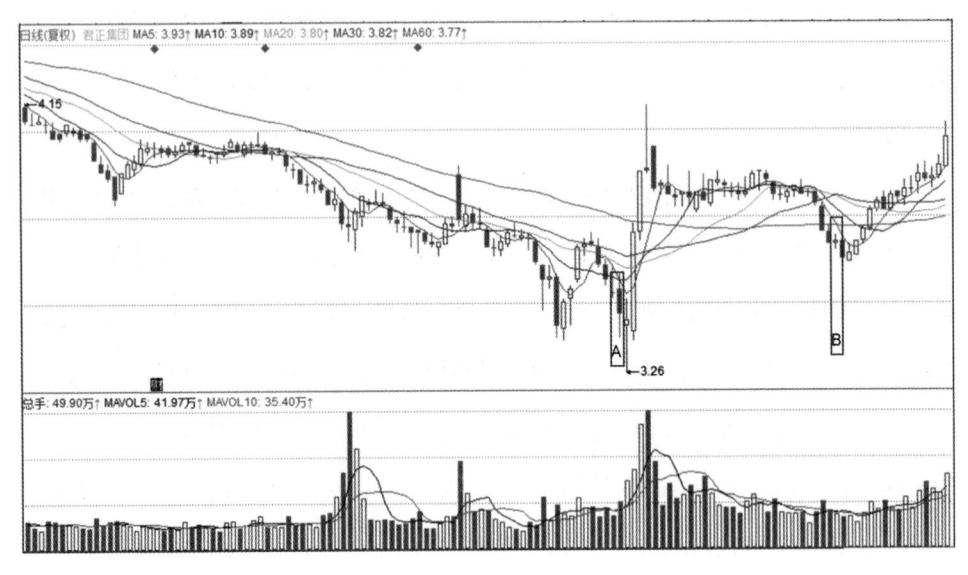

图7-18 君正集团日线图

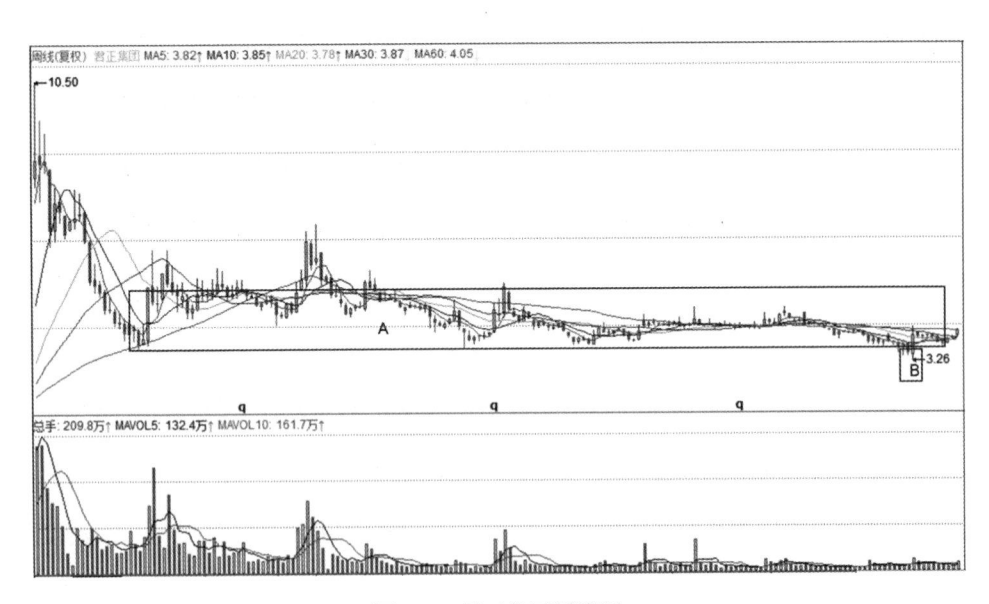

图7-19 君正集团周线图

第8章

持股：
会捂股才会获利

投资者在根据波浪战法买入一只股票后，并不是就万事大吉了。因为买股只是完成投资的第一步，要想实现投资获利，必须能够顺利地完成第二步，也即更为关键和重要的一步——捂股。因为即使你买股时机把握得再好，买的价位再低，但若是不会捂股，轻易就交出了手中廉价的筹码，那也是难以实现满意获利目标的。所以，捂股同样是一个技术活儿。

8.1 持股原则

8.1.1 股票存在继续上涨的动能

投资者在根据波浪战法买入股票后，在判断是否要持有时，一定要坚持一条无论是哪种操盘技术都必须遵守的持股原则——股票存在继续上涨的动能。因为只要是所持有的股票上涨动能存在，则说明起码短线是存在继续上涨的可能的，且上涨的概率也会较高，所以，这时应继续保持持股不动。那么，投资者究竟如何才能判断出一只股票是否具有上涨动能呢？主要是从量能上来判断，比如正常的量价关系是上涨放量，但若是偶尔在上涨时，出现量能不济，就表明股票的上涨动能依然存在，只是量能未有效放大。再比如，若是股价在盘中震荡下跌，同时，量能未有效放大，股价震荡走低的幅度并不大，则同样是属于股票存在继续上涨的动能的情况，因为只要是股价停止继续震荡下跌，一放量就会恢复继续上涨。因此，在判断股票是否具有上涨的动能时，主要是观察其量价的具体表现。

实战案例：

如图 8-1 中国宝安（000009）日线图所示，若是投资者是在 A 区域抄底买入这只股票，那么在其后的持股中，发现这只股票在 B 区域和 C 均出现明显的在成交量持续缩减的状态下，股价小幅震荡的走势，说明这只股票是在股价短时快速上涨后开始了小幅的调整，或是主力的洗盘，因不洗掉那些短线不坚定的获利盘，股价是无法再继续上涨的，因此，这种小阴线与小阳线的缩量震荡的小幅整理，属于股价上涨动能依然存在的情况，投资者应保持坚定地持股，不可轻易卖出股票。其后，股价果然在小阴线与小阳线缩量整理结束后，恢复了明显的放量上涨状态。

如图 8-2 神州高铁（000008）日线图叠加 2024 年 3 月 8 日分时图所示，若是投资者根据波浪战法日线小波段交易的技术抄底买入了这只股票，发现股价在上涨到 A 区域时，于日线图上出现了一根较长的下影线，说明盘口出现较大波动，

第 8 章 持股：会捂股才会获利

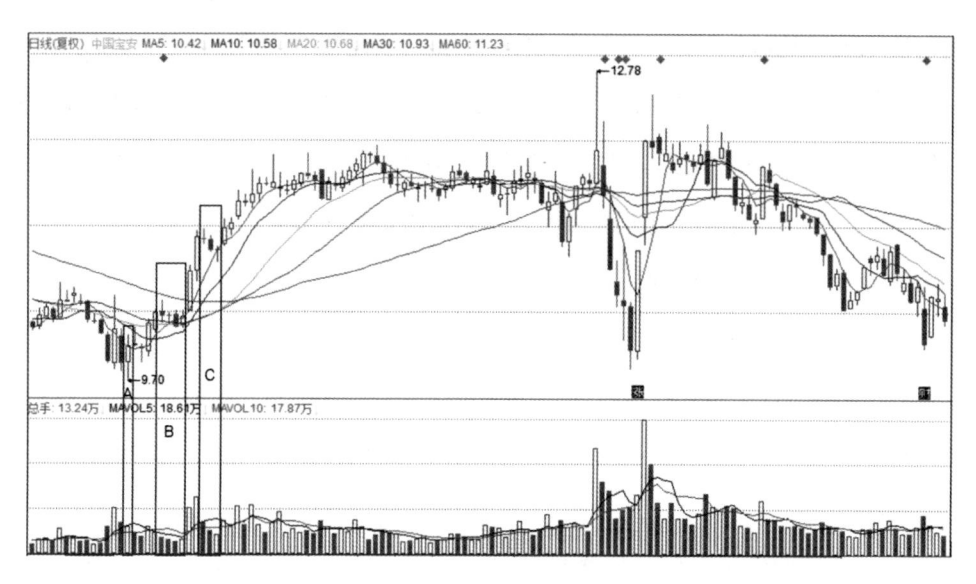

图8-1 中国宝安日线图

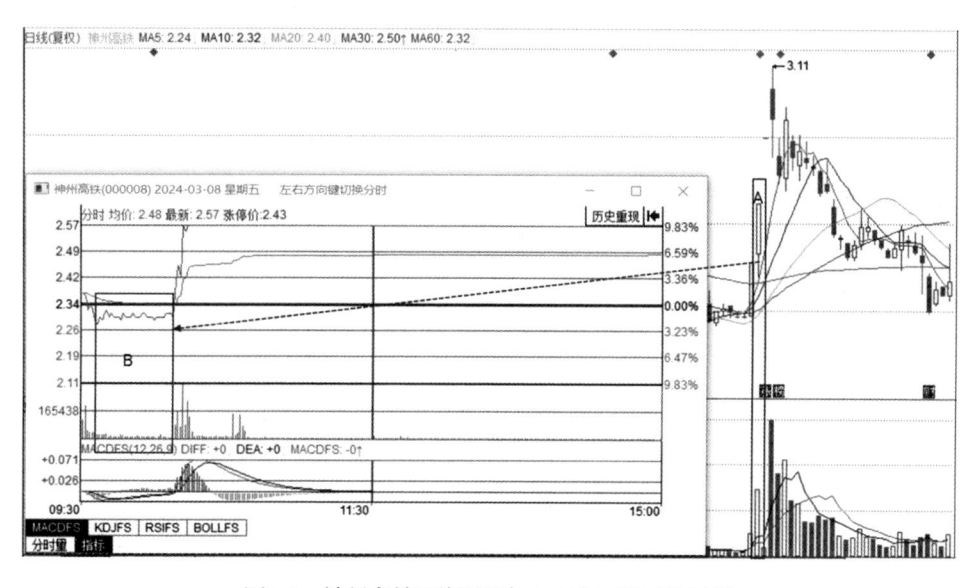

图8-2 神州高铁日线图叠加2024年3月8日分时图

如当日所对应的分时图上清晰地表明，当日股价是在昨日收盘线上方小幅高开后，出现明显的快速向下运行，并快速跌破昨日收盘线，但很快在昨日收盘线下方不远的位置形成横盘小幅震荡，且期间的分时量柱均较短小，这说明量能出现了明显的缩量行为。再回到日线图去观察，发现股价在分时整理期间，日线上股价根

149

本未跌破 5 日均线，所以，这种分时图上的量价横盘整理，只是针对日线图上的 5 日均线所进行的短期整理，为股票存在继续上涨动能的情况，投资者不应轻易卖出股票，保持坚定持股。果然，其后股价在整理完毕后，突然出现放量上涨，股价短时再次恢复强势，出现快速涨停。若是投资者在早盘卖出股票，则很难再收获一个 10% 的涨停板。

注意事项：

（1）投资者在判断一只股票是否具有继续上涨的动能时，主要是通过短期的量价表现来分析，但必须结合日线图与分时图来详细分析与判断，才能得到准确的结果。

（2）判断股价是否存在上涨动能的方法，主要是上涨时的突然缩量，或是股价在短时调整时，量能是否出现明显的缩减。并且通常这种股价的短线调整，都是时间极短的，或是分时图上一个交易日的调整，或是日线图上 1~3 个交易日的整理，股价下跌幅度一般并不大，否则就不应继续持股了。

8.1.2　股票在持续获利

投资者在买入股票后持股期间，在判断是否需要继续持股时，同样要遵循另一条判断持股与否的原则，就是股票在持续获利。因为股票既然在持续获利，就说明股价是在持续上涨，不管这种上涨的幅度大或是小，均应保持持股。因为获利的多少是由股价短时上涨的幅度决定的，上涨幅度较小，并不能说明股价表现弱，只是未达到较强状态的上涨，并且股票投资，无论长短，第一要素就是安全和获利，所以，当投资者所买入的一只股票，每天都能够给自己带来收益时，不管大或小，都说明这只股票的上涨趋势未中止，也不用管其上涨趋势是短时的反弹，还是趋势的反转向上，只要在获利，就要坚定地持股。

实战案例：

如图 8-3 深振业 A（000006）日线图所示，若是投资者是在 A 区域抄底买入这只股票，那么在其后的持股中，发现这只股票几乎在买入后的交易日内，接连出现持续的实体及影线均较短小的小阴小阳线上涨,看似是股价在震荡,实则每根 K 线均在小幅上涨,说明股价在持续小幅向上运行,账户内的资金自然每天都在获利,虽然这种收益看起来并不大,但投资者一定要明白,这说明这只股票的上涨动能依然存在,只不过是未在短期内表现为快速的上涨。所以,应当坚守股票在持续获利就必须坚定持股的原则,不可轻易卖出股票。果然,其后股价略横盘震荡后出现快速上涨。

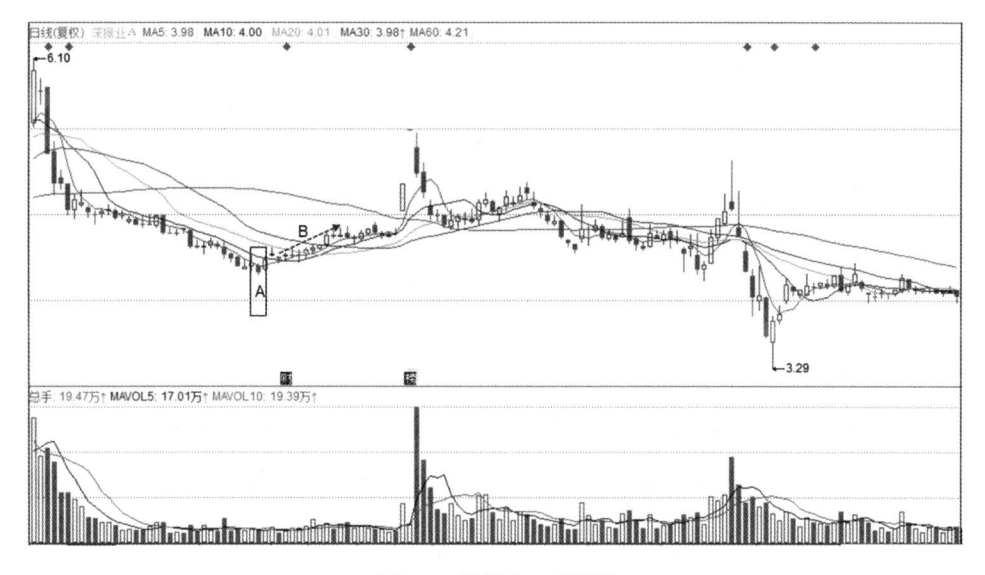

图8-3 深振业A日线图

如图 8-4 美的集团(000333)日线图所示,若是投资者在 A 区域抄底买入这只股票,则在其后的持股中发现,这只股票在 B 段出现持续的小幅上涨状态,量能或高或低,但股价始终保持为小阳线重心不断向上移动地上涨,而投资者账户内的收益也在不断小幅地增加。略事横盘后,股价在进入 C 段走势后,再次恢复了这种状态,只不过期间时常出现在短时的横盘震荡后又恢复这种股价小幅的持续向上运行的状态,但投资者的收益却是在持续增加,所以此期间,股价在单个交易日内上涨的幅度或许不大,但整体均在小幅上涨,投资者应始终保持持股,不要轻易卖出股票。而一旦到了 C 段的末端,由于持股时间较长了,投资者此时应从日线图趋势上来观察是否出现弱势反转后的上涨趋势,并结合周线图或月线图来确认,是否要继续持股。

图8-4 美的集团日线图

注意事项:

(1)投资者在根据波浪战法抄底买入一只股票后,只要是发现账户内的股票收益在不断增加,就说明股价在持续上涨,所以,无须理会这种股价的上涨幅度是大是小,只要能够不断获利,就应继续持股。

(2)如果投资者在抄底买入一只股票后,发现这只股票出现持续小幅上涨,且时间较长、账户内累积收入较大,这往往说明这只股票出现了日线图上的趋势反转上涨,此时应结合周线图或月线图来观察和判断此时的日线图上的上涨趋势是否能够持续,能够持续时方可继续持股,无法持续时,则应波段卖出股票。

8.2 捂股形态

8.2.1 温和放量式上涨

温和放量式上涨,是在上涨行情时经常出现的一种量价齐升状态,表现为股价在持续上涨的过程中，成交量稳步放大，所以，相对于那些处于明显放量上涨状态的股票，这种上涨方式更为温和，也更为健康。因此，投资者在根据波浪战法抄底买入一只股票后，一旦发现持股出现温和放量式上涨时，一定要捂好手中的股票。因为虽然在温和放量式上涨中，股价上涨的幅度较小，但这并不意味着其后股价会始终保持这种上涨方式，尤其是那些长期弱势震荡整理的股票，一旦启涨出现，经常会以这种看似不瘟不火的方式启动上涨，然后会闪电式快速上涨，形成短线的超级牛股。所以，投资者一定要对这类买入后温和放量式上涨的股票，坚持捂股。

实战案例：

如图 8-5 深粮控股（000019）日线图所示，若投资者在 A 区域根据波浪战法抄底买入这只股票，那么在其后的 B 区域，发现这只股票在持续以小阳线缓慢上涨的同时，成交量出现节次升高后持续保持在一定水平的情况，形成温和放量式上涨的量价形态，这是一种股价稳健上涨的量价形态，投资者应保持继续持股待涨。

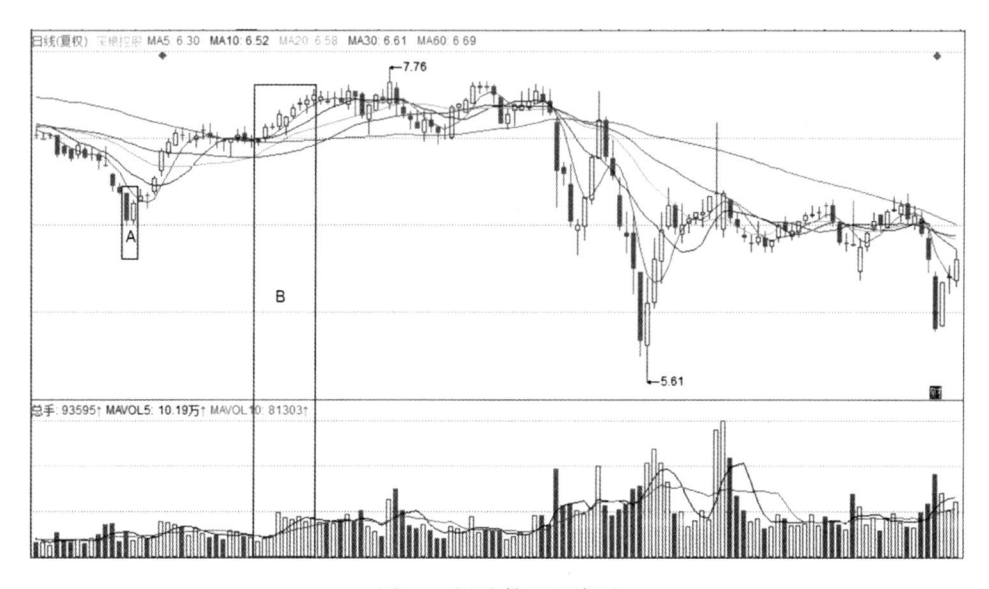

图8-5 深粮控股日线图

如图8-6深中华A（000017）日线图1所示，若是投资者在A区域根据波浪战法抄底买入这只股票，其后发现，股价在持续小幅上涨的同时，成交量柱为阳量且持续变长，这说明股价形成一种缓慢的放量上涨形态，为温和式放量上涨形态，属于股价在上涨初期的一种正常的量价形态，投资者应保持持股状态，捂股待涨，而不要以为这种量价形态表明股价上涨过于迟缓而卖出股票，因弱势转强初期的股票，均会表现为这种量价形态。果不其然，这只股票在温和放量式上涨结束后，股价略事震荡，即发动了一轮快速上涨行情，这一点，只要观察一下图8-7深中华A日线图2的具体的短期走势就会发现，这只股票在经过温和式放量上涨的B区域后，只震荡了三个交易日，即拉开了一轮快速的几近疯狂式的C段加速上涨走势，股价持续涨停，导致股价在与A区域时的抄底价4.1元相比，涨幅短期达到了2倍，可谓涨幅巨大。因此，投资者对于那些买入后出现温和式放量上涨的股票，一定要做好捂股操作，不要轻易卖出股票。

图8-6　深中华A日线图1

注意事项：

（1）温和放量式上涨出现时，最明显的一种形态是股价在缓慢上涨的同时，成交量柱出现后一根略长于前一根的阶梯式放量状态。但也不能忽视另一种情况，即成交量小幅放大后，量能始终保持着一定的高量水平，但量能又不会过大，这同样是一种温和放量式上涨。

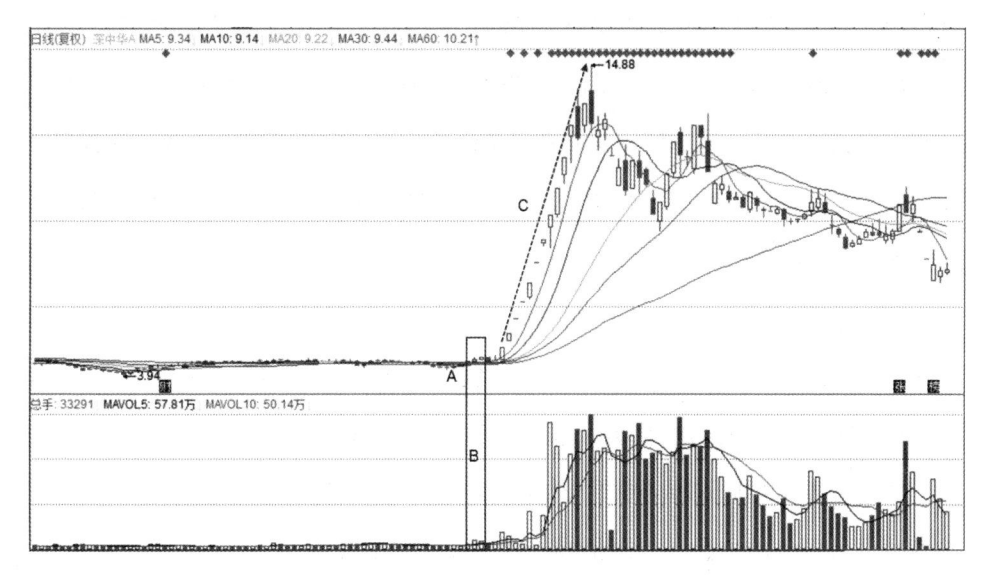

图8-7 深中华A日线图2

（2）投资者在实战期间，若是遇到了温和放量式上涨形态时，且发现 K 线实体虽然不长，但却是一根光头阳线，应观察股价是否出现了涨停。若是股价涨停，则无须顾及量能是有所放大还是缩减，说明股价已启动短时的快速上涨，对于这类股票，不仅要继续捂住，还可以在其后股价未封板时短线加仓操作。

8.2.2 量价齐升式上涨

量价齐升式上涨，是股价在上涨趋势中的一种正常的强势上涨的量价关系，是指股价在持续上涨的同时，成交量也表现为阳量的明显放大，或是成交量保持在当前较高水平的状态。这种量价形态一经出现，就说明股价的上涨，无论是弱势反弹还是反转，其股价的上涨是得到了资金的支持，获得了市场的认可，所以，抄底买入股票的投资者，应坚定地持股。因为只要是这种量价齐升式上涨的量价关系不消失，则股价持续快速上涨的情况就不会中止，所以弱势反弹行情，极有可能快速形成起码是日线级别的反转向上行情。因此，投资者在做好捂股的同时，还要及时通过对周线图或月线图的观察，并结合当前日线图上股价的表现来确认是否发生日线图上的趋势反转，再根据这一具体情况来判断或一步步确认行情，好做出对持股策略的修订，如是继续持股，一直持有到日线上涨趋势结束，或是只操作上涨波段的明显上涨行情的小波段，或是由日线级别的反转行情过大而导致起码周线级别的一轮行情，从而做出是否要终结此轮投资的行为等。这些都要在持股的同时，事先做出一种预设，以便当行情变化时，及时有一个应对的策略和可实操的具体方法。

实战案例：

（1）如图8-8深科技（000021）日线图所示，若投资者在持续下跌的A区域根据波浪战法及时抄底买入这只股票，在其后的B区域股价持续上涨的同时，成交量表现为明显放量后的大量状态，并小幅持续放大，这是明显的大量状态的股价持续上涨形态，为量价齐升式上涨，说明股价在A区域开始的弱势反弹得到了市场的认可，投资者纷纷买入股票，使成交量能够始终保持大量水平。因此，投资者应在A区域量价齐升式上涨期间，始终保持捂股，不要轻易卖出股票。

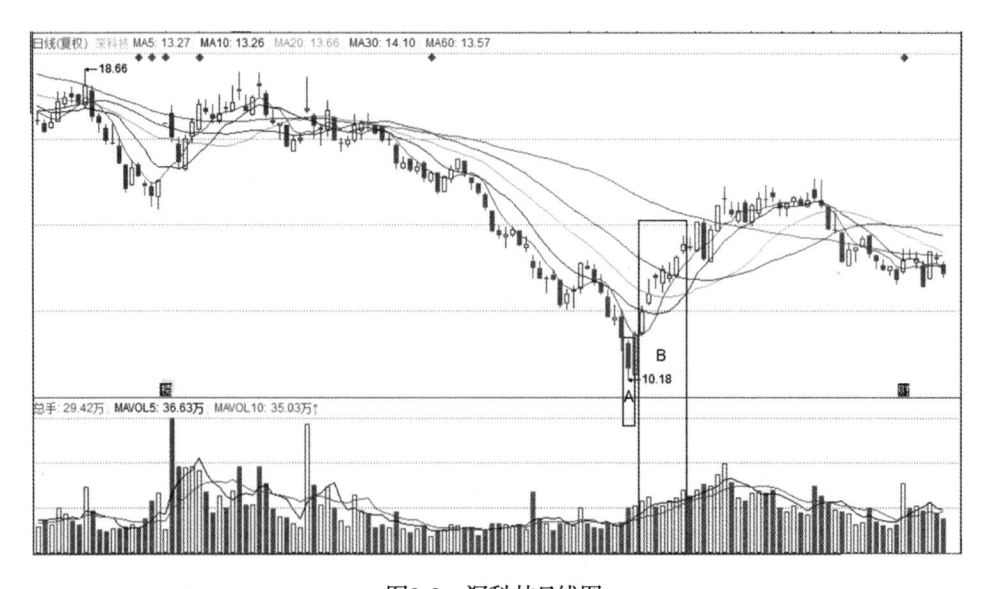

图8-8 深科技日线图

（2）如图8-9深华发A（000020）日线图所示，若投资者在A区域根据波浪战法抄底买入这只股票，在其后进入B区域后，股价在持续出现跳跃式阳线涨停的同时，成交量表现为阳量的明显放量并保持在持续的大量状态，为明显的量价齐升式上涨，说明这只股票在A区域启动弱势反弹时，突然得到市场众多资金的认可，且主力借机发动了快速上涨，因此，在A区域买入的投资者在B区域量价齐升式上涨出现期间，除了要保持坚定的捂股状态外，还要及时观察一下这只股票的周线图或月线图，同时，根据日线图上其后出现的变化，看是否更改A区域日线小波段持股的操盘思路和策略，以获得更大的收益。

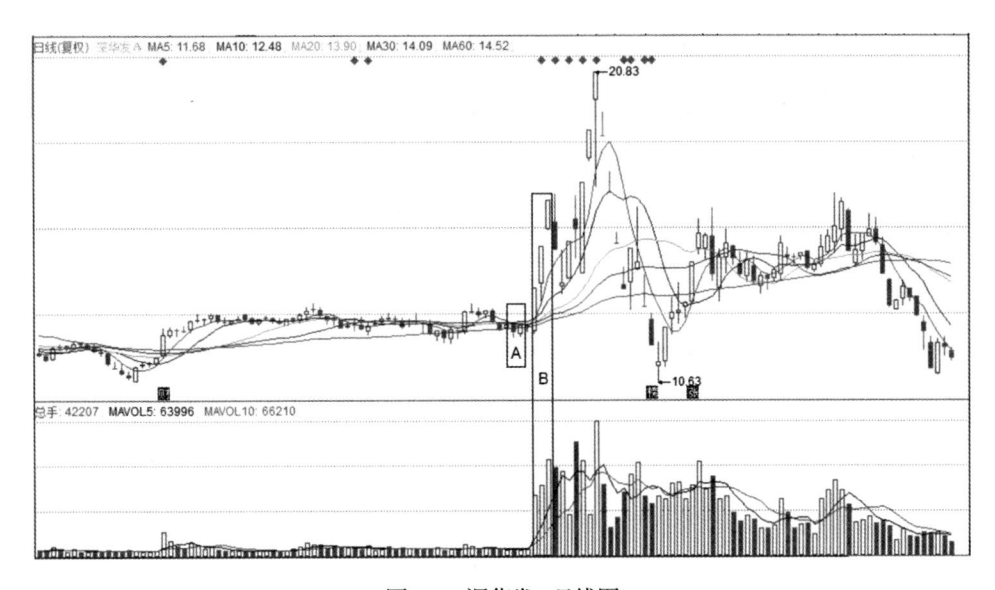

图8-9　深华发A日线图

注意事项：

（1）投资者在根据波浪战法抄底买入目标股后，一旦持股中出现量价齐升式上涨，就表明股价的弱势反弹得到市场资金的支持和认可，所以应保持捂股状态，不要轻易在这种状态中卖出股票。

（2）持股在出现量价齐升式上涨时，是否股票由最初的反弹演变为反转，投资者不要轻易做出判断，而要根据其后股价在日线图上的具体走势和更长周期的周线图或月线图的具体情况来综合确认，然后再根据具体的趋势演变，决定是否做出短线操盘策略上的调整。

8.2.3 震荡上涨

震荡上涨，是股价在上涨走势中经常出现的一种上涨方式，是指代表股价的K线在上涨期间，经过持续的向上运行后，出现短暂的下跌，结束后再次恢复上涨。在判断震荡上涨的量价形态时，从短线的角度出发，关键在于至少要有三段明显的行情：第一段是明显的K线持续向上运行的走势；第二段是股价在出现某一高点后开始出现了一定的回落下跌，此时的股价下跌，必须确保不是上涨结束的反转向下，所以，必须确保这种短时下跌，一是量能明显缩减，二是日线图上的K线下跌的量能或会小幅放大，但必须是时间极短，通常最多不超过一个交易日；第三段为股价短时或快速下跌后，很快恢复继续向上运行的走势。这三段走势成立时，还必须从这三段走势的趋势上观察，与抄底低点相比较，在重心呈持续向上运行时，方可确认为震荡上涨。

当震荡上涨的量价形态出现时，往往说明这只股票是处于相对缓慢的向上爬升状态，就像是一头牛在爬一个山坡，尽管股价向上走得相对艰难或缓慢，但趋势依然是向上运行的，所以，抄底买入的投资者，同样要安心持股，不要轻易卖出股票。因趋势在由弱势转强之初，上行的压力必然是较大的，股价的持续上涨都会不同程度地引发持有者的逢高减持。但这并不是说，这种短线的抛压就真的强大了。因为每一次股价在长期弱势震荡中转为强势的初期，即震荡上行，都是主力在不断向上试盘中完成的，一旦向上试盘失败，股价将继续维持震荡；若成功，即主力感觉抛售压力不大后向上继续上攻时，一旦得到市场资金的认可，则行情立刻转为向上的反转。因此，投资者尽管是在日线小波段操作目标股，实际上，如果从更长的周线图或月线图上观察，都是在等待股价启动的一次尝试，所以，在进行日线波段操作的同时，要随时观察大趋势的反转变化，以实现重仓持股的获利时机。

第 8 章 持股：会捂股才会获利

实战案例：

（1）如图 8-10 飞亚达（000026）日线图所示，若是投资者在 F 区域根据波浪战法抄底买入这只目标股，该股在其后的 A 段走势中表现为股价持续上行，并出现的 E 段走势仅仅是一个交易日的短时下跌，尽管阴量有所放大，但量能整体并不过大，所以为健康的盘中短线的获利回吐，而后很快股价再次止跌回升，恢复并形成 B 段走势的持续小幅上涨。至此，F 区域出现的反弹行情，已形成了 A 段走势、B 段走势、C 段走势共三段分别表现为股价上行、短时下行、恢复上行的走势，与 F 区域的低点合在一起，股价呈现出明显的重心向上移动的震荡上行趋势，形成震荡上涨形态。这说明股价的反弹是健康的，F 区域抄底买入的投资者应始终坚定持股。而后，当股价再次出现 G 段短暂的下跌时，量能明显持续缩量，且很快股价恢复 C 段向上运行的走势，依然要保持持股状态。但是，当股价从 C 段走势运行到 D 区域时，突然中止了继续向上运行，且在整个 C 段的向上走势中，股价并未超过之前 B 段走势的最高点，这说明 C 段走势的末端可能出现了重心上行的停歇，因此，当 D 区域出现明显的股价小幅高位震荡，同时量能明显缩减的高位震荡滞涨时，则应果断结束持股，及时卖出股票。

图8-10　飞亚达日线图

（2）如图 8-11 深圳能源（000027）日线图所示，若投资者在 A 区域根据波浪战法抄底买入这只股票，在其后的反弹中，股价表现为于 B 段走势、C 段走势、D 段走势、E 段走势的持续向上运行，以及期间 1 段走势、2 段走势、3 段走势、4 段走势的短时下跌，形成重心不断向上移动的震荡上涨，尽管期间投资者应始终保持坚定的持股状态，但当发现这种震荡上涨的走势在不断持续的时候，应及时去观察一下其在周线图或月线图上的走势，看是否股价出现了突破长期弱势震荡平台的情况，以便确认是否这种日线级别的持续上涨的强势是因长期弱势的持续变强所导致的，从而确定是否要修改日线波段交易的策略。

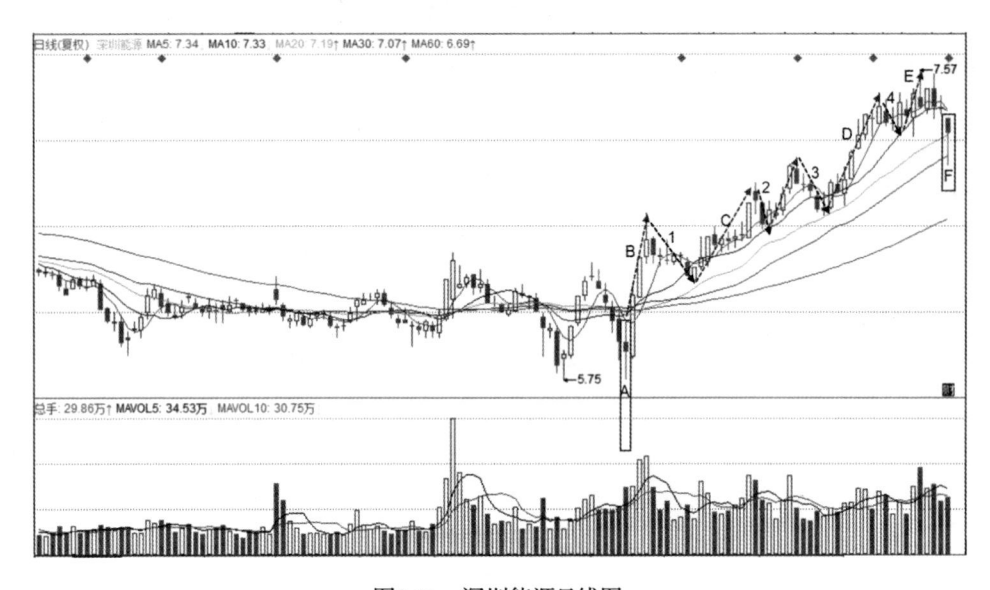

图8-11　深圳能源日线图

如图 8-12 深圳能源周线图所示，股价显示出，右侧是在向上突破弱势箱体震荡的高点区域上沿，形成持续的向上突破，只是在 B 区域周线图上出现对 A 区域箱体上沿的回踩，只要这种上涨突破后的回踩得到了确认，即股价在跌破或接近前期高点时出现明显的止跌，则应确认这种突破的有效性。而从 B 区域的 K 线来看，明显为一根下影线较长的阴线，意味着股价的探底回升。这时再回到日线图上去观察短线的走势，发现在图 8-11 中右侧的 F 区域，K 线表现为一根下影线极长、实体较短的探底回升，从 F 区域所处的时间上看，此时为 2024 年 4 月 22 日，周一，这意味着只要在其后的四个交易日内，股价能够在日线图上保持当前的状态，那么，图 8-12 中周线图上的 A 区域的这根探底回升的 K 线就成立了。所以，对投资者来说，此时在保持持股的同时，应时刻观察日线图和周线图上的走势变化，以确认走势是不是出现反转，而后再确定是否要结束此次投资。

图8-12　深圳能源周线图

注意事项：

（1）震荡上涨是股价一种健康而缓慢的上涨方式，经常出现在长牛股的上涨走势中，所以，一旦一只股票在弱势反弹中表现为这种震荡上涨，若持续时间较长，则极有可能是趋势发生变化，所以应在保持持股的同时，从更长周期的 K 线图上去判断趋势是否真的发生变化，再来决定是持股还是卖出。

（2）投资者在确认震荡上涨形态时，应多从代表股价的 K 线图形上来分析，也就是不管其低点是否在持续抬高，高点是在持续上升即可。但在通常情况下，其震荡低点也是在持续上行的，偶尔或会有一个低点低于前一低点的情况，但不可过低，否则就会形成重心的短时大幅下移，容易引发趋势的变弱。

8.3 实战要点

8.3.1 持股与否的判断关键在于价格是否能再上涨

投资者在根据波浪战法买入一只股票后,在判断是否要继续持股时,事实上,无论是从主力洗盘的角度看,还是从量价形态去观察,最终所有的判断都要归于价格上,因为说一千道一万,只要股票的价格未出现明显大幅的下跌,并且始终保持着上涨态势,或是这种短线股价向上的动能依然存在,则就应保持继续持股。从大的方面讲,波浪战法的日线小波段操作,在大多数的情况下,是一种股价在弱势中的整理高低点附近的上下波动,幅度往往并不大,所以,其间的其他一切指标变化往往都是次要的,因为股价在震荡走高或震荡走低时,往往反映到技术指标上时,是需要一定时间的,即技术指标的反应多数是迟钝和缓慢的。更多的变化,往往是来自股票价格本身的变化,因此,波浪战法中的持股与否在判断上,更多的是一种价格涨跌变化的判断,当价格跌得过多时,或是价格出现了横盘震荡时,往往说明股价的上涨乏力,就不要继续持股了。但当股价在日线上形成明显的涨跌趋势时,往往在判断是否持股时,则需要运用量价变化等手段,也就是上一节内容讲的三个方面去认真判断,确认是否需要继续持股。

实战案例:

如图 8-13 国药一致(000028)日线图所示,若是投资者在根据波浪战法于 A 区域和 B 区域均抄底买入这只股票,则其后股价在持续上涨中,应一直保持持股状态,因为股价并未出现大幅向下波动,所以,当股价在震荡上行中上行无力或无法再创出价格高点时,即应结束持股。但是,若是投资者是在 C 区域买入股票的,那么持有到了其后持续反弹的末端时,尽管股价一直保持在明显的上行状态,但此时股价在日线图上已经形成明显的五线向上发散运行的状态,且在 C 区域后的持续上行中,成交量明显为放大后的持续大量状态的阳量,也就是股价形成量价齐升式上涨,这时就不应一有风吹草动就卖出股票,而要根据日线图短期明显量价齐跌或高位放量滞涨等形态来判断是否卖出股票，所以，在持股期间应更为谨慎。

图8-13 国药一致日线图

注意事项：

（1）投资者在根据波浪战法买入一只股票后，在判断是否继续持股时，多数时候还是要看价格的波动，是否影响到短期趋势的变化，只要未影响，就应当继续持股，否则就要卖出股票。

（2）若是投资者买入股票后发现股价在日线图上的趋势出现了持续上行中的均线多头上涨趋势，则应观察日线图的上涨趋势，只要未出现短期的明显量价齐跌，就应保持持股状态，否则就要结束持股。

8.3.2 忽视量能变化

投资者在根据波浪战法买入一只股票后，在其后的持股过程中，在大多数时候，其实是不需要过于计较量能的变化的。这是因为，波浪战法中的日线小波段的出现，经常是由股票在长周期图上的弱势整理造成的，并非资金主力的刻意为之，所以，其量能变动原因基本上都属于市场资金的短线看多参与或看空离开所导致的股价的短期上下波动，因此，在日线图上的整体量能水平上，基本上是不会出现较大差异的，所以，投资者在多数时候是基本上可以忽视量能变化的，只需要通过观察股票价格的波动幅度来观察短期趋势的强弱即可。但是，若是在某些特殊的时间内，如投资者在抄底买入目标股后，发现股价持续上涨的时间较长，或是量能变大，则要特别注意，因为一旦出现日线级别的趋势反转向上的上涨趋势后，股价上涨的动力就会变得更加强大，此时不管这一轮日线的上涨幅度能有多高，都要结合周线图或月线图的变化，随时观察日线图上的股价变化，并按照日线上涨波段的持股方法来判断，即在震荡上涨或量价齐升式上涨或温和放量式上涨期间，是否出现短期持续的量价齐跌，不出现，则要一直保持持股状态，一旦出现，就应果断结束持股状态。

实战案例：

（1）如图8-14深深房A（000029）日线图所示，若是投资者根据波浪战法于A区域抄底买入这只股票，在其后B区域的持股过程中，当发现量能一直未出现明显的变化时，则可完全忽略量能的变化，而更多地去关注股价上的波动与变化，此时，发现股价在B区域并未发生大幅波动，应在B区域一直保持持股状态，直到股价于B区域后由明显放量上涨变为缩量下跌时，此时应果断中止持股。

（2）如图8-15神州数码（000034）日线图所示，若是投资者根据波浪战法在A区域抄底买入了这只股票，在其后股价持续上行的过程中，发现下方B区域的成交量出现缓慢式持续上涨，表明或许股价趋势正悄然发生着反转，在到达C区域内左侧时，成交量明显在持续放大中达到了较高的量能水平，但是股价却出现了持续的高位震荡，为明显的放量滞涨形态，是主力隐藏出货的征兆，所以，此时应观察一下趋势，可发现，只有60日均线刚刚由下行转为平行，而其他均线虽出现明显向上发散运行趋势，但此时却是面临前期36.96元的高点附近的上行压力,且C区域右侧开始出现量能的缩减,因此,投资者此时应果断中止继续持股。因趋势判断的结果显示,反转向上的概率极低,只有C区域持续放出大量,趋势才能够真正扭转。

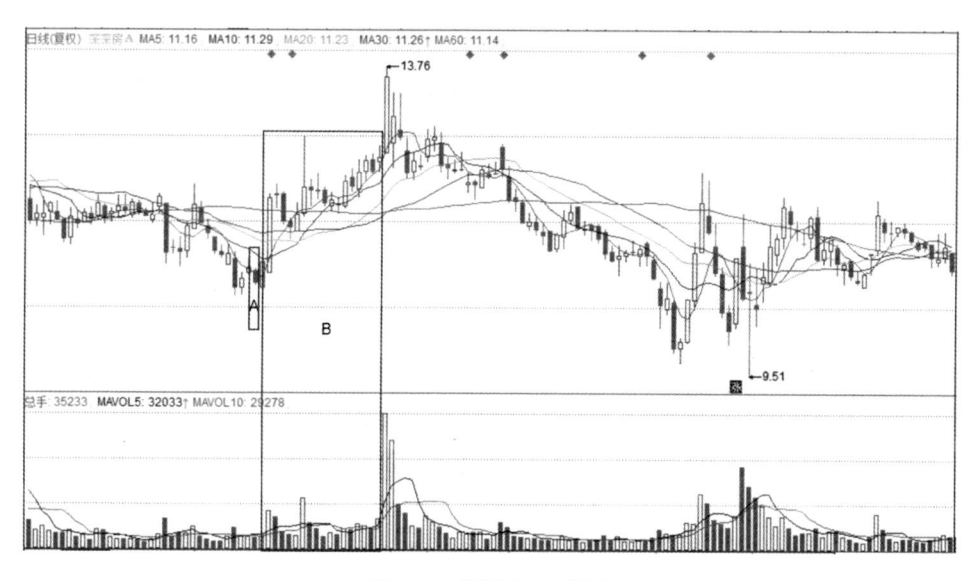

图8-14 深深房A日线图

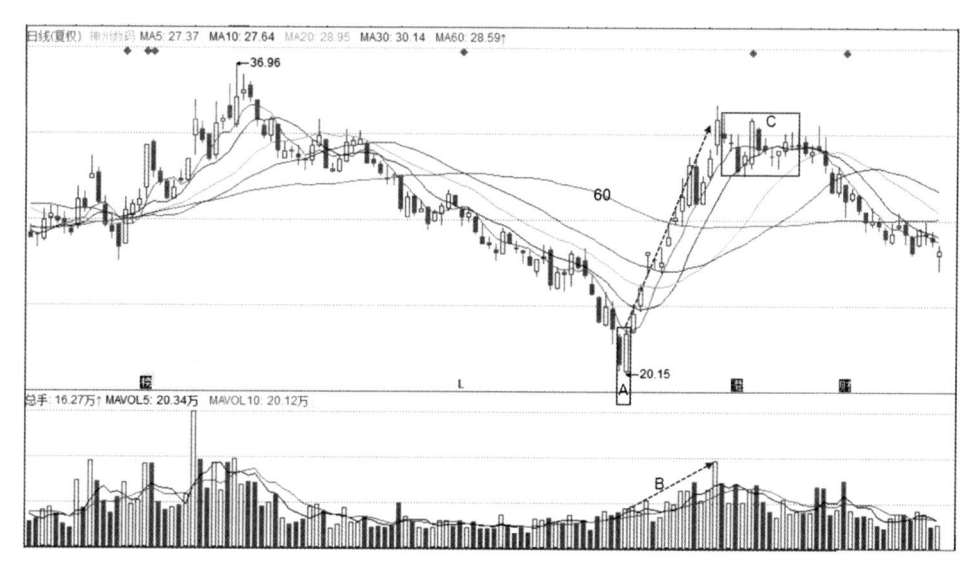

图8-15 神州数码日线图

注意事项：

（1）投资者在根据波浪战法抄底买入一只股票后，大多数时候只需要关注股价的变化与波动即可，是无须过于关注成交量的变化的，但前提是成交量未出现明显的变化，这时只要股价在向上波动中能够继续，就应保持持股。

（2）若是投资者在持股过程中，一旦发现成交量也跟随股价的上涨出现明显放大，则首先应以日线图上的趋势反弹来对待，只有持续上涨的时间较长时，方可观察是否发生趋势的反转，若不是日线反转，只要不是量能不济、股价上行无力，就应继续持股。

8.3.3 持股期间留意K线的异常变化

K线是股价最直接的代表，K线的长短，向上或向下的波动，甚至是K线颜色的变化，都是股价在盘中上下波动的具体反映，因此，投资者在根据波浪战法买入一只股票后，大多数时候，所要关注的股价是否在持续上涨或震荡上涨，甚至是转跌的波动，都是在观察K线的趋势方向变化。因此，投资者在根据波浪战法实战前，一定要多学习本书第5章量价介绍中关于K线的相关内容，因为K线不仅能够真实地反映股价盘中波动的情况，还能够反映趋势的变化，比如前面讲过的均线多头排列的上涨趋势，事实上必然表现为K线的持续上涨，否则五条均线是不会向上发散运行的。因此，在持股期间，由于是短线操作，所以，只要观察到K线未发生较大幅度的下跌，短期均线中的5日均线的运行方向是向上的，这就说明K线收盘价的短期方向依然是上行的，即可安心持股。若是5日均线出现异常，如转平行或下行，或是K线也出现了震荡，甚至是大幅下行，也就是K线实体较长或是上影线极长时，则要从日线趋势的角度来判断，是否需要中止持股了，否则，就应保持持股。

实战案例：

如图8-16中集集团（000039）日线图所示，若投资者根据波浪战法在A区域抄底买入这只股票，在其后C段持续震荡上涨的走势中，K线始终沿着5日均线震荡上行,所以应一直保持持股。但到 B 区域后,在成交量出现明显缩减的情况下,K 线出现再无法创新高的持续小阴线与小阳线横盘震荡走势,5 日均线也由上行转为平行,说明股价出现上涨乏力的表现,则应中止继续持股。其后,若是投资者在 D 区域同样抄底买入股票,在到达 E 区域期间,K 线一直保持在 5 日均线上方持续向上运行,此时同样要安心持股,但到了 E 区域时,K 线又出现横盘小幅震荡,5 日均线再次转为平行,同样要中止持股,先行卖出股票,尽管此时日线上涨趋势已经形成,但为震荡上涨的方式,说明股价是在不断震荡上行的,所以,投资者可根据股票的实际走势,寻找在震荡上涨中的低点回落时买入、高点滞涨时卖出来进行小波段操作,获利则更为丰厚。

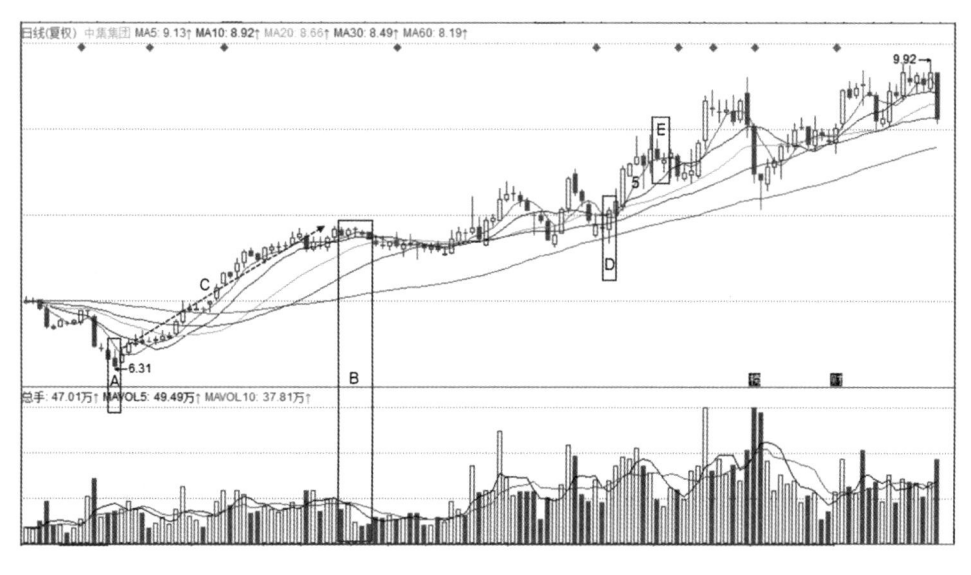

图8-16 中集集团日线图

注意事项:

(1)投资者在根据波浪战法买入股票后,在持股过程中,一定要多留意 K 线的变化与细微波动,因股票短期是否能够持续获利,关键在于 K 线是否能够持续向上波动。

(2)在实战期间,有一种情况投资者一定要注意,那就是缩量上涨,它往往是主力筹码集中的表现。所以，当一只股票价格在持续缩量的状态下，K线能够持续重心向上运行，投资者就可以继续持股，而不需要过多地关注量能变化，因为K线走势才是趋势的直接体现，K线在持续走高，投资者能够持续获利，自然不应卖出股票。

第 9 章

卖股：
锁定收益的关键一环

投资者在学会如何捂股的同时，还必须学会如何卖股。因为判断持股与否的根本原则，就是是否形成卖出时机，因此，从整个操盘的角度来看，捂股与卖股几乎是要同时进行的，即未形成卖股时机的一切状态都属于捂股形态。而一旦形成了卖股时机，则必须中止持股。所以说，卖股技术是波浪战法中最为关键的一环，投资者卖股技术的好坏、熟练与否，直接关系到最终投资收益的高低。

9.1 卖股原则

9.1.1 持股无法继续获利

投资者根据波浪战法买入一只股票后，在持股的过程中，如何来卖出股票呢？必须坚持的一个最主要的卖股原则——持股无法继续获利。这是因为，不管K线趋势表现如何，但若是K线持续在上行，投资者的持股能够日日获利，就必须保持继续持股，当发现持股无法再继续获利时，则要注意，应观察股价此时的向下波动是暂时的，还是短期强烈弱势的表现，若只是暂时的，则应继续持股，但若是短期这种弱势明显且强烈，则应果断卖出股票，因为此时的继续持股，不仅不能够给自己带来利润，反而能够导致之前所获得的利润缩水。因此，持股无法继续获利是投资者卖出股票时的第一大原则，投资者在实战期间，一定要严格遵守。

实战案例：

（1）如图9-1深纺织A（000045）日线图所示，若投资者根据波浪战法于A区域抄底买入了这只股票，在其后持续的上涨过程中，进入B区域后，发现股价出现了持续小阴线处于震荡下跌状态，虽然跌幅并不大，且成交量表现为并未明显放量的状态，但股价自A区域出现震荡上涨到B区域期间，成交量却一直没有明显放大，反而随着股价的不断上涨，在涨幅慢慢缩小的情况下，出现明显的缩量。因此，投资者在B区域出现缩量状态的股价下跌时，已发现继续持股已无法再继续获利了，所以，应中止继续持股，果断卖出股票。这种卖出行为，就是在持股无法继续获利原则下的卖股操作。

（2）如图9-2皇庭国际（000056）日线图所示，若投资者根据波浪战法在A区域抄底买入这只股票，在股价小幅震荡走强后出现一波明显的持续涨停式上涨，日线趋势转为上涨趋势后，进入B区域，股价未再继续一字涨停，反而平开后短时上冲了一下，即刻转为持续快速的下跌，当日的成交量明显为一根巨量阴量柱，

第 9 章 卖股：锁定收益的关键一环

K 线也表现为一根光脚长阴线，为巨量下跌，说明上涨趋势已经出现短期的快速变弱，这说明继续持股已无法继续获利，投资者应中止继续持股，果断在 B 区域根据当日分时图上的快速下跌的量价齐跌，及时卖出股票。这种卖出行为，就是在持股无法继续获利的卖股原则下做出的卖出股票操作。

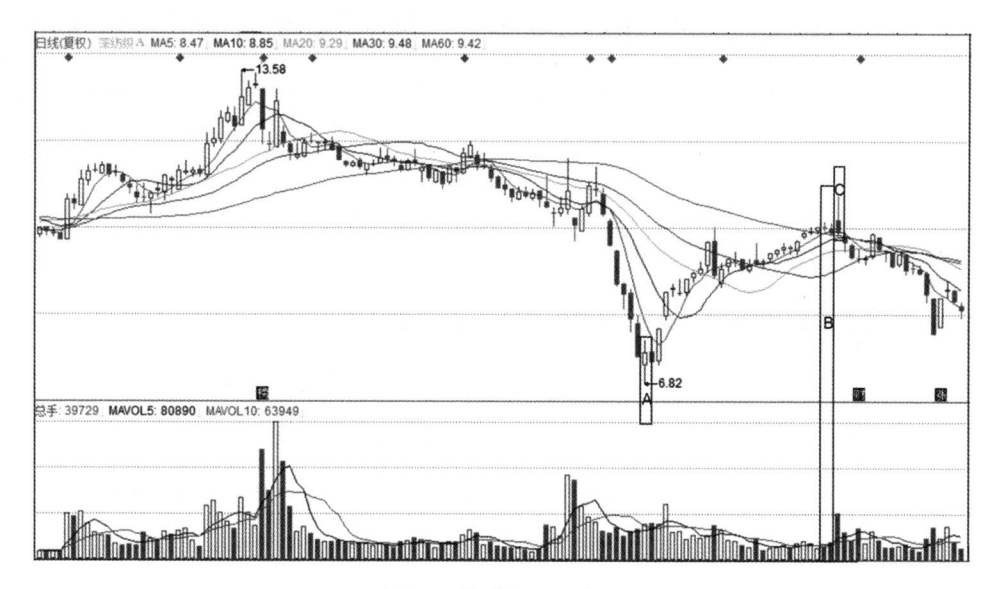

图9-1 深纺织A日线图

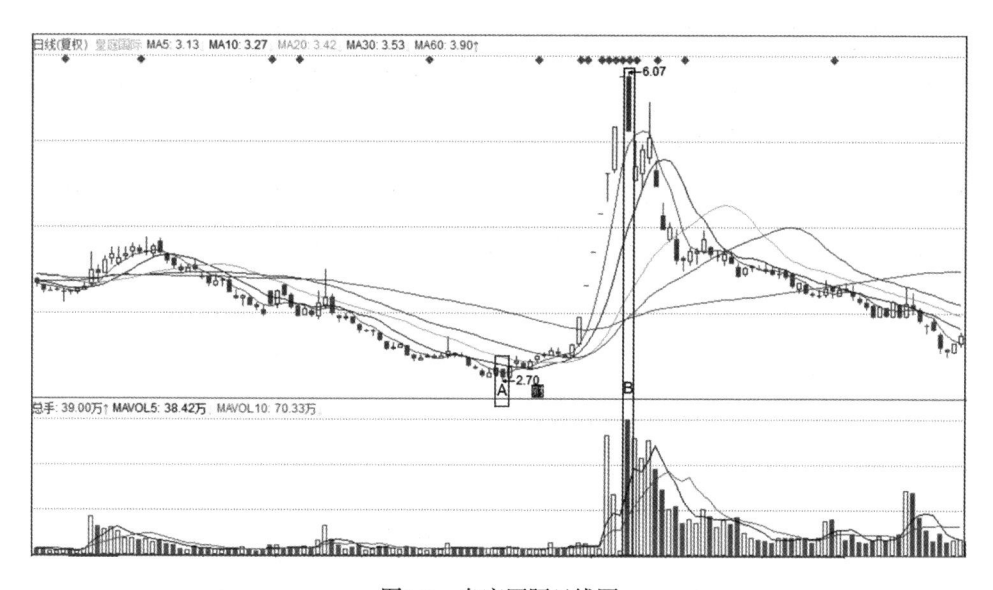

图9-2 皇庭国际日线图

注意事项：

（1）投资者在根据波浪战法卖出股票时，一定要始终坚持持股无法继续获利的卖股原则，因为波浪战法的日线小波段操作，本来就是一种短线的操盘技术，注重的就是股价短期的小利，所以一旦持股再无法获利时，就应立即果断了结。

（2）在确认持股是否能够继续获利期间，投资者一定要及时观察日线图上的持股趋势是否已转变为了上涨趋势，因为日线上涨趋势中的股票，会经常出现一些短线的洗盘，而不应过早卖出股票，所以，应区别对待这种情况。

9.1.2 持股出现顶部迹象

投资者在根据波浪战法买入股票后，一旦在持股中发现股价出现日线图上明显的顶部迹象时，就应果断中止持股，因为顶部迹象的出现，表明股价继续上涨的概率下降，股价继续上涨的动能没了，所以，不管其后股价是否会在短期内快速转为持续下跌，均应及时卖出股票，因为持股已经无法继续获利了。因此，持股出现顶部迹象是另一条重要的卖股原则。但是，投资者若想熟练运用这一条卖股原则，就必须认真学习后面详细介绍的几种日线顶部形态。而在这些形态中，高位缩量上吊线、小阴线与小阳线量平滞涨、缩量抱线、缩量十字星、缩量下跌五种形态，都是震荡行情中股价在震荡高点区域所表现出来的上涨乏力时的顶部迹象，而明显放量下跌则往往是股价震荡走强力度较大时，或是日线转为上涨趋势后趋势突变的一种顶部迹象。由于两种顶部迹象出现的前提条件不同，所以，投资者一定要先期进行一一区分，在能够完全确认后，方可在实战时准确地识别出持股是否出现顶部迹象，以决定是否卖出股票。

实战案例：

（1）如图9-3深圳华强（000062）日线图所示，若投资者根据波浪战法于A区域抄底买入这只股票，股价在其后的持续上涨中进入B区域，出现K线实体和影线均较短小的阴线或阳线，为处于同等水平的持续小阴小阳线状态，同时，成交量显示，该处为明显缩量后的量柱均等水平的平量状态，形成小阴线与小阳线量平滞涨的日线图顶部迹象，这说明股价反弹已结束，投资者应中止继续持股，果断卖出股票。

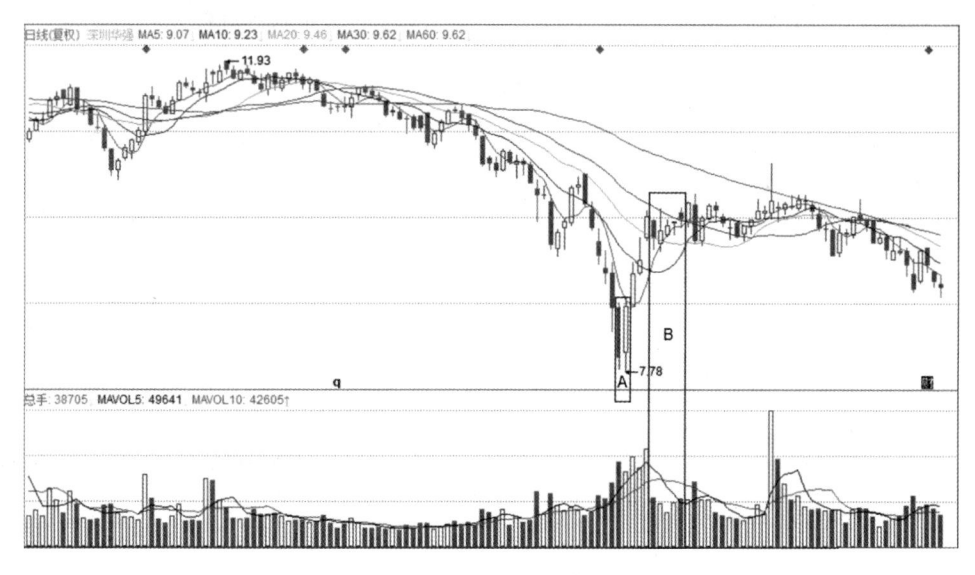

图9-3　深圳华强日线图

（2）如图9-4中兴通讯（000063）日线图所示，若投资者根据波浪战法在A区域抄底买入这只股票，在其后持续的上涨中，一旦进入B区域，均线显示B区域出现五线向上的多头排列形态，成交量也在B区域前明显放量到了较大水平的量价齐升状态，但为趋势转强初期，要想真正反转还需要持续的大量推动股价持续上涨。但是在B区域，股价却出现了持续阴线下跌，成交量表现为两根大量状态的阴量柱小幅放大，为放量下跌顶部形态，短期趋势变弱的阶段顶部迹象明显，同样应中止继续持股，果断卖出股票。

注意事项：

（1）投资者在根据波浪战法实战期间，在卖出股票时，一定要遵守持股出现顶部迹象的卖股原则，因为一旦出现顶部迹象，不管是阶段性的顶部，还是上涨趋势转弱时的顶部，均说明股价短期趋势已经变弱，起码证明阶段性的顶部已经出现，正符合波浪战法的日线短线小波段操作要求，所以，应果断卖出股票。

（2）要想准确地在持股期间识别出日线图的顶部迹象，投资者必须事先对波浪战法中介绍的七大类日线图顶部形态进行认真学习，并反复通过实践观察去辨别和确认，这样在实战时才能够准确地辨别出日线的顶部形态迹象。

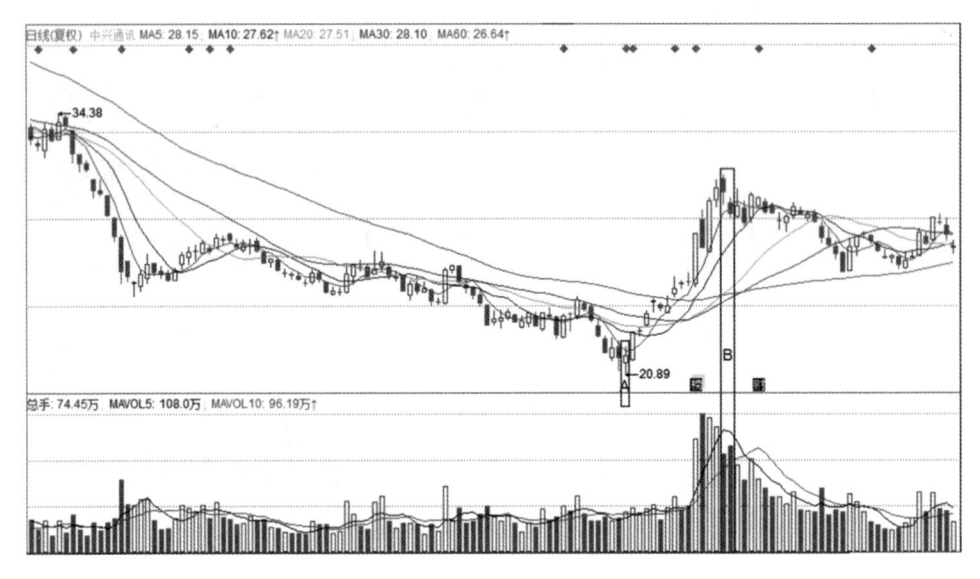

图9-4　中兴通讯日线图

9.2 日线顶部形态

9.2.1 高位阴量上吊线

股价在持续上涨的高位区，一旦成交量表现为阴量柱时，出现一根实体极短，下影线极长，至少为实体部分两倍以上时，即可确认为高位阴量上吊线。根据当时量能表现，这种形态又可细分为两种情况：一种是高位放量上吊线，就是上吊线形成期间，成交量为一根明显高于上一根量柱水平的中长阴量柱，甚至是天量阴量柱，这种情况一经出现，即可确认为短期趋势快速转跌的征兆，应果断卖出股票；另一种是高位缩量上吊线，就是上吊线形成期间，成交量虽然为阴量状态，但出现明显的量柱变短的缩量，这时投资者就要根据下一交易日的情况来确认是否为顶部，只要下一交易日股价直接低开低走或弱势震荡，甚至是高开低走明显，同样应果断卖出股票。

实战案例：

（1）高位放量上吊线。如图9-5 云天化（600096）日线图所示，若是投资者根据波浪战法于A区域抄底买入这只股票，其后上涨到B区域后，先是形成一根阳线，接着出现一根小幅放量、成交量柱略高于阳线时阳量柱长度的阴量柱，为高量水平，所以，可以确认为高位放量状态，同时，K线收出一根实体极短，下影线极长，超过实体近四五倍的程度的K线，形成一根上吊线，为高位放量上吊线，说明股价的趋势已转弱，投资者应果断卖出股票。

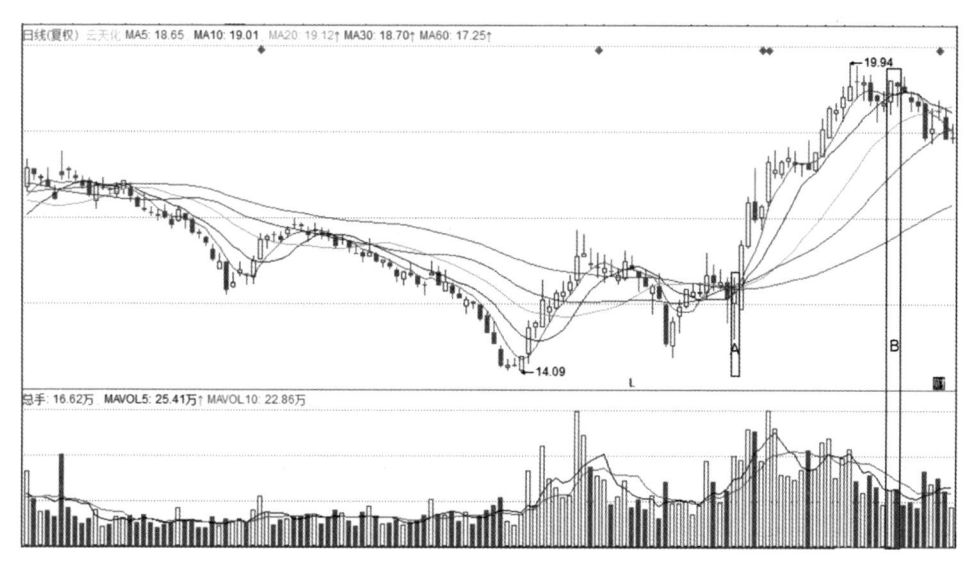

图9-5　云天化日线图

（2）高位缩量上吊线。如图9-6 TCL科技（000100）日线图所示，若投资者在A区域根据波浪战法抄底买入这只股票，当持续上涨到B区域内时，先是出现一根较长阴量柱的阴线下跌，接着又出现一根明显的缩量阴量柱，K线收于一根实体极短、下影线长度超过实体两倍的上吊线，形成高位缩量上吊线。按理说，应在下一交易日根据股价的涨跌来确认是否趋势转弱，但由于股价在缩量上吊线形成前已经表现为高位滞涨,所以,在高位缩量上吊线出现的当日,趋势已能被证明转弱,应果断卖出股票。然而,就这只股票的情况而言,其实投资者应在 B 区域之前,即确认为高位放量滞涨时卖出股票。

图9-6　TCL科技日线图

注意事项:

(1)投资者在买入一只股票后,在确认持股是否形成高位阴量上吊线的日线顶部转弱形态时,一定要首先区分出高位阴量上吊线包含的两种情况:一是高位放量上吊线,此时只要成交量保持在较高水平的阴量状态即可,并非一定要出现明显的放量情况;二是高位缩量上吊线,只要在上吊线形成期间,成交量柱为阴量,呈缩小状态即可。

(2)在通过高位阴量上吊线确认日线顶部形态时,一定要注意一点,若是未形成其他顶部形态,只是出现高位缩量上吊线,则应在下一交易日股价出现明显下跌时,再确认为转弱的顶部形态,然后卖出股票,否则应继续持股。

9.2.2　小阴线与小阳线量平滞涨

小阴线与小阳线量平滞涨,是指当股价在短线持续的上涨行情中,一旦 K 线上接连出现3~5根实体较短，同时上影线或下影线又较短，甚至是无影线的阴线或阳线，或是只形成影线不长的十字星时，即形成K线上的小阴线与小阳线形态，只要这些小阳线与小阴线均保持在同一水平，即涨跌幅度均不明显，就说明形成了小阴线与小阳线的滞涨。同时，其间只要成交量依然保持在当前的量能水平，即可确认为小阴线与小阳线量平滞涨的日线顶部形态。这种形态往往出现在日线图上股价弱势反弹或震荡行情中震荡走高到高点附近时，是股价上行无力的一种表现。因此，在震荡行情中一出现这种形态，对于波浪战法的日线波段操作者，就应及时卖出前期抄底买入的股票了，因为即便是小阴线与小阳线量平滞涨出现后，股价可能仍然会有一定的震荡走高，但往往行情也不会走多远，不过是略微推迟了震荡回落的步伐而已，因此它是波浪战法日线小波段的一种卖出股票形态。

实战案例：

如图9-7丰原药业（000153）日线图所示，若投资者在A区域根据波浪战法抄底买入了这只股票，在其后持续的上涨中，当进入D区域，以及其后的B区域或C区域后，其间均出现K线上实体和影线均短小的小阴线或小阳线、十字星，且价格在同一水平呈横盘震荡状态，这为小阴线与小阳线的滞涨状态。同时，其间的成交量明显为当前的小量状态，所以，可以确认，B区域、C区域和D区域，均呈现出小阴线与小阳线量平滞涨的形态，说明基于A区域的低点反弹，基本已宣告结束。因此，投资者应果断卖出股票。而作为波浪战法日线小波段的操作者来说，应在D区域首次出现小阴小阳线量平滞涨时卖出股票，而不要在其后再卖出，因为这种操作很容易养成投资者犹豫不果决的操盘习惯。

注意事项：

（1）投资者在根据波浪战法抄底买入一只股票后，一旦发现在持续上涨中出现小阴线与小阳线量平滞涨时，往往说明上涨动能的不足，因此应卖出股票，而不要犹豫和观望。

（2）当小阴线与小阳线量平滞涨出现后，股价即使未快速转弱，其后的上涨幅度也极为有限，只有其后出现明显的放量上涨时，或许才会是涨势持续的表现，但必须要能够持续，否则仍然是股价短期快速赶顶的一种表现。

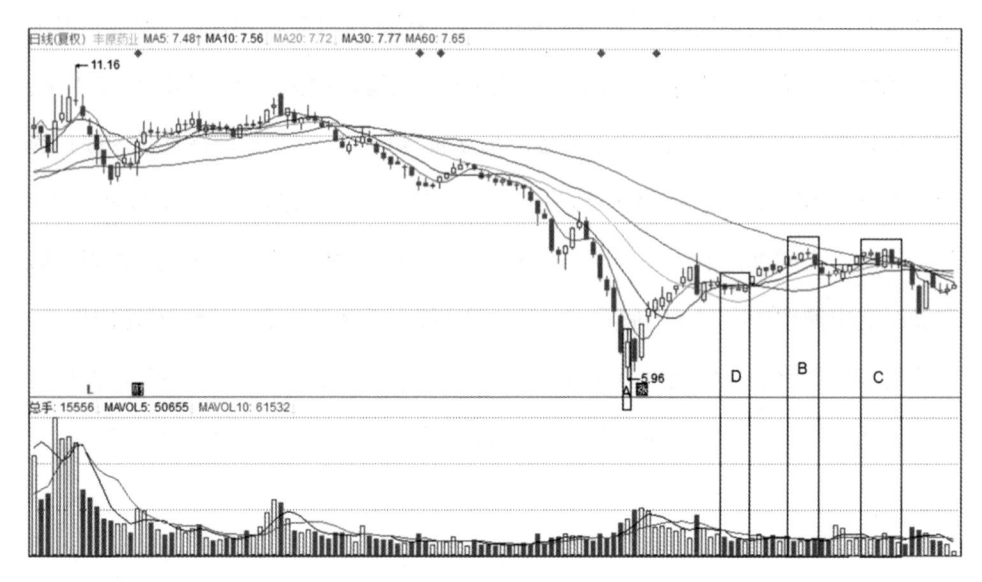

图9-7 丰原药业日线图

9.2.3 缩量孕线

缩量孕线，是指当投资者在根据波浪战法抄底买入一只股票后，发现在日线上的持续上涨行情中，股价在收出一根大量状态的实体相对较长的阳线（起码为中阳线）后，不管是否出现影线，仍保持明显的上涨状态，但在其后的下一个交易日，股价却未再继续这种上升态势，而是出现了低开，收出了一根实体相对极短的K线，这根小K线不管是阳线还是阴线，其最高点与最低点均需明显在上一根阳线的最高点与最低点的范围之内，形成后一根K线像是在前一根的怀抱中的样子，同时，成交量又表现为明显的缩量状态，这就是缩量孕线的形态。这种形态一经出现，说明股价的上升趋势即将结束，所以它是一种日线图上股价见顶回落前的征兆，投资者应果断卖出股票。

实战案例：

（1）如图9-8 国际实业（000159）日线图所示，若是投资者在A区域根据波浪战法抄底买入这只股票，其后股价持续上涨到 B 区域后，先是形成一根实体略长的中阳线并保持着较高量能水平的情况，但在 B 区域右侧，即中阳线的下一交易日，股价却未再刷新高点，而是直接低开并保持着全天的震荡，收于一根实体极短的类十字星，成交量明显表现为阴量的缩量状态，两根 K 线形成了后一根的高低点均在前一根 K 线高低点范围内的孕线形态，加上明显的缩量，为缩量孕线形态。这说明日线上股价的短期上涨即将结束，投资者应及时卖出股票。

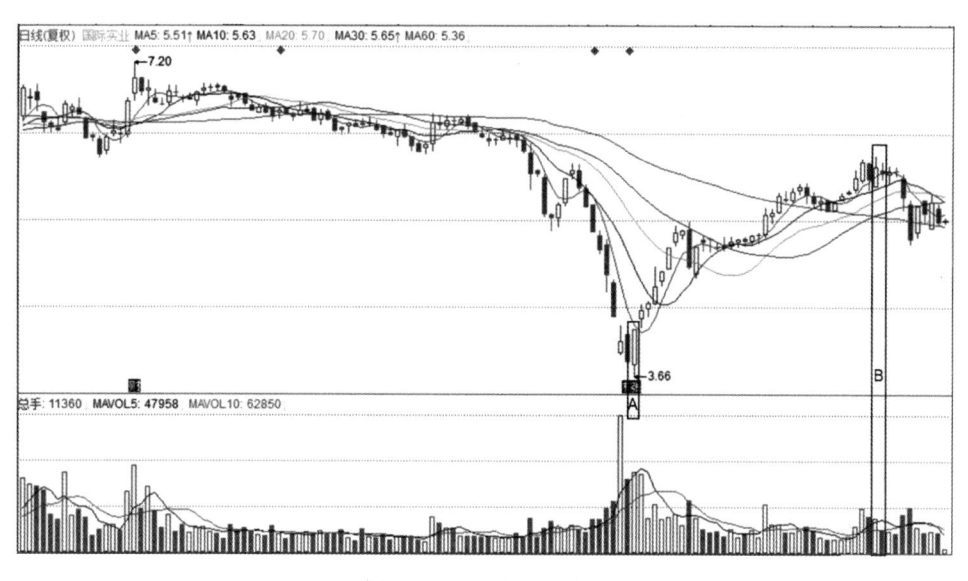

图9-8　国际实业日线图

（2）如图 9-9 长虹华意（000404）日线图所示，若是投资者在 A 区域根据波浪战法抄底买入这只股票，在其后股价持续上涨到 B 区域后，先是出现一根实体较长、上影线也较长的中阳线，成交量表现为一根天量的阳量柱，延续了之前的涨势，但下一交易日却收出一根实体极小且影线也较小的小阳线，其高低点均在上一根创新高阳线的高低点范围之内，形成孕线，成交量明显大幅缩量，为缩量孕线。说明股价短期趋势出现上行的疲软，所以，尽管 B 区域两个交易日内均表现为阳线阳量的量价齐升，但若是投资者仔细观察盘口，盘口一定会表现为在这两个交易日内的主力资金持续流出的状态。因此，投资者不要再继续持股，应果断卖出股票。

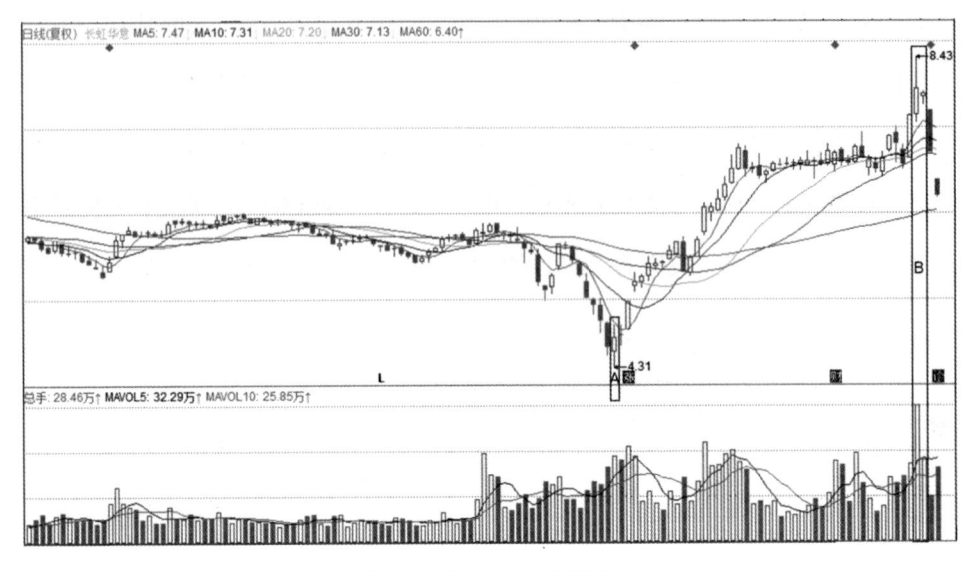

图9-9 长虹华意日线图

注意事项：

（1）投资者在根据缩量孕线卖出股票时，一定不要心存侥幸，因为在此形态中，之前阳线上升趋势明显，尤其是在日线上的弱势反弹行情中，不管孕线中右侧的 K 线是阴线阴量还是阳线阳量，均是反弹无力的表现，应及时卖出股票。

（2）若是股价在日线图上出现弱势转强的趋势时，此时的高位缩量孕线往往就是市场上经常讲的高位孕线形态，但若是右侧的小 K 线为阳线阳量时，投资者应及时观察一下缩量孕线的两个交易日内的主力净流出状态，当主力以净流出为主时，就应果断卖出股票。

9.2.4 阴量十字星

投资者在根据波浪战法日线小波段技术抄底买入一只股票后，在持续的上涨过程中，一旦在涨势良好的状态下，出现一根阴量状态的十字星时，往往意味着之前的涨势即将结束，所以，阴量十字星是一种日线顶部迹象，一经发现，投资者即应及时卖出股票。根据阴量十字星出现时的量能大小，又可将其分为两种具体的形态：一种是阴量缩量十字星，是指K线收于十字星的当日，成交量表现为量柱较上一根量柱较短的缩量状态；另一种为阴量放量十字星，这种形态又分为两种情况，一是成交量柱为明显的阴量放大状态，二是成交阴量柱保持着当前的大量水平，K线收于一根影线较长，尤其是上影线较长的十字星即可。当这两类三种情况的阴量十字星出现了其中的任意一种时，即表现股价短期趋势的快速转弱，应果断卖出股票。

实战案例：

（1）阴量缩量十字星。如图9-10华映科技（000536）日线图所示，若投资者在A区域根据波浪战法抄底买入了这只股票，在其后持续上涨到B区域后，股价先是收出一根放量上涨的阳线，下一交易日却收出了一根上影线较长的阴十字星，成交量柱表现为一根与前一根量柱比较为缩量状态的阴量，形成缩量状态的阴量十字星，说明反弹行情即将结束，投资者应果断在阴量十字星的当日尾盘卖出股票。

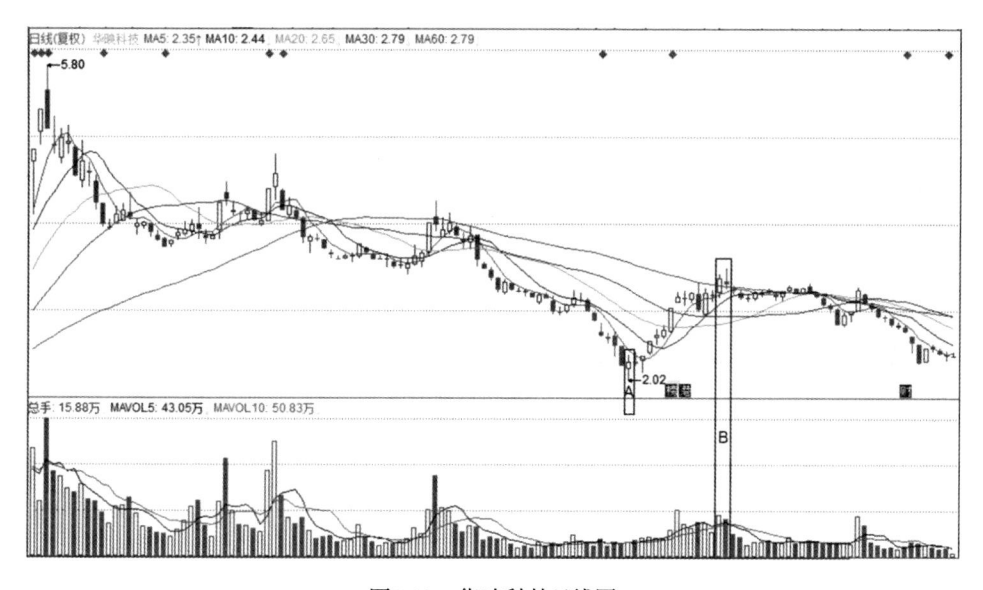

图9-10　华映科技日线图

（2）大阴量十字星。如图9-11威孚高科（000581）日线图所示，若投资者根据波浪战法在 A 区域抄底买入了这只股票，在其后持续上涨到 B 区域，股价在上一交易日收于一根长阳线的放量上涨的情况下，突然出现了一根快速冲高再次刷新前期高点后快速回落的十字星，且成交量柱表现为一根与上一根成交量比较为缩量状态，但从整体上看为当前大量状态的大阴量十字星，说明涨势即将结束，投资者应及时在 A 区域当日的尾盘时及时卖出这只股票。

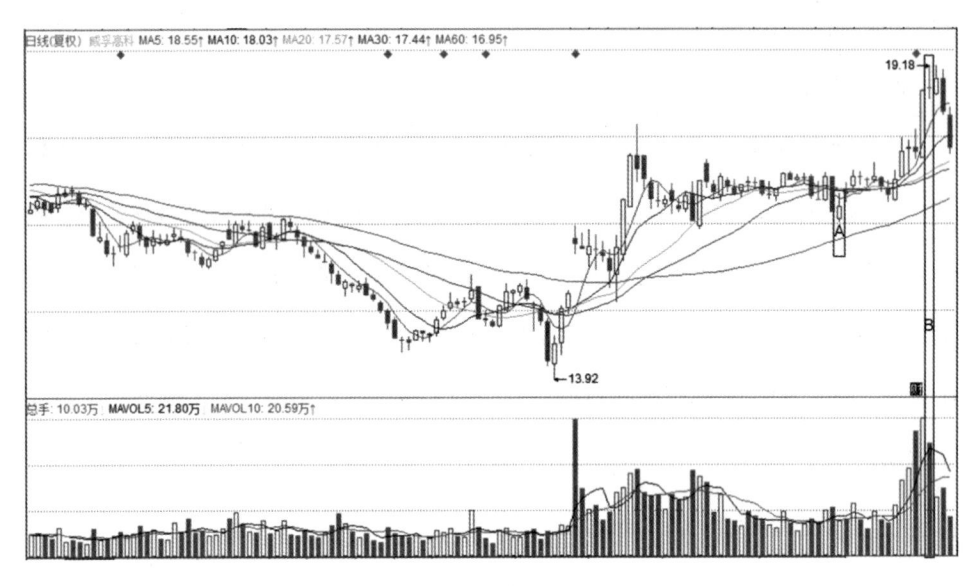

图9-11　威孚高科日线图

（3）阴量放量十字星。如图 9-12 高新发展（000628）日线图所示，若投资者根据波浪战法的日线小波段操作于 A 区域抄底买入这只股票，股价在其后只震荡小幅上涨了数日即发动了一轮持续涨停的快速上涨行情，且日线趋势快速转为了上涨趋势，但当在一字板打开后的持续上涨中，股价进入了 B 区域，出现了持续刷新高点后快速回落的十字星，成交量表现为一根较长的大阴量柱，且明显要高出上一根成交量柱，为放量状态的阴量十字星，这表明涨势即将结束，投资者应果断卖出股票。因为是日线图上股价趋势反转向上后的持续大幅上涨，且短期涨幅已达 4 倍之多，所以，投资者应观察周线或月线上的情况，及时在 B 区域或其后及时中止本次对这只股票的投资，即连同前期的埋伏买入的仓位一同清仓卖出。

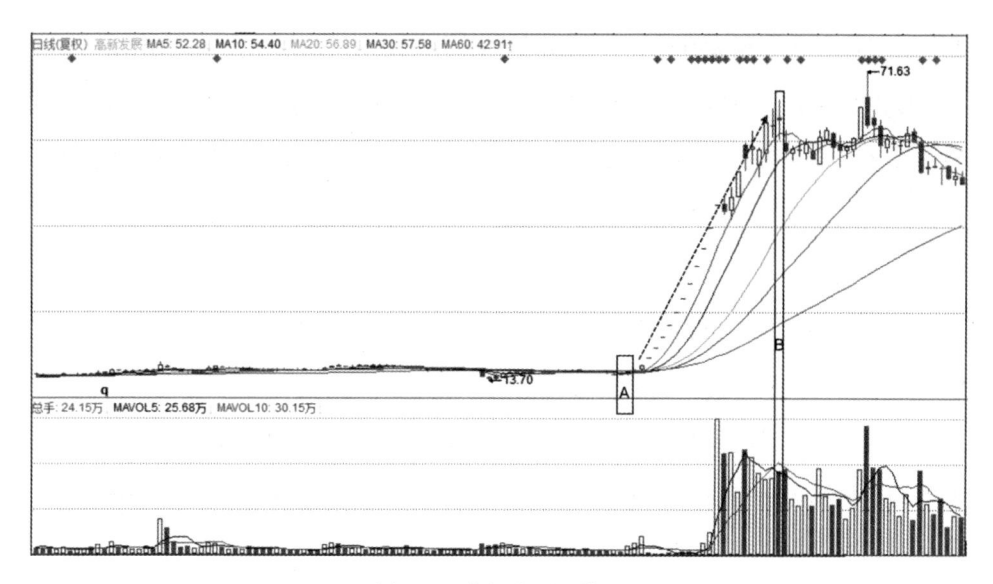

图9-12 高新发展日线图

注意事项：

（1）投资者在根据阴量十字星判断卖出时机时，不要在阴量十字星完全形成后再做出卖股的决定，因为若是完全形成，则日线上必然已经收盘，是无法卖出的，所以，应在阴量十字星形成当日的尾盘时分，就要果断卖出股票了。

（2）阴量十字星出现在日线图的高位区时，尤其是日线上震荡走高的反弹行情快速演变为上涨趋势后的高位区，一经出现，往往是阴量放量或大阴量状态的十字星，此时往往盘口也会表现为主力资金净流出较大、换手率高的弱势状态，所以，此时的投资者应辅助观察盘口，以确认当日最佳的卖股时机。

9.2.5 缩量下跌

股价在弱势转强的短期上涨行情中，一旦出现股价表现为阴线，尤其是小阴线或十字星的小幅持续下跌时，成交量表现为持续的缩量状态，就形成缩量下跌的形态。这种形态，若是出现在上涨趋势中，往往是短期弱势洗盘结束的征兆，但是在波浪战法的日线小波段操作中，却往往是震荡趋势中股价无力再冲高的一种表现，因为若是以单根 K 线的量能观察，尽管为明显的缩量，但事实上以持续的状态观察，量能整体并不小，且股价在弱势下跌中，是根本无须大量即能够持续下跌的，因此，投资者应果断在持续的缩量下跌中及时卖出股票获利了结。但当日线图上的弱势反弹趋势演变为上涨趋势后，一旦在高位区出现持续的缩量下跌，往往就会表现为量能相对较大的缩量下跌，同样应及时卖出股票。

实战案例：

（1）低量水平的缩量下跌。如图9-13广弘控股（000529）日线图所示，若投资者根据波浪战法的日线小波段操作在C区域抄底买入了这只股票，在其后的弱势反弹中，一旦进入D区域，股价持续出现小阴线小幅下跌的状态，且成交量表现为小量状态的持续缩量，为低量水平的缩量下跌，则说明反弹趋势已结束，应及时卖出C区域买入的股票数量。

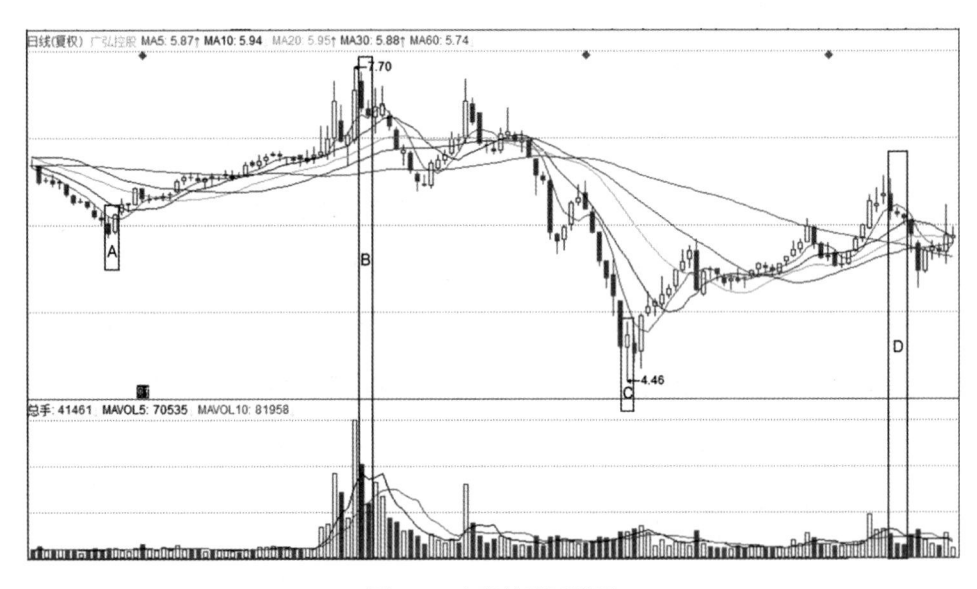

图9-13　广弘控股日线图

（2）大量状态的缩量下跌。如图9-14华金资本（000532）日线图所示，若是投资者在A区域根据波浪战法抄底买入这只股票，在其后的持续反弹中，量价齐升中的量能已放大到较高水平，进入B区域后，股价出现持续的小阴线下跌，成交量也表现为明显的持续阴量缩量，为大量状态的缩量下跌，说明反弹趋势已结束，应果断卖出股票。同样，在图9-13中，若是投资者于A区域根据波

第 9 章 卖股：锁定收益的关键一环

浪战法抄底买入这只股票，股价在其后持续上涨到 B 区域，成交量已经放大到较高水平，所以，在 K 线持续阴量下跌的同时，成交量表现为两根高量水平的阴量柱持续缩量，为大量状态的缩量下跌，这说明上涨行情已经结束，投资者应果断卖出股票。

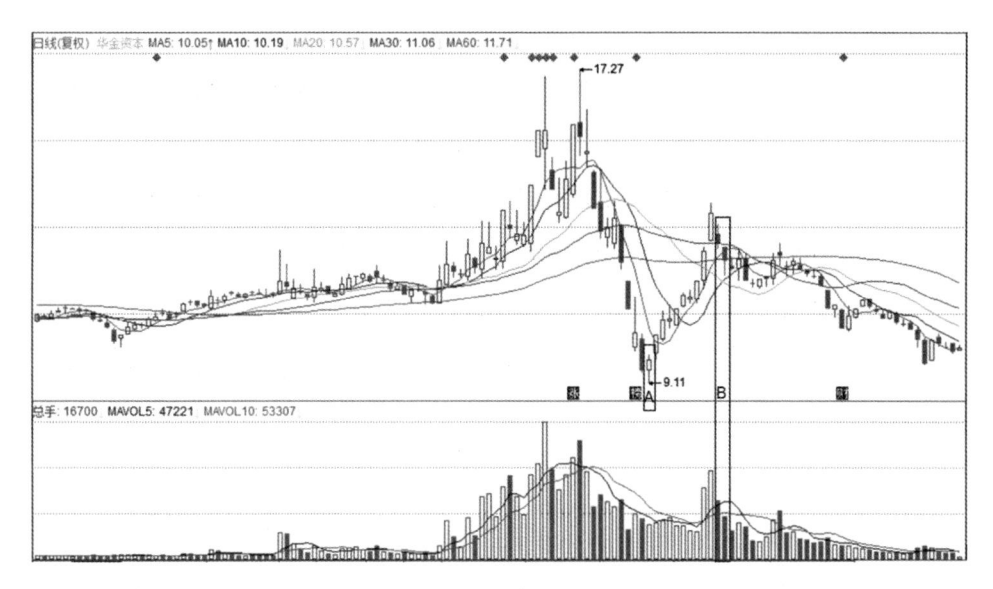

图9-14　华金资本日线图

注意事项：

（1）投资者在根据缩量下跌判断是否为顶部卖出时机时，首先要判断出当前的趋势与行情，若是市场热度较高的弱势反弹，或是当趋势转为上涨行情时，出现的往往是大量状态的缩量下跌；若只是一般的弱势反弹，也就是出现长周期图上的弱势震荡走高行情时，往往日线上出现的是低量水平的缩量下跌。但两种情况下出现的缩量下跌，均是顶部转弱征兆，均应果断卖出股票。

（2）在判断缩量下跌为趋势转弱征兆时，必须确保至少在有两根 K 线与两根成交量柱时保持着这种阴线阴量状态的缩量下跌，若只是单根阴线阴量的下跌，除非是出现日线上涨趋势的短期快速转跌，方可确认为短期趋势的快速转弱，但这也必须结合当日的盘口主力资金净流出的弱势进行确认。

185

9.2.6 放量下跌

股价在持续上涨行情中，一旦运行到高位区时，出现成交量柱在明显放大的同时，K线收出一根明显的下跌阴线，即为放量下跌形态，也就是市场上常说的量价齐跌。从构成股价短期趋势快速变弱的顶部量价形态来看，明显放量下跌主要包括以下几种量价形态：

一是单根量柱与K线的明显放量下跌，主要有两种情况：一种是阴量柱长于上一根量柱水平的放量下跌，另一种是处于高量水平的大阴量下跌；

二是持续阴量下跌，至少要有两根K线与两根量柱，表现为持续的阴量保持在大阴量或当前量能水平甚至是略缩量状态的阴线下跌。

以上两种情况中的任意一种，一旦出现在股价明显的上涨过程中，往往意味着上涨行情已经终结，所以，它们是一种日线顶部形态，一经发现，即应果断卖出股票。

实战案例：

（1）明显放量下跌。如图9-15航天发展（000547）日线图所示，若是投资者在A区域抄底买入这只股票，股价在持续上涨中进入B区域后，出现一根上影线极长、实体极短的阴线，成交量也表现为一根上至显示区顶部的天量阴量，明显高出上一根量柱，为单根阴线阴量的明显放量下跌的顶部形态，投资者应中止持股，果断卖出股票。同样是这只股票，若是投资者在其后的C区域再次抄底买入这只股票，股价在其后上涨到D区域，在阴线下跌的同时，出现一根看似缩量状态的阴量，实际上这根阴量为当前较高水平的大量状态，因此，也形成单根阴线阴量的明显放量下跌，投资者同样要果断卖出股票。

（2）持续阴量下跌。如图9-16甘肃能化（000552）日线图所示，若投资者在A区域抄底买入这只股票，股价持续上涨到B区域时，K线出现持续阴线下跌，成交量表现为与之前状态相比略缩量的两根水平相当的阴量柱，为平量状态的持续放量下跌，投资者应中止持股，及时卖出股票。若是在C区域，投资者同样抄底买入了这只股票，在其后股价上涨的过程中，当进入D区域后，出现两根阴线下跌情况，成交量表现为明显的两根持续缩量状态的阴量柱，但保持在当前较高水平，为大量状态的放量下跌，此时，投资者同样要及时卖出股票。

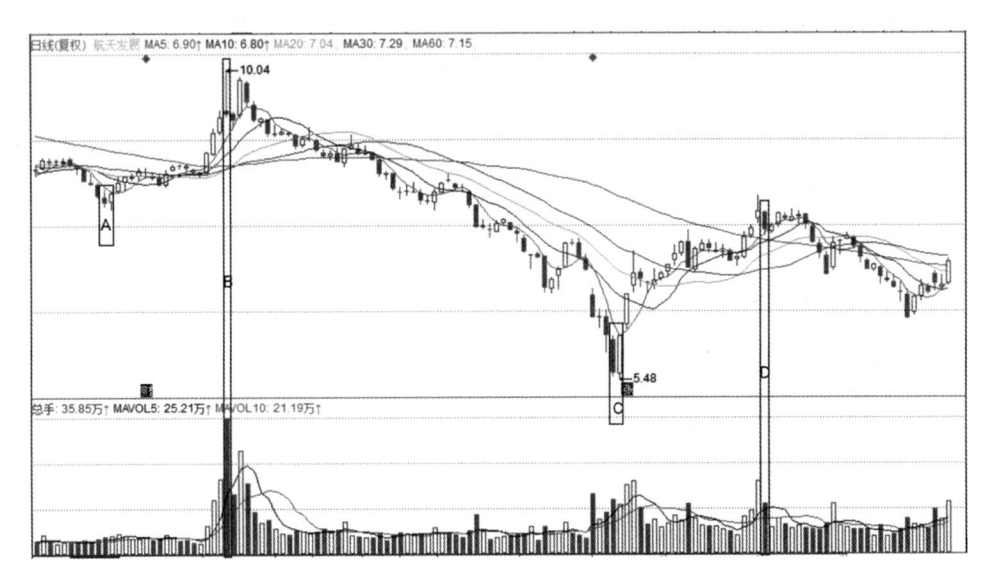

图9-15 航天发展日线图

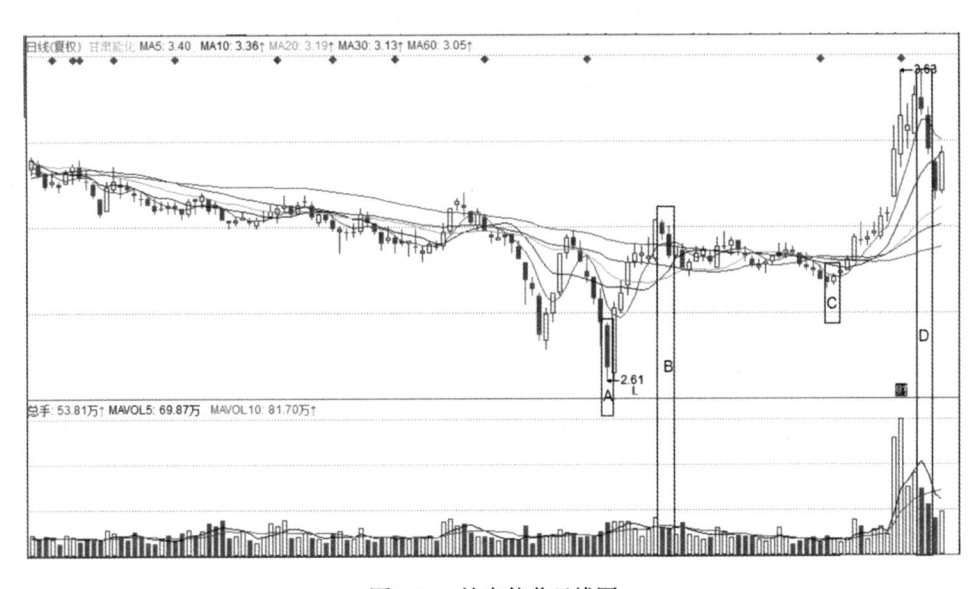

图9-16 甘肃能化日线图

注意事项：

（1）投资者在根据波浪战法抄底买入一只股票后，在持股过程中，在判断放量下跌的顶部形态时,应事先充分了解放量下跌的几种情况,这样才能在形态出现时及时中止持股,卖出股票。

(2)在判断放量下跌时,主要包括两类情况:一是单根阴量柱与单根阴线的明显放量下跌或大量下跌;二是至少两根量柱与两根阴线的持续缩量下跌、持续平量下跌或保持之前水平的阴线阴量下跌。只要是出现其中任意一种情况,均应视为股价见顶的卖出信号。

9.2.7 高位滞涨

高位滞涨,是指股价在持续上涨的过程中,K线不再上涨,而是维持在高位并出现反复的横盘震荡,基本上K线均保持在一个相当的水平,包括其影线,表现为阴线或阳线均可,成交量也表现为相对的均衡,为之前的量能水平。根据高位滞涨形态的表现,可将其分为两种情况:一是高位放量滞涨,是K线在高位横盘震荡期间,成交量表现为大量状态,阴量或阳量均可;二是高位平量或缩量滞涨,是K线在高位横盘震荡期间,成交量表现为之前的量能水平,或是略低于之前的量能水平,表现为缩量状态。这两种情况,不管出现哪一种,都意味着股价上涨动能不足,因此是股价见顶的征兆,一经发现,投资者即应中止继续持股,果断卖出股票。

实战案例:

(1)高位放量滞涨。如图9-17贵州轮胎(000589)日线图所示,若投资者根据波浪战法于A区域抄底买入这只股票,股价其后持续上涨到B区域,K线出现三根上影线相对较长的K线,股价表现为震荡,成交量却保持在当前大量水平状态,为高位放量滞涨,投资者应中止持股,及时卖出股票。

(2)高位缩量滞涨。如图9-18渝三峡A(000565)日线图所示,若投资者根据波浪战法在A区域抄底买入这只股票,在其后震荡上涨到B区域后,K线出现较小状态的横盘小幅震荡滞涨,成交量保持在之前水平下的小幅持续缩量,为高位缩量滞涨的见顶信号,这说明股价缺少上涨动能,投资者应中止持股,及时卖出股票。

图9-17 贵州轮胎日线图

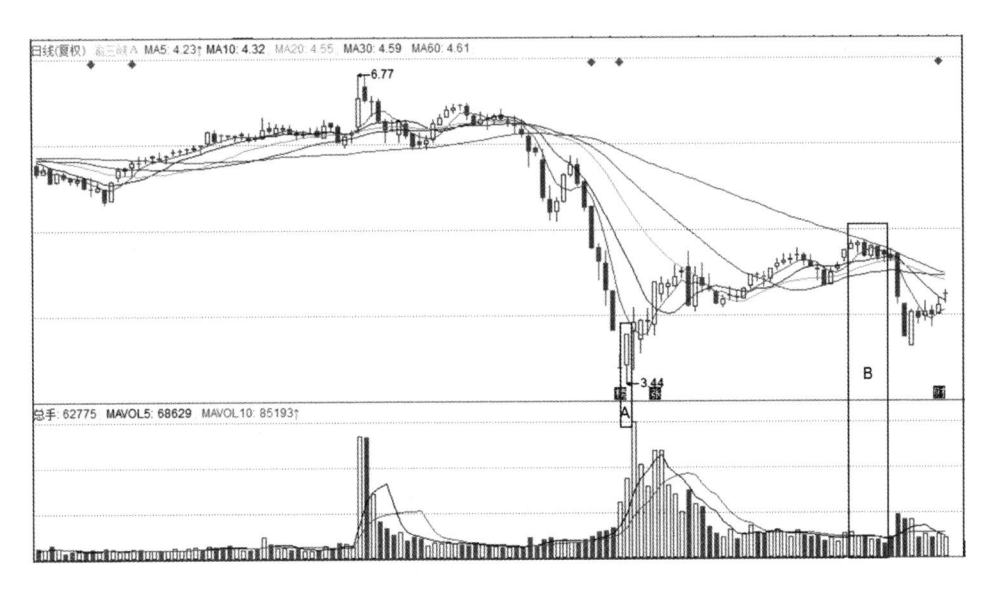

图9-18 渝三峡A日线图

注意事项：

（1）高位滞涨是一种股价无力继续向上运行的K线形态，但若想真正准确地判断出这种股价见顶的信号，必须首先认清高位滞涨的两种不同的情况：高位放

189

量滞涨与高位缩量滞涨。两者的最大区别在于量能的不同，前者为高量状态，后者为缩量或平量状态。

（2）高位放量滞涨多数出现在弱势反转为上涨趋势后的高位区，或是在弱势反弹中量能明显放大的股票身上，是主力维持股价在高位区隐藏出货的一种方式，所以，其一经出现，即应果断卖出股票。

（3）高位缩量滞涨往往是股价上涨无力的一种表现，即便是出现在日线上弱势反弹后趋势转强时，投资者也应卖出股票，因为只要其是在弱势反弹中出现，就表明行情依然是弱势，只能以反弹来对待。

9.3　分时顶部形态

9.3.1　股价线无量快速上冲

股价线无量快速上冲，是指在分时图上，当股价线向上快速运行时，分时量柱并未有效放大，依然表现为并不长的状态。投资者在持股过程中，一旦发现日线图上股价出现震荡滞涨或快速上冲时，也就是日线图顶部形态在形成初期，若是分时图上出现了这种股价线无量快速上冲的形态时，说明股价出现快速冲顶，应及时在股价快速放量回落时，果断卖出股票。

实战案例：

如图9-19建投能源（000600）日线图叠加2024年4月9日分时图所示，在日线图A区域，股价线表现为阴线下跌的初期形态，可观察对应的当日分时图的情况，发现股价当日是小幅低开略低走后直接于B区域出现一波快速的上冲行情，但下方的分时量却明显没有大幅变长，说明此轮股价线的快速上冲是主力借资金优势在对倒向上拉升，反而在C区域股价线再次冲高后分时量能明显放大，股价线却出现快速下行，因此，B区域及C区域为股价线无量快速上冲的冲顶行为。此时日线图是量价齐跌明显，因此，前期抄底买入的投资者应中止继续持股，果断卖出股票。

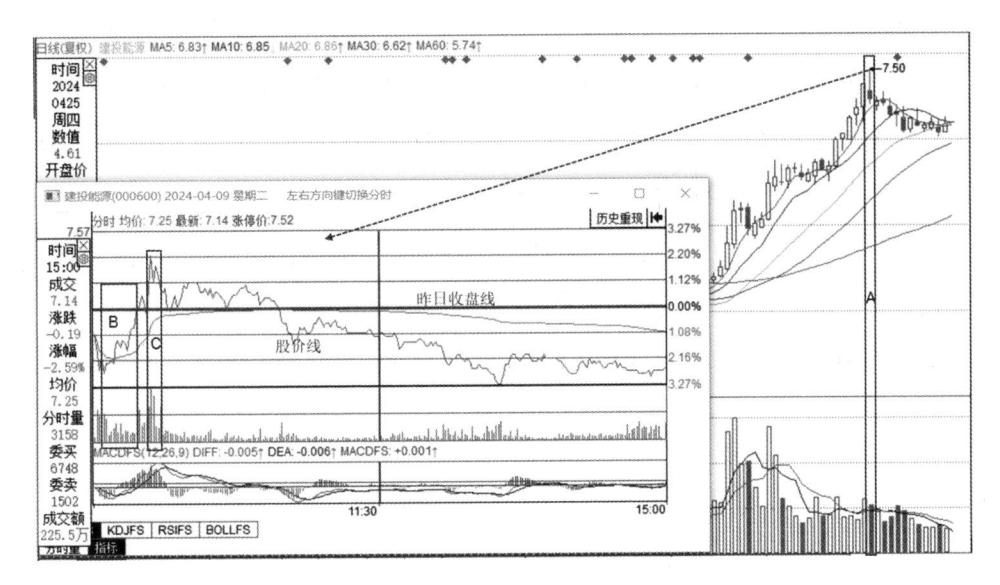

图9-19　建设能源日线图叠加2024年4月9日分时图

注意事项：

（1）投资者在根据股价线无量快速冲高的分时图量价形态来判断短期见顶信号时，应结合日线图趋势，因为只有日线图股价在高位区出现量价齐跌的顶部初期形态时，分时图的这种见顶信号才是股价快速赶顶的卖股最佳时机。

（2）投资者在判断分时图上的股价线无量快速上冲形态是否成立时，应根据这种股价线上冲行为结束时出现的放量下跌来确认其短线的弱势，因为若是股价线无量上冲后突然放量上冲，则往往是主力快速拉升的表现，而非卖股时机。

9.3.2　高开大角度放量下行

高开大角度放量下行，是指在分时图上，股价线出现在距离下方昨日收盘线较远的位置时，开盘后却出现以大于60°的角度快速向下运行，其间，分时量柱表现为一根极长的量柱线，或持续较长的量柱线。若是日线图上股价在高位区顶部形态形成初期，只要分时图上表现为高开大角度放量下行时，应中止持股，果断卖出股票。

实战案例：

如图9-20青岛双星（000599）日线图叠加2024年4月9日分时图所示，在日线图上的B区域，股价明显在开盘时即表现为量价齐跌，观察当日对应的分时图会发现，当日股价线在C区域出现时是明显在向下远离昨日收盘线的位置，且出现时以大于60°几近直线的方式向下快速运行，同时，分时量柱表现为持续较长状态，为明显的高开大角度放量下行形态，且日线图上量价齐跌明显，因此，前期A区域抄底买入股票的投资者应中止继续持股，及时卖出股票。

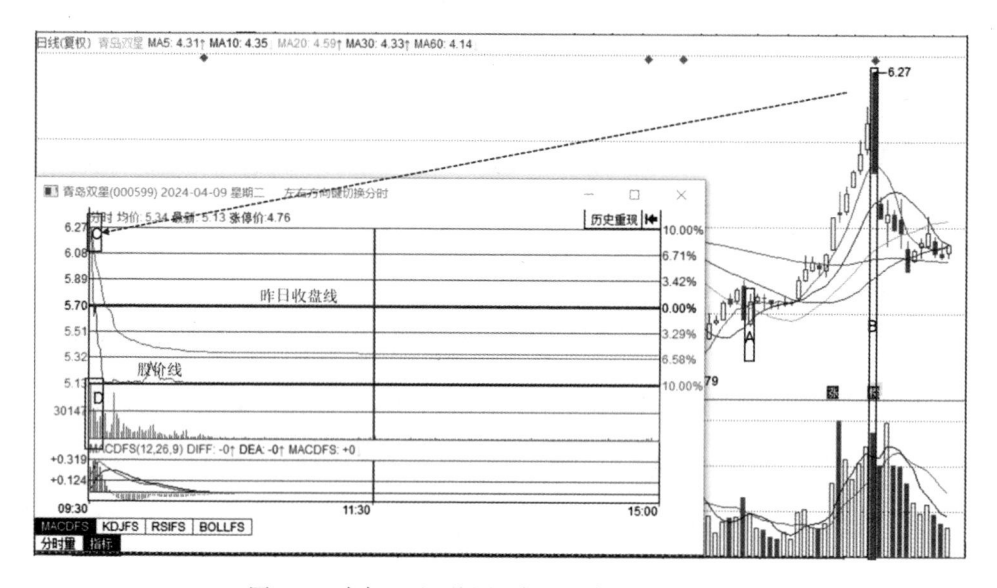

图9-20 青岛双星日线图叠加2024年4月9日分时图

注意事项：

（1）投资者在判断高开大角度放量下行时，股价当日高开的幅度并不是主要的，其高开后的快速下行才是重中之重，当其水平角度大于60°，呈几近直线的方式快速放量下行时，即可确认。

（2）高开大角度放量下行是一种分时图短期迅猛的股价量价齐跌的表现，因此，日线图只要在高位区呈现出阴线阴量的状态时，投资者即应果断卖出，而不要犹豫，以免股价出现快速跌停，导致当日无法卖出股票。

9.3.3 平开大角度放量下行

平开大角度放量下行，是指在分时图上，股价线在昨日收盘线附近出现，可略上或略下，甚至是在昨日收盘线处出现均可，然后直接或短时小幅上冲后，即表现为以大于60°的角度快速向下运行，其间，分时量柱表现为一根极长的量柱线，或持续数根较长的量柱线。若是日线图上股价在高位区顶部形态形成初期，只要分时图上表现为平开大角度放量下行，就表明股价弱势明显，应中止持股，及时卖出股票。

实战案例：

如图9-21 江铃汽车（000550）2024年4月24日分时图所示，可以明显看到，股价线在A区域最左侧出现时，是在向下距离昨日收盘线上方不远处，可确认股价当日属于在昨日收盘线附近的平淡开盘，但开盘后，股价却出现了明显是大于水平60°的大角度直线下行，且期间分时量柱持续为较长状态，形成明显的分时图平开大角度放量下行形态，若是在日线图上股价是处于高位区，表现为量价齐跌初期形态，前期抄底买入的投资者，即应中止继续持股，及时在A区域出现平开大角度放量下行时卖出股票。

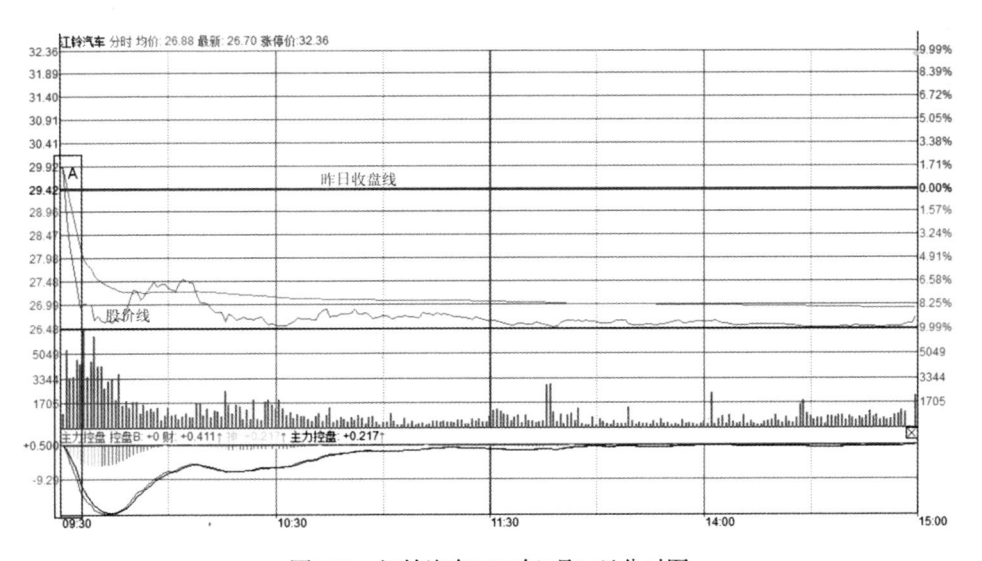

图9-21 江铃汽车2024年4月24日分时图

注意事项：

（1）平开大角度放量下行从形态上看，主要是针对高开大角度放量下行形态进行的区分，看似是平开，事实上其短线的杀伤力并不弱于高开大角度放量下行，因为股价在平开状态下的快速下跌，更容易在短线出现跌停，因此，卖股时应果断坚决，不可观望而拖泥带水。

（2）造成平开大角度放量下行与高开大角度放量下行不同的原因，主要是主力在集合竞价期间，已经无力再竞高开盘价，而高开大角度放量下行是主力通过集合竞价在大幅拉高开盘价。因此，平开只要一开盘就形成，即表明当日的弱势，再出现大角度放量下行时，则其快速转弱的态势更是十分明显，因此，短线"杀伤力"极强。

9.3.4　震荡式下行

震荡式下行，是指在分时图上，当股价线在高开或是冲高的状态下，出现震荡式的下跌，往往是股价线在持续下跌中出现的低点在持续降低，一旦分时量也出现明显放大时，则应确认为分时图股价见顶迹象，若是分时量放量不明显，或表现为均衡状态，只要日线图上股价见顶信号明显，投资者同样应中止继续持股，果断抓住时机卖出股票。

实战案例：

如图 9-22 兴蓉环境（000598）日线图叠加 2024 年 4 月 22 日分时图所示，在分时图的 B 段可明显看到，股价线在高开高走后出现冲击涨停后的快速回落，并不断震荡下行，震荡高点在不断降低，为明显的股价线震荡下行状态，但由于下方 C 处分时量显示区域显示的量能全天均较为均衡，并未表现为明显的持续放量，再观察日线图的 A 区域，发现此时明显为创新高的高位区，且量价齐跌明显，因此，在分时图 B 段确认震荡式下行后，前期抄底买入的投资者，应中止继续持股，及时卖出股票。

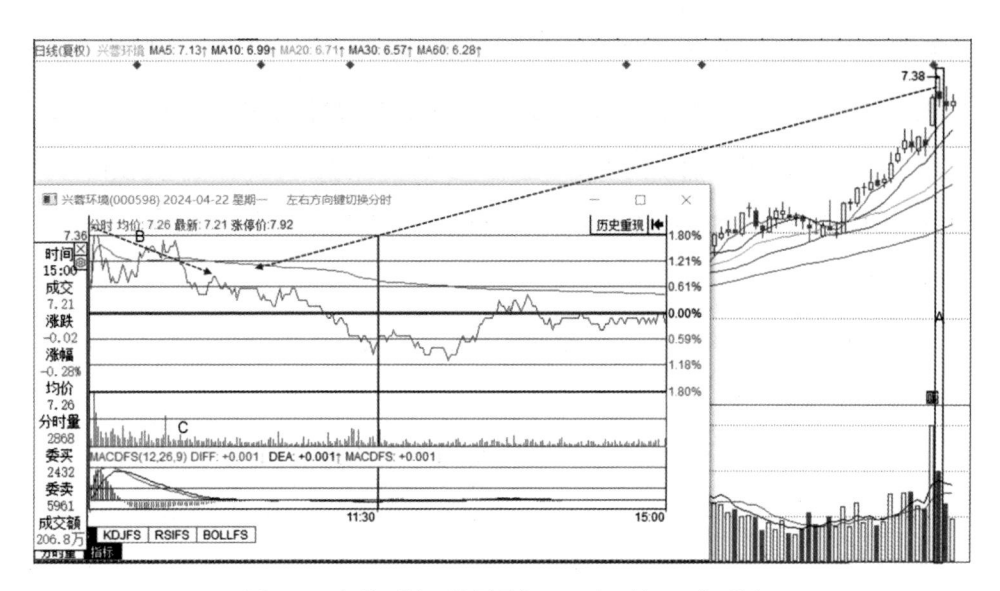

图9-22 兴蓉环境日线图叠加2024年4月22日分时图

注意事项：

（1）投资者在判断震荡式下跌时，只要观察分时图上的股价线，发现股价线在不断震荡下行的过程中，高点在不断地降低，通常只要有三个高点在持续下行时，即可确认为震荡式下行。

（2）在通过震荡下行确认股价短线的弱势，及日线顶部卖股时机时，若震荡式下行出现时日线量价齐跌明显，即可确认弱势卖股时机，若是日线上量价齐跌不够明显，则应在分时图上股价在震荡式下跌形成并跌破了昨日收盘线后，依然保持着弱势时，卖出股票。

9.3.5 横盘无量小幅震荡

横盘无量小幅震荡，是指股价线在分时图上表现为横盘状态下的上下小幅波动，成交量也保持着分时量能均衡的状态。这种分时形态，主要有三种情况：一是股价线在昨日收盘线上方的分时无量横盘小幅震荡；二是股价线在昨日收盘线附近的无量横盘小幅震荡；三是股价线在昨日收盘线下方的无量横盘小幅震荡。这种分时无量横盘小幅震荡的整理形态，经常出现在股价整理时期，通常在股价启涨初期，容易形成这种形态，但当一只股票上涨无力时，或主力在维持高位卖出股票时，同样会表现为这种形态。由于这种形态出现时，分时量能变化不明显，很容易让投资者产生一种涨势未止的整理感觉，但若是日线图上股价见顶信号初期迹象明显，投资者就应中止继续持股，果断卖出股票。

实战案例：

（1）昨日收盘价附近的横盘无量小幅震荡。如图9-23荣丰控股（000668）2024年1月5日分时图所示，股价在小幅高开后出现了快速回落，但回落到了昨日收盘线附近时，开始出现横盘小幅度的上下震荡波动，股价时而跌破了昨日收盘线，时而又回升到昨日收盘线上方，但震荡幅度并不大，期间分时量柱也极短，并一直维持了几乎是整个上午，这是股价线在昨日收盘线附近的横盘无量小幅震荡形态，若是日线图上出现量价齐跌或股价上涨乏力的顶部初期形态，说明这种分时的震荡整理是弱势的表现，前期抄底买入股票的投资者，应中止持股，及时卖出股票。

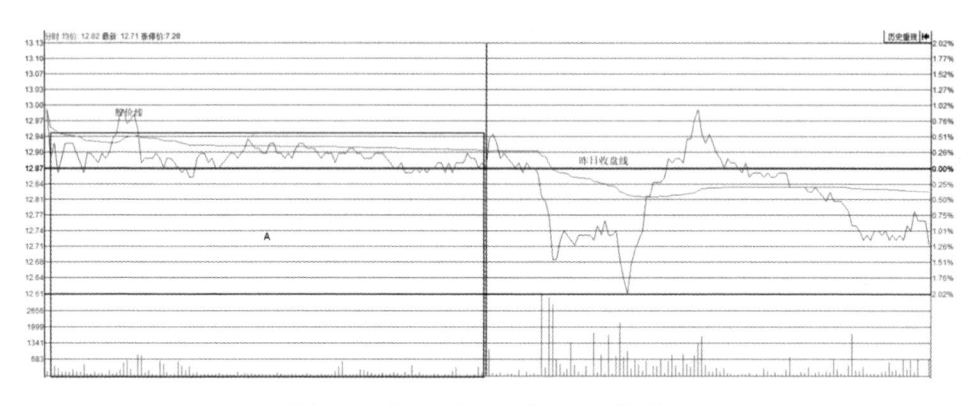

图9-23　荣丰控股2024年1月5日分时图

（2）昨日收盘线上的横盘无量小幅震荡。如图9-24盈方微（000670）2024年3月12日分时图所示，当日股价在昨日收盘线略上方平淡开盘后，股价在经历了快速上冲及回落后，进入A区域，出现小幅的横盘震荡，震荡幅度极小，且分时量能柱极短，为昨日收盘线上的横盘无量小幅震荡，其后股价略下行后再次形成了这种横盘无量的小幅震荡。当日线图上量价齐跌明显，或是上涨乏力明显时，前期买入股票的投资者，应果断在这种分时图上看似略强势的昨日收盘线上的横盘无量小幅震荡出现的当日尾盘，中止持股，及时卖出股票。

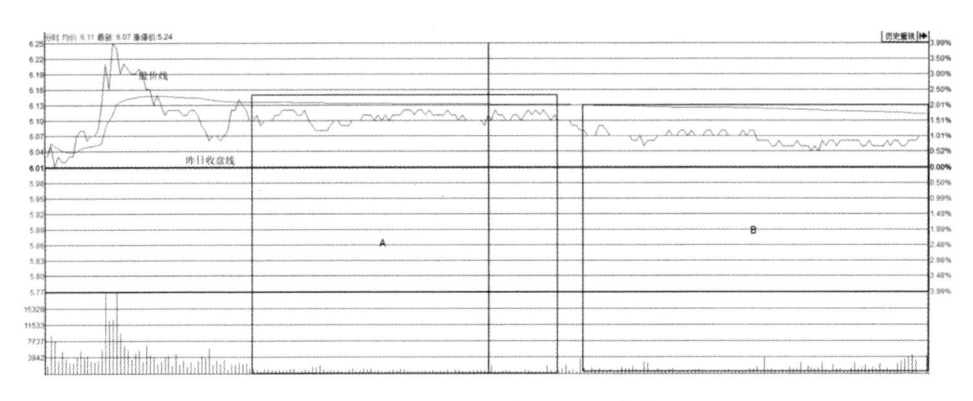

图9-24 盈方微2024年3月12日分时图

（3）昨日收盘线下的横盘无量小幅震荡。如图 9-25 襄阳轴承（000678）2024 年 3 月 4 日分时图所示，当日，股价在昨日收盘线下方不远处开盘，略震荡后进入 A 区域，即开始小幅震荡的横盘状态，且震荡幅度极小，下方的分时量柱一直较短小，为昨日收盘线下的横盘无量小幅震荡形态。若是日线图上形成明显的顶部迹象时，前期买入股票的投资者，应在确认了这种分时图上昨日收盘线下的横盘无量小幅震荡形态后，于当日尾盘及时结束持股，卖出股票。

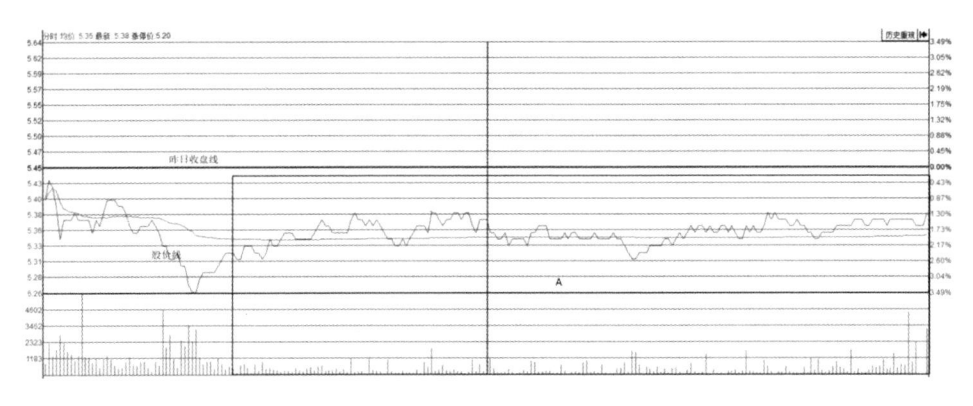

图9-25 襄阳轴承2024年3月4日分时图

注意事项：

（1）横盘无量小幅震荡原本是一种整理形态，但对于波浪战法日线小波段操作者而言，因为多数时候操作的是一种震荡强势的小波段，所以，只要是在日线图上表现为股价上涨乏力时，分时图上的这种横盘无量小幅震荡的整理，事实上就是股价上涨乏力的直接体现，应及时卖出股票。

（2）当横盘无量小幅震荡出现时，若是股价线是在昨日收盘线上方时，往往意味着这种整理是强势的；若是股价线在昨日收盘线下方时，其弱势特征更明显，而在昨日收盘线附近时，往往是对上一交易日收盘价的整理，但这种分时强势的整理，只是针对前期的趋势而言，所以，只要日线图上形成弱势，则这种分时图上的横盘无量小幅震荡就均是弱势的体现。

9.4 卖股步骤

9.4.1 日线顶部出现

投资者在根据波浪战法实战期间，一旦在买入股票后的持股过程中，在决定是要继续持股，还是要卖出股票时，主要是观察日线图，其上一旦出现了明显的顶部迹象，就要中止持股，及时卖出股票。由于波浪战法的日线小波段操作是基于短线的操作，因此，日线顶部形态，主要是指前面介绍过的高位阴量上吊线、小阴小阳线量平滞涨、缩量孕线、阴量十字星、缩量下跌、放量下跌、高位滞涨七类量价顶部形态。这些量价形态，都是基于短线操盘理念总结而出的股价短线转弱时的量价关系，包括十几种具体的顶部形态，投资者在实战期间，只要遇到了其中的任意一种，均应果断卖出股票。

实战案例：

如图 9-26 威海广泰（002111）日线图所示，若投资者在 A 区域根据波浪战法抄底买入这只股票，其后股价上涨中进入 B 区域后，先是出现一根刷新前高的中阳线放量上涨，但其后却收出一根实体极短、影线也并不长的小阴线，其最高点与最低点均在前一根阳线高低点范围之内，同时，成交量收于一根缩量的较大状态的阴量柱，为高位缩量孕线，形成日线顶部形态。因此，投资者应中止继续持股，选择时机卖出股票。至于卖股时机的判断，则要观察分时图的情况。此时的日线顶部确认，只是完成卖股步骤的第一步。

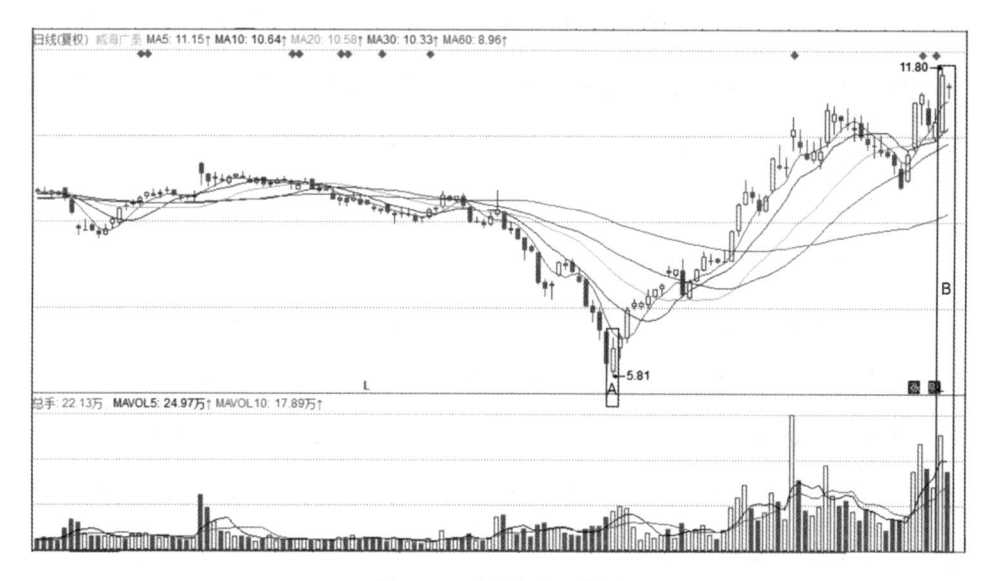

图9-26 威海广泰日线图

注意事项：

（1）投资者在根据波浪战法选择卖出股票时，主要是观察日线图上是否形成明显的顶部迹象，因为波浪战法的日线波段操作为短线操盘，所以，更为注重日线图上股价短期趋势突变时的量价关系表现，因此，只要是形成日线顶部形态，就要果断卖出股票。

（2）投资者对于持股在日线图顶部形态的判断，只是卖出股票时的第一个步骤，在完成这一步骤后，就要紧接着进行第二个步骤的判断了，而不能像选股时中间可以间隔，卖股步骤虽然有三步，但完成时必须迅速且持续，中间不可间断。

9.4.2 分时顶明显

投资者在根据波浪战法卖出股票时，一旦完成对持股日线图的顶部形态判断的第一步，也就是日线图上形成顶部形态时，不要在顶部形态完全完成之际再进入第二个卖股步骤，而是要在第一个步骤中发现日线上的顶部形态初成期间，即可进入第二个步骤的判断了。相对于日线图，分时顶主要是股价线与分时量所表现出来的量价形态，主要包括前面介绍过的股价线无量快速上冲、高开大角度放量下行、平开大角度放量下行、震荡式下行、横盘无量小幅震荡五种分时顶，只要在分时图上出现其中的任意一种，就说明股价短期形成弱势了，即应立刻进入卖股的第三个步骤了。

实战案例：

为了能够让投资者更为连贯地体会到卖股时机的把握，在此，仍以上一环节中提及的威海广泰这只股票为例。在完成图 9-26 中 B 区域对这只股票形成日线顶初期形态后，即应进入第二个环节分时图顶的判断，即图 9-26 中 B 区域内右侧小阴线当日的分时图情况，即如图 9-27 威海广泰（002111）2024 年 9 月 25 日分时图 1 所示，从图 9-27 中可以看出，当日股价线出现在昨日收盘线下方，开盘后略震荡下行，股价线即进入一种横盘无量小幅震荡的状态，成交量也缩减到一种均衡的状态，一直维持到上午收盘，而午后开盘后，虽然股价出现相对幅度大一些的震荡，但依然是在延续着上午横盘弱势整理的状态，只是分时量有所放大。这时再回到图 9-26 的日线图观察，发现在午后盘中时间，日线图上的缩量孕线已经基本成型，B 区域右侧小阴线对应的整个交易日的阴量为较大状态的阴量，且 A 区域低点至 B 区域高点，股价将近翻倍。因此，在午后盘中，应确认分时图上形成横盘无量小幅震荡的分时顶，即满足了卖股时的第二个步骤的要求。这时，即应立刻进入卖股时的第三个步骤的判断了。

注意事项：

（1）投资者在进入了波浪战法卖股阶段后，在判断分时顶时，一定不要只是孤立地看分时顶形态，而要不时结合日线图形态来对比和确认。对于日线顶部的判断，不能在完全成立的情况下再来判断分时顶，因为日线顶一旦成立，则必然

第 9 章 卖股：锁定收益的关键一环

是当日的收盘，此时是根本无法交易的，所以，对于卖股时的几个步骤的判断，都是在动态变化中去进行分析与判断的。

（2）投资者在完成了卖股时的第二个步骤分时顶的判断后，就要及时进入第三个步骤的判断了，而不要停留。

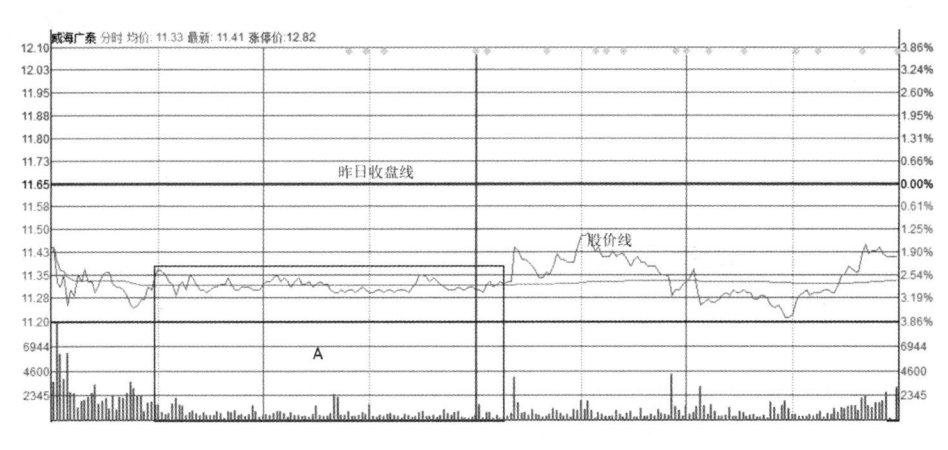

图9-27　威海广泰2024年9月25日分时图1

9.4.3　主力资金出逃迹象

投资者在根据波浪战法完成了卖股时日线顶与分时顶的判断后，就要立刻进入第三个步骤的判断了，而第三个步骤，就是主力资金的出逃迹象判断，而这一判断，要观察盘口中的信息，只要是观察到当日的主力资金是以净流出为主时，且流出资金量相对大时，即可确认主力是在以卖股为主，投资者就应毫不犹豫地卖出股票。

实战案例：

接着上一个步骤的情况，投资者在确认了威海广泰这只股票在 2024 年 4 月 25 日午后盘口形成日线顶与分时顶后，就要及时观察其盘口信息的情况，如图 9-28 威海广泰（002111）2024 年 4 月 25 日分时图 2 所示，右侧上方的主力资金净流出量全天为 818.6 万元，因为显示的为当日收盘后的情况，因此，在当日午后的盘中时，主力净流出的量可能尚未达到 800 万元，但这一点对于一只盘

201

子有 4 亿多股的小盘股而言，虽然略小，但在主力卖出之初，基本上量算是符合标准了。因此，投资者应果断选择在当日尾盘收盘前及时卖出股票。

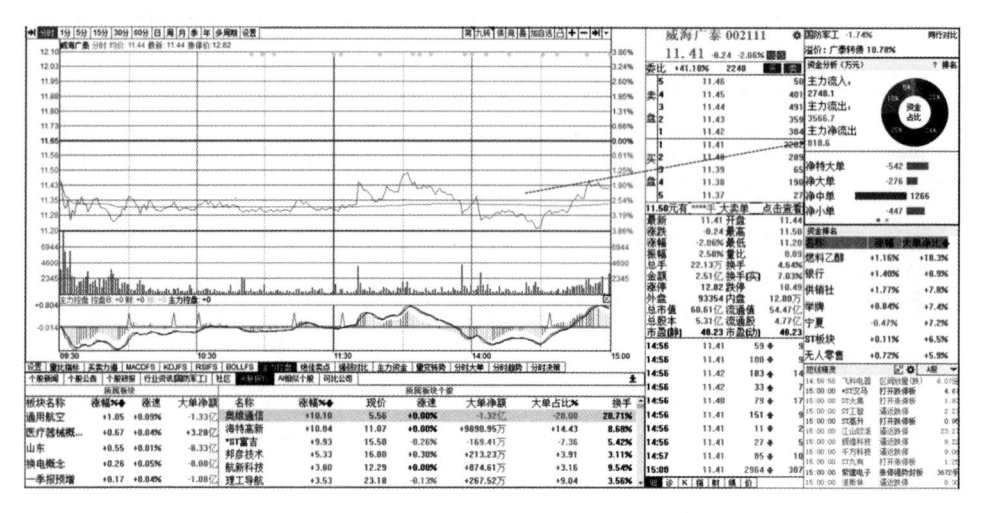

图9-28　威海广泰2024年4月25日分时图2

注意事项：

（1）投资者在卖股时期，当进入最后一个卖股步骤时，主要是观察主力是否有出逃迹象，而非主力是否在清仓式出逃，因此，在主力净流出量的判断上，不可按照日线上涨趋势快速转弱时的标准来衡量，因为主力只要开始出逃了，投资者就应果断卖出，而不要再犹豫。

（2）在根据波浪战法卖股期间，关于卖股的三个步骤，是为了能够让投资者更清楚地判断卖股时机，但在实战时，一定要连贯起来，甚至是一起观察，以动态的眼光去看这三个步骤，并且要综合三个步骤的要求一起判断，这样才能在第一时间确认最佳的卖股时机，以获得更大的收益。

（3）投资者在根据波浪战法卖出股票后，即便是因判断失误卖早了，也不要轻易再买回来，因为本身波浪战法的卖股技术就是基于短线的，而股价在高位转弱初期弱势形态形成后，并不一定就会立即快速转弱，主力或会根据具体情况再拉一下然后大举出货，所以，再买入的风险会极高。

9.5 实战要点

9.5.1 顶部形态初成时即应果断卖出股票

投资者在根据波浪战法判断卖出股票的时机时，一定要注意，不要过于死板地一定要在日线图、分时图上形成了明显的顶部形态，盘口的弱势也一览无余后，再来确定是否卖出股票。这是因为，一旦日线图、分时图上的弱势得到了确认，往往就是当日收盘后，因为只要是交易时间内，则一切都是无法提早预判到的，比如主力资金净流出的量，也许在整个上午乃至下午的多数时间内，主力都是以净流出为主的，如一直流出2 000万元，但到了收盘的半小时，甚至是只需要10分钟或几分钟，这种净流出状态就有可能因主力的突然大举买入行为而变为以净流入为主。因此，一切的形态和弱势判断，都应以动态的眼光来分析和判断，在日线与分时图上均形成了明显的顶部初期形态，盘口又显示主力是以净流出为主时，即应果断做出卖出股票的决定，而不是要在真正形态完全确认后再去行动。

实战案例：

如图9-29 电投能源（002128）日线图叠加2024年4月18日分时图所示，若投资者根据波浪战法在A区域抄底买入了这只股票，其后股价在持续上涨中进入B区域，投资者若是发现了日线图上B区域出现冲高回落初期形态，就应及时观察当日的分时图了，发现在分时图C区域股价开盘不久后即形成了震荡下跌走势，若是当时的量能不能确认，则在其后的D区域中股价出现了昨日收盘线下的弱势横盘缩量小幅震荡时，同样可确认卖出时机，若是日线上量价齐跌仍不明显，则应在午后盘中到了尾盘的E区域，一旦日线图上B区域形成了放量下跌，即B区域成交阴量超过了昨日的成交量水平时，即应果断根据E区域再次形成的昨日收盘线下的弱势横盘无量小幅震荡形态卖出股票。也就是在日线顶部形态形成初期的弱势时，根据分时图的弱势，及时卖出股票，而并非日线图顶部形态确认后再去操作，因为日线顶部确认必须是在收盘后，此时是无法再交易的。而E区域投资者最迟可选择在尾盘弱势成定局时卖出股票，因为此时收盘在即，大多数情况下，股价的趋势已成定局。否则一旦下一交易日股价大幅走弱，投资者的收益必将大幅缩水。

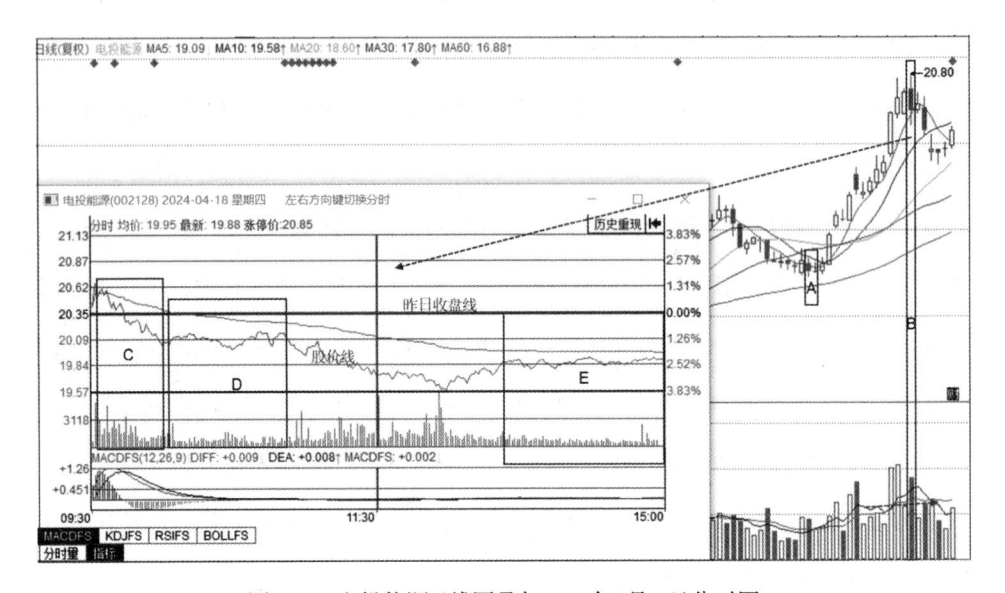

图9-29　电投能源日线图叠加2024年4月18日分时图

注意事项：

（1）投资者在根据波浪战法卖股时，虽然卖股步骤中规定有三个步骤，但在初期时，这三个步骤并非孤立的，要随时切换日线图与分时图，及时观察股价趋势的盘中变化及盘口信息，这样才能做到在股价趋势转弱初期及时卖出股票。

（2）实战期间，波浪战法之所以要求投资者在顶部形态初成时及时卖出股票，主要是由于股价在转弱期间，除非是一些超级大盘股，否则很容易出现快速跌停，而跌停后的股票是难以卖出的，因此，必须在顶部弱势形态初成时即果断卖出股票。

9.5.2　卖股时一定要果断

投资者在根据波浪战法卖出股票期间，只要发现所持有的股票符合卖股步骤中的三个步骤要求后，就一定不要再犹豫和观望，抱着侥幸心理再等等看，哪

第 9 章 卖股：锁定收益的关键一环

怕只是迟疑几个小时。这是因为，波浪战法中的卖股形态及相关的卖股步骤的设定，都是根据股价短期弱势较强的量价形态制定的。因此，几乎在超过 90% 的情况下，股价短期均会持续这种弱势，而投资者一旦养成了犹豫或观望的心理和行为，很容易因其造成收益的减少，甚至是错过了最佳的卖股时机，若股价出现快速持续转跌，很可能收益会在这种持续观望中变为亏损。因此，投资者在卖股时，一定要做到果断、及时。

实战案例：

如图 9-30 罗平锌电（002114）日线图所示，若投资者根据波浪战法在 A 区域抄底买入这只股票，其后震荡上涨到 B 区域后，出现股价在高位滞涨震荡、成交量为放量的大量状态的高位放量滞涨的卖股形态，只要是投资者确认这一卖股形态，就要果断选择分时最佳卖股时机果断卖出股票，否则稍一迟疑，就会导致其后卖出的收益大幅减少。因此，投资者在卖股时一定要做到果断。

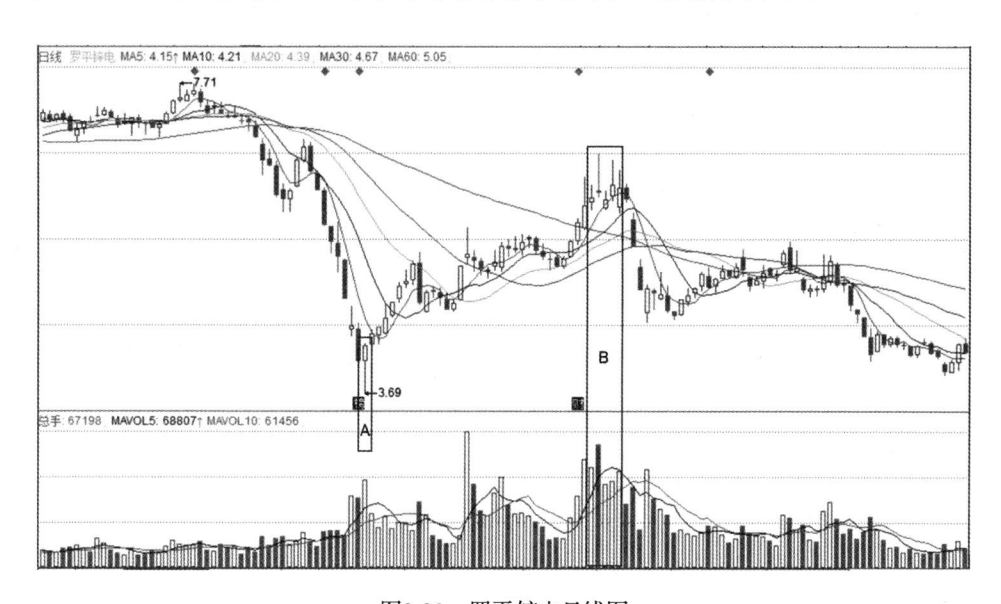

图9-30 罗平锌电日线图

注意事项：

（1）投资者在卖股期间，只要发现日线图与分时图均形成顶部形态，盘口信息显示为主力净流出状态，即应果断卖出股票。

（2）若是日线与分时顶部不够明显的初期出现时，如果盘口主力净流出依然不明显，则并不一定是顶部即将形成的初期征兆，此时不应过早卖出股票，应继续保持持股。

9.5.3 股票卖出后不可立刻买回来

投资者在根据波浪战法卖股时，有时候会发现，股票卖出去了，突然又变得强势了，或出现短期持续的上涨，或是直接在卖出股票后股价反而出现了涨停。这种情况的出现，属于正常的，即便是在根据日线上涨波段操作时，这种情况也会出现，因为在进行中短线卖股时，往往是根据股价短期表现出来的强烈的量价或指标反应及主力资金流出的状态而制定出来的卖股时机，而一只股票，即便是主力处于出货时期的净流出状态，除非是极小的小盘股，主力也很难在一个交易日内出完货，所以，即便是主力处于了出货状态，也经常会持续拉升股价，以达到拉高出货的目的。因此，这种根据卖出步骤卖出后的股票的短时走强情况，往往是一种股价短期的并不真实的强势，是没有持久性的，投资者在卖出股票后，就一定不要在看到股价出现强势表现时，再买回来，否则很容易成为高位"接盘侠"。

实战案例：

如图9-31康强电子（002119）日线图所示，若投资者于A区域根据波浪战法抄底买入这只股票，在其后股价的持续上涨中，如果是在B区域根据平量滞涨形态卖出了股票，则在其后的C区域股价突然表现为一根放量涨停的光头阳线时，千万不要看到短期趋势突然变强了而再买回来，因为这只是股价在持续弱势走强后的短时上冲行为，而从C区域其后的走势中也可以看出，股价反复震荡后出现了快速下跌。因此，投资者在根据波浪战法卖出股票后，短期内绝不可再买回来。

注意事项：

（1）投资者在根据波浪战法卖股期间，一定要牢记这一理念，股票在卖出后绝不可轻易再于几个交易日内买回来，否则很容易为主力这种股价短时强势的诱多陷阱所迷惑，短期买在高位。

（2）若是投资者卖出的股票，一旦在趋势上出现了反转向上，则应再观察周线图或月线图，并根据日线图的强势加仓为重仓持股。这种操作与卖出股票后不要立刻买回来并不相悖，只是基于中长期趋势变化的一种投资策略。

图9-31 康强电子日线图

9.5.4 卖股时应做到轻量重价

投资者在根据波浪战法卖出股票期间，尤其是在日线小波段操盘时，一定要明白，这种波浪战法的日线小波段操作，都是基于一种股价短期的震荡而采取的低买高卖行为，只要在日线上不出现明显的趋势反转，或是在周线图等长周期图上不呈现出明显的中期趋势转强的征兆，则必须严格按照短线操盘的策略对待，即只要是在日线图和分时图上均呈现出明显的价格滞涨，就应及时考虑是否符合日线顶部形态而要卖出股票了，而不可过于看重成交量的明显变化。这是因为，股价在弱势震荡的波动过程中，一旦短期内发生趋势变化，往往是不需要多少量能的，所以，只要股价在不上涨的前提下，无论是缩量、放量或是平量，均会被视为上涨无力的表现，因此就应及时卖出股票了。

实战案例：

如图9-32 三变科技（002112）日线图所示，若是投资者根据波浪战法于 C 区域抄底买入了这只股票，其后股价持续上涨到 A 区域后，表现为高位震荡滞涨，成交量为明显放量的大量状态，为高位放量滞涨，在进行波浪战法的日线小波段操盘时，此时就要及时卖出股票，或是在其后的 B 区域，当发现股价同步出现高位小幅震荡的滞涨行为，成交量表现为缩量后的平量状态时，同样需要卖出股票。因为 A 区域的放量滞涨，本来就说明股价上涨乏力，短线主力资金在以隐藏的方式出货，所以导致其后大幅缩量状态的再次滞涨，表明股价短期做多动能的不足，因此，在根据波浪战法日线小波段卖股时，投资者一定要轻量重价。

图9-32 三变科技日线图

注意事项：

（1）从轻量重价本身来看，就是投资者在卖股时，不要过于看重成交量的大小，而应更为注重股价的即时表现，但必须确保股价处于在经过了一定上涨后的高位区，否则只要是盘中一波动就卖出股票，那根本无法操盘获利。

（2）轻量重价是波浪战法日线小波段卖股时应当注意的一点，这一点基本上只适合波浪战法的短线交易，与其他技术的短线交易基本上是相同的，类似于日线的抢反弹操作，但多少又有些不同，所以，非波浪战法的实践者，切勿轻易照搬这一理念。